Sebastian Mauelshagen, Dirk Overbeck, Markus Schajek

Herausgeber: Dirk Overbeck

Handlungsfeld: Beschaffungsmanagement

Lernsituationen für einen kompetenzorientierten Unterricht

Arbeitsbuch

1. Auflage

Bestellnummer 58202

Bildungsverlag EINS

Die in diesem Produkt gemachten Angaben zu Unternehmen (Namen, Internet- und E-Mail-Adressen, Handelsregistereintragungen, Bankverbindungen, Steuer-, Telefon- und Faxnummern und alle weiteren Angaben) sind i. d. R. fiktiv, d. h., sie stehen in keinem Zusammenhang mit einem real existierenden Unternehmen in der dargestellten oder einer ähnlichen Form. Dies gilt auch für alle Kunden, Lieferanten und sonstigen Geschäftspartner der Unternehmen wie z. B. Kreditinstitute, Versicherungsunternehmen und andere Dienstleistungsunternehmen. Ausschließlich zum Zwecke der Authentizität werden die Namen real existierender Unternehmen und z. B. im Fall von Kreditinstituten auch deren IBANs und BICs verwendet.

Die in diesem Werk aufgeführten Internetadressen sind auf dem Stand zum Zeitpunkt der Drucklegung. Die ständige Aktualität der Adressen kann vonseiten des Verlages nicht gewährleistet werden. Darüber hinaus übernimmt der Verlag keine Verantwortung für die Inhalte dieser Seiten.

service@bv-1.de
www.bildungsverlag1.de

Bildungsverlag EINS GmbH
Ettore-Bugatti-Straße 6-14, 51149 Köln

ISBN 978-3-427-**58202**-1

Vorwort

Liebe Schülerinnen und Schüler,
liebe Kolleginnen und Kollegen,

mit dem vorliegenden Arbeitsbuch wollen wir **kompetenzorientiertes Lernen in vollständigen Lernhandlungen unterstützen**.

Insgesamt finden Sie im Arbeitsbuch **18 Lernsituationen**, welche die Umsetzung eines problem- und handlungsorientierten Unterrichts erleichtern und **selbstständiges, schülerorientiertes Arbeiten** ermöglichen. Die Lernsituationen und Übungen dieses Lehrbuchs sind konsequent an einem **Modellunternehmen**, der Trend-Systemmöbel AG (TSM AG), ausgerichtet.

Jeder Lernsituation steht eine **problemorientierte Ausgangssituation** voran. Sämtliche Informationen, welche zur Bearbeitung der Arbeitsaufträge erforderlich sind, sind in einer **„Infobox"** zusammengefasst. Als Möglichkeit zur **Binnendifferenzierung** schließen sich **vertiefende** und/oder **ergänzende Übungen** an. Vertiefende Übungen beschäftigen sich dabei mit bereits bekanntem Stoff, wohingegen ergänzende Übungen neue zusätzliche Aspekte der Ausgangssituation thematisieren, die nicht zwingend bearbeitet werden müssen.

Eine selbstständig zu vervollständigende **Zusammenfassung** der wesentlichen Inhalte dient der Wiederholung und Festigung des erworbenen Wissens. Jede Lernsituation schließt mit einer **Schülerselbsteinschätzung**, mit deren Hilfe die erworbenen Kompetenzen eingeschätzt werden können. Am Buchende findet sich ein – nach den vorangegangenen Lernsituationen gegliedertes – Kapitel mit **Aufgaben zur Klausur- und Prüfungsvorbereitung**.

Bei der Konzeption dieses Arbeitsbuches haben wir Wert darauf gelegt, dass ein bildungsgangübergreifender **Einsatz unabhängig vom eingeführten Lehrbuch** möglich ist. Das Buch eignet sich für den Einsatz in Bildungsgängen, die zum Fachabitur oder zur allgemeinen Hochschulreife führen, kann aber auch im Rahmen der Berufsausbildung eingesetzt werden. Explizit haben wir dabei die Ausbildung der Kaufleute für Büromanagement, der Groß- und Außenhandelskaufleute und der Industriekaufleute im Blick gehabt.

Wir wünschen Ihnen viel Spaß und viel Erfolg bei der Nutzung dieses Arbeitsbuches!

Das Autorenteam

Inhaltsverzeichnis

Vorwort ... 3

Unternehmensbeschreibung ... 5

Organigramm der Trend-Systemmöbel AG (TSM AG) ... 6

Lernsituation 1: Aufgaben und Ziele des Beschaffungswesens und die darauf basierende Materialauswahl erläutern ... 8

Lernsituation 2: Die ABC-Analyse zur Klassifikation nutzen ... 17

Lernsituation 3: Bedarfsermittlung – vom Primär- zum Nettobedarf ... 23

Lernsituation 4: Bestellmengenplanung – die optimale Bestellmenge ... 30

Lernsituation 5: Planung des Bestellzeitpunktes – das Bestellpunkt- und Bestellrhythmusverfahren ... 36

Lernsituation 6: Das Just-in-time-Konzept ... 43

Lernsituation 7: Bezugsquellenermittlung – Anfrageschreiben ... 47

Lernsituation 8: Angebotsvergleich mithilfe der Nutzwertanalyse ... 54

Lernsituation 9: Eigenfertigung oder Fremdbezug (Make or buy)? ... 67

Lernsituation 10: Einen Kaufvertrag schließen ... 73

Lernsituation 11: Die Inhalte eines Angebots erklären ... 81

Lernsituation 12: Wo bleibt unsere Lieferung? – Lieferungsverzug und die Folgen ... 91

Lernsituation 13: Probleme mit der gelieferten Ware – Schlechtleistungen erkennen, reklamieren und abwickeln ... 98

Lernsituation 14: Den Einkauf von Gegenständen des Anlagevermögens erfassen und buchen ... 109

Lernsituation 15: Den Einkauf von Materialien erfassen und buchen ... 121

Lernsituation 16: Die Lagerhaltung bei der TSM AG – mehr als nur Vorratshaltung ... 134

Lernsituation 17: Eigen- oder Fremdlagerung – ein Vergleich ... 142

Lernsituation 18: Lagerkennzahlen zur Beurteilung der Lagerbestände und -kosten ... 149

Aufgaben zur Vertiefung, Wiederholung und Klausur- bzw. Prüfungsvorbereitung ... 159

Bildquellenverzeichnis ... 183

Unternehmensbeschreibung

1. Firma Geschäftssitz Internet E-Mail	Trend-Systemmöbel AG (TSM AG) Hauptstraße 12–16, 60322 Frankfurt www.tsm.de info@tsm.de
2. Geschäftsjahr	1. Januar bis 31. Dezember
3. Bankverbindungen	Deutsche Bank Frankfurt, IBAN DE33 5007 0024 0033 0919 15 Postbank Frankfurt, IBAN DE52 6204 4002 1188 0707 04
4. Produktionsprogramm	Diverse Schlaf- und Wohnsystemmöbel in den Produktgruppen: 1. Empfang 2. Wohnen 3. Schlafen 4. Speisen, Aufenthalt
5. Handelswaren	Stand-/Deckenleuchten, Holzpflegeprodukte
6. Kundengruppen	Hotels, Pensionen, Jugendherbergen, Möbelhäuser
7. Lieferanten	u. a. holz- und metallverarbeitende Industriebetriebe, Farbhersteller, Hersteller von Polstermaterialien, Spezialgroßhändler
8. Absatzgebiet	Deutschland, Österreich, Schweiz, Niederlande, Belgien, Luxemburg, Frankreich
9. Maschinen und Anlagen	Drehmaschinen, Fräsmaschinen, Bohrmaschinen, Schleifmaschinen, Schweißgeräte, Lackierautomaten
10. Fertigungsarten	Serienfertigung
11. Fertigungsorganisation	Fließfertigung, Gruppenfertigung
12. Werkstoffe und Teile – Rohstoffe: – Hilfsstoffe: – Betriebsstoffe: – Fremdbauteile:	 Span-, Tischler-, Sperrholz-, Massivholzplatten, Polstermaterial Lacke, Beschichtungsmittel, Schrauben Schmierstoffe, Fette Metallelemente, Schlösser
13. Beschäftigte	Mitarbeiter: 220 davon Auszubildende: 15
14. Arbeitstage	Montag bis Freitag, 8 Stunden täglich im Einschichtbetrieb
15. Rechtsform und Vorstand	Aktiengesellschaft (AG) Vorstandsvorsitzende (Geschäftsführer): Herr Ding Liu Frau Dr. Anna Mohl
16. Verbände	IHK Frankfurt am Main Verband der Deutschen Möbelindustrie e. V. (VDM)
17. Betriebsnummer	33567118
18. USt-Identifikationsnummer	DE123987555
19. Handelsregistereintrag	Amtsgericht Frankfurt HR B 611-209

Organigramm der Trend-Systemmöbel AG (TSM AG)

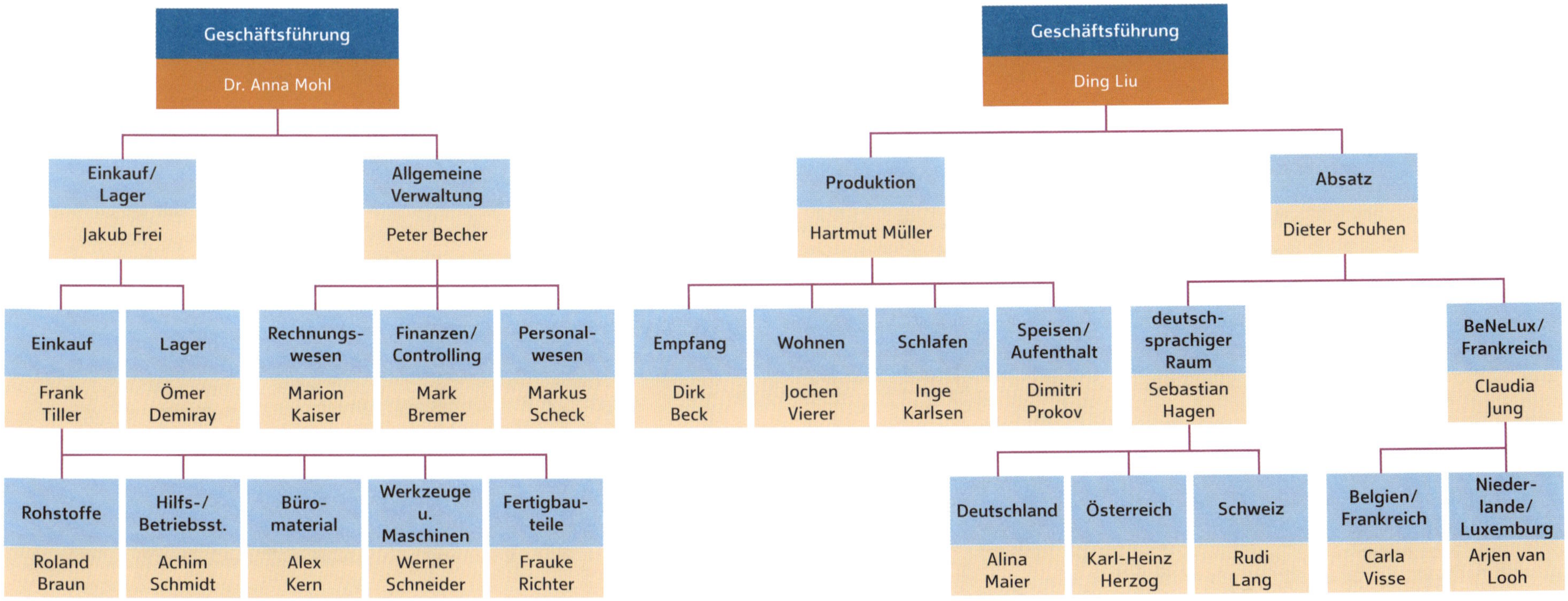

Azubis

Simon Pieper	Industriekaufmann
Linda Mertens	Industriekauffrau

Das Modellunternehmen Trend-Systemmöbel AG

Trend-Systemmöbel AG	Hauptstraße 12-16 60322 Frankfurt	069 111 345-0 066 111 456-9	Deutsche Bank Frankfurt IBAN DE33 5007 0024 0033 0919 15 Postbank Frankfurt IBAN DE52 6204 4002 1188 0707 04	111/550/1166	DE123987555	

Die Hauptlieferer der Trend-Systemmöbel AG

FIRMA	Lieferer-Nr.	Kunden-Nr.	Ansprechpartner	Adresse	Tel./Fax	Kreditinstitut	Steuernummer	USt-IdNr.	Produkte	Lieferbedingungen	Zahlungs-bedingungen	Umsatz lfd. Jahr in €
Farbenpracht – Heinz Pracht GmbH	33001 K 77001	2293	Frau Gutzen	Taubenweg 5–7 22525 Hamburg	040 221234-42 040 221234-99	Hamburger Kontorsbank IBAN DE67 6003 4662 0001 8756 04	206/7751/4578	DE123465432	Lacke, Grundierung, Härter, Beize, Lösemittel, Kleber, Beschichtungsmittel	Auftragswert bis 1 000,00 €: 75,00 €, über 1 000,00 €: 65,00 € Fracht, Verpackungspauschale: 50,00 €	Ziel: 30 Tage Skonto: 14 Tage / 2 %	340 000,00
Bongart Metallerzeugnisse OHG	33002 K 77002	3450	Herr Sippel	Industriepark 125–129 44265 Dortmund	0231 505 330-0 0231 505 33 777	Postbank Dortmund IBAN DE44 6110 2323 0023 7449 11	322/6746/9012	DE9113373731	Stahlrohrgestelle, Stahlprofile, Alupressprofile	frei Haus	Ziel: 90 Tage Skonto: 10 Tage / 3 %	6 100 000,00
De Koopens BV Chemiewerke	33003 K 77003	8801	Herr de Meere	Verwersstraat 77 NL-5505 AV Venlo	0031 870 888 65 0031 870 888 99	ABN-Amro Venlo IBAN NL31 1001 8900 0000 1234 05	135/6728/9990	NL3355713104	Kunststoffteile aller Art, Silikon, Schaumstoffdichtung	5 % vom Warenwert, maximal 350,00 €	Ziel: 30 Tage Skonto: 7 Tage / 2 %	2 150 000,00
KAUTSCHTEC AG Herstellung von natürlichen und synthetischen Gummierzeugnissen aller Art	33004 K 77004	6652	Frau Teichmann	Turmstr. 33 12033 Berlin	030 101 660-11 030 101 660-22	Targobank Berlin IBAN DE72 0335 9090 0124 8803 34	111/7122/3909	DE1890023220	Naturkautschuk, synthetischer Kautschuk, Rollen, Räder, Dichtungsringe	unfrei, Fracht: 175,00 € pauschal, Rollgeld 50,00 €, Verpackungspauschale 90,00 €	Ziel: 60 Tage Skonto: 14 Tage / 2 %	1 840 000,00
Klein-Holz GmbH Holzbearbeitung Dieter Klein	33005 K 77005	6801	Herr Klein jr.	Waldstadion 4–8 59073 Hamm	02381 7373 73 0 02381 7373 93 93	Volksbank Hamm IBAN DE45 9902 2002 0004 9943 33	325/3090/7718	DE1717100493	Massivholzteile, Sperrholzplatten, Span- und Tischlerplatten	ab Bestellwert von 5 000,00 € frei Haus, sonst 5 % vom Warenwert, mindestens jedoch 90,00 €	Ziel: 30 Tage Skonto: 10 Tage / 1 %	2 850 000,00
Design-Polster GmbH & Co. KG Hartmut König	33006 K 77006	1290	Herr Kurz	Magaretenweg 44 39111 Magdeburg	0391 6063 155 24 0391 6063 155 66	Deutsche Bank Magdeburg IBAN DE82 9034 7666 0316 1001 11	101/5413/9961	DE3377991001	Bezugs- und Polstermaterialien und Zubehör für Möbel	frei Haus	Ziel: 30 Tage Skonto: 10 Tage / 3 %	1 100 000,00
Jahnsen Bürobedarfs GmbH	33007 K 77007	8445	Frau Franzen	Wedauerring 71–73 47059 Duisburg	0203 720 720 0 0203 720 720 99	Stadtsparkasse Duisburg IBAN DE84 8809 2707 0000 0505 21	104/7063/8386	DE9694771910	Büroartikel aller Art	ab Auftragswert 800,00 € porto- und frachtfrei	Ziel: 30 Tage Skonto: –	170 000,00
VEPAMA AG Verpackungsmaterialien aller Art	33008 K 77008	4882	Herr Gündiz	Volksparkweg 10–18 22525 Hamburg	040 901 990 13 040 901 990 33	Postbank Hamburg IBAN DE13 7080 6610 0023 5599 17	505/6679/1414	DE0239900202	Produktverpackungen, Transportverpackungen	bis 100 kg: 40,00 €, bis 250 kg: 75,00 €, bis 500 kg: 150,00 €, bis 1 000 kg: 280,00 €, über 1 000 kg nach Vereinbarung	Ziel: 10 Tage Skonto: –	340 000,00

LERNSITUATION 1: Aufgaben und Ziele des Beschaffungswesens und die darauf basierende Materialauswahl erläutern

Ausgangssituation I: Frank Tiller lernt die TSM AG kennen

Frank Tiller ist als neuer Abteilungsleiter des Einkaufs von der Bürokonzept GmbH zur TSM AG gewechselt. Heute ist sein erster Arbeitstag und Herr Tiller wartet etwas nervös auf das für 9:00 Uhr angesetzte Gespräch mit der Geschäftsführerin für den kaufmännischen Bereich, Frau Dr. Anna Mohl. Sichtlich gut gelaunt verabschiedet sich Frau Dr. Mohl von ihrem vorherigen Gesprächspartner und bittet anschließend Herrn Tiller in ihr Büro.

Anna Mohl: „Guten Morgen Herr Tiller. Herzlich Willkommen bei der TSM AG. Ich wünsche Ihnen einen erfolgreichen Start."

Frank Tiller: „Vielen Dank Frau Mohl, ich freue mich schon auf meine neue Tätigkeit."

Anna Mohl: „Das höre ich gerne, Herr Tiller. Ich möchte Ihnen noch einmal kurz unser Unternehmen vorstellen und über Ihr Aufgabengebiet hier bei der TSM AG sprechen. Neben Schlaf- und Wohnsystemmöbeln, die wir selbst herstellen, bieten wir ergänzend Stand- und Deckenleuchten als Handelswaren an. Unsere Kunden sind überwiegend Hotels, Pensionen und Jugendherbergen, aber auch Möbelhäuser verkaufen unsere Produkte. Zurzeit beschäftigen wir 220 Mitarbeiter, wovon 15 junge Menschen eine Ausbildung bei uns absolvieren. Als Leiter des Einkaufs sind Ihnen fünf Mitarbeiter[1] unterstellt, welche jeweils für unterschiedliche Beschaffungsobjekte verantwortlich sind. Dadurch haben sich unsere Angestellten im Laufe der Zeit auf die Besonderheiten der verschiedenen Beschaffungsobjekte und der dazugehörigen Beschaffungsmärkte einstellen können. Sie werden schnell feststellen, dass z. B. unsere Einkäuferin für Fertigbauteile, Frau Richter, ein umfassendes Wissen über die diversen Bauteile besitzt und gleichzeitig einen sehr engen Kontakt zu unseren wichtigsten Lieferanten pflegt. Aber auch unsere anderen Einkäufer sind Spezialisten für die von ihnen zu beschaffenden Materialien und Produkte."

Frank Tiller: „Diese Art der Beschaffungsorganisation ist mir natürlich nicht fremd, Frau Mohl, bei der Bürokonzept GmbH war die Abteilung Einkauf ähnlich organisiert. Dort habe ich übrigens an der Optimierung des Beschaffungswesens mitgewirkt, wodurch wir eine Verbesserung der Aufgabenerfüllung und damit auch Kosteneinsparungen erreichen konnten."

Anna Mohl: „Kostengesichtspunkte spielen natürlich auch bei uns eine wichtige Rolle. Wir achten selbstverständlich darauf, dass wir unsere Materialien zu möglichst günstigen Preisen beschaffen. Vor allen Dingen stehen bei uns aber eine hohe Produktqualität und die Verantwortung gegenüber der Umwelt im Vordergrund. Im Einklang mit der Natur qualitativ hochwertige Produkte anbieten zu können, das erwarten unsere Kunden von uns. Bei zentralen Aufgaben wie Material- und Lieferantenauswahl müssen wir immer diese Ansprüche unserer Kunden berücksichtigen. Das hat natürlich Auswirkungen auf alle

---

[1] Aus Gründen der besseren Lesbarkeit wird auf die gleichzeitige Verwendung männlicher und weiblicher Sprachformen verzichtet und jeweils nur die männliche Form verwendet, die weibliche Form ist dabei immer mit eingeschlossen.

Aufgabenbereiche des Einkaufs, also u. a. auch auf die Mengen- und Terminplanung. **Kernaufgabe des Beschaffungswesens ist es, sämtliche Materialien in der gewünschten Art und Qualität bei einem geeigneten Lieferanten zu beschaffen und in der benötigten Menge zum richtigen Zeitpunkt am Ort der Produktion bereitzustellen.** Vor unserem Gespräch habe ich heute Morgen mit Herrn Schuhen, unserem Absatzleiter, über die zukünftige Entwicklung der TSM AG gesprochen. Wir rechnen aufgrund der konjunkturellen Situation, der allgemein guten Branchenentwicklung, aber insbesondere aufgrund unserer Ausrichtung auf qualitativ hochwertige und ökologisch nachhaltige Produkte auch zukünftig mit steigenden Absatzzahlen."

Frank Tiller: „Ah, das ist also der Grund für Ihre gute Laune."

Anna Mohl: „Richtig, Herr Tiller. Steigende Absatzzahlen haben natürlich auch Auswirkungen auf Ihre Abteilung. Gut gefüllte Auftragsbücher und Kunden, die sich aufgrund ökologischer Gesichtspunkte für Produkte aus unserem Haus entscheiden, müssen bei sämtlichen Überlegungen und Maßnahmen im Beschaffungsbereich berücksichtigt werden. Dabei kann es natürlich vorkommen, dass wir Ziele verfolgen, die zu Konflikten führen können. Einerseits sind niedrige Kosten beim Einkauf von wesentlicher Bedeutung für die dauerhafte Wettbewerbsfähigkeit unseres Unternehmens, andererseits sind nachhaltig hergestellte und qualitativ hochwertige Rohstoffe oftmals teurer als konventionelle, qualitativ minderwertige Materialien. Hier die richtigen Kompromisse zu finden, sehe ich als eine wesentliche Aufgabe für Sie als Leiter des Einkaufs an."

Frank Tiller: „Bei der Bürokonzept GmbH wurde das ganz anders gehandhabt. Natürlich wurden auch ökologische und qualitative Gesichtspunkte bei der Materialauswahl berücksichtigt, aber am Ende war eigentlich immer der Preis das ausschlaggebende Kriterium."

Anna Mohl: „Herr Tiller, wir haben da eine ganz andere Philosophie. Wir wollen unsere Kunden über die Qualität unserer Produkte überzeugen. Beginnend bei der Produktentwicklung – die Konstruktion und die damit verbundene Gestaltung unserer Erzeugnisse – von der Materialauswahl und -beschaffung über die Produktion bis hin zum Vertrieb stehen immer die Wünsche unserer Kunden im Fokus unserer Überlegungen und Entscheidungen. Sie entscheiden letztlich, was wir herstellen, und sie erwarten von uns qualitativ hochwertige, ökologisch unbedenkliche Möbel. Um die Kosten gering zu halten, sind wir bemüht, Werkstoffe und Fertigbauteile in unseren verschiedenen Produkten mehrfach zu verwenden, sodass wir über größere Beschaffungsmengen auch höhere Mengenrabatte und bessere Lieferbedingungen mit unseren Lieferanten aushandeln können."

Frank Tiller: „Verstehe ... und daher ist es sicherlich erforderlich, dass ich als Leiter des Einkaufs im engen Kontakt mit den Abteilungsleitern der Produktion und des Absatzes stehe und gleichzeitig auch bei unseren Konstrukteuren darauf achte, dass, wenn möglich, bereits in anderen Produkten verwendete Werkstoffe und Fertigbauteile sich auch in den Konstruktionszeichnungen und Stücklisten neuer Produkte wiederfinden."

Anna Mohl: „Ganz genau. Ihr Vorgänger, der jetzt in den wohlverdienten Ruhestand gegangen ist, war da manchmal anderer Meinung, sodass wir häufiger Diskussionen über seine Beschaffungsentscheidungen führen mussten, weil diese eben nicht in enger Abstimmung mit den anderen Abteilungen getroffen wurden. Das hat mich viel Zeit und Nerven gekostet. Insbesondere ein regelmäßiger Austausch mit dem von uns beauftragten Konstruktionsbüro ist aber unerlässlich, um Einsparungspotenziale bei der Materialbeschaffung ausfindig zu machen."

Frank Tiller: „Kann ich gut nachvollziehen, Frau Mohl. Mithilfe der Konstruktionszeichnungen und den darauf basierenden Stücklisten lassen sich zahlreiche Informationen ablesen, die für uns im Einkauf von besonderer Bedeutung sind. Dabei liefert uns die Strukturstückliste wichtige Informationen über den Aufbau des Produktes und damit ggf. auch Anhaltspunkte, wann wir welche Werkstoffe benötigen. Viel wichtiger finde ich aber die Mengenübersichtsstückliste, mit der wir genau planen können, welche Mengen von den einzelnen Werkstoffen und Baugruppen benötigt werden, um ein Produkt herstellen zu können. Liegen uns die Mengenübersichtsstücklisten, die Produktions- und Auftragspläne von allen zu fertigenden Erzeugnissen vor, können wir die Beschaffung gezielt planen, durchführen und kontrollieren. So haben wir häufig eine bessere Verhandlungsposition gegenüber unseren Lieferanten, da wir große Gesamtmengen bestellen wollen."

Anna Mohl: „Ich merke, Sie sind voll im Thema. Schön auch, dass wir einer Meinung sind, wie die Arbeit im Einkauf der TSM AG zukünftig ablaufen soll. Ich freue mich sehr auf unsere Zusammenarbeit und werde Sie jetzt den Mitarbeitern Ihrer Abteilung vorstellen. Heute Nachmittag findet dann unser wöchentliches Abteilungsleitermeeting mit der Geschäftsführung statt. Dann werden Sie die gesamte Führungsmannschaft unseres Hauses kennenlernen."

Arbeitsaufträge

1 Analysieren Sie die Ausgangssituation und fassen Sie die wesentlichen Aufgaben, die auf Herrn Tiller als Einkaufsleiter der TSM AG zukommen werden, zusammen.

2 Im Gespräch mit Frau Dr. Mohl ging es u. a. um die Kernaufgabe des Beschaffungswesens. Ergänzen Sie dazu den nachfolgenden Lückentext zur Kernaufgabe des Beschaffungswesens.

Beschaffung aller ____________, ____________, ____________ und ____________, die für den Betrieb der TSM AG erforderlich sind. Dabei müssen diese

- zum günstigsten ____________,
- in der erforderlichen ______ und ____________,
- bei dem geeignetsten ____________,
- in der richtigen ____________,
- am richtigen ____________ und
- zum richtigen ____________ beschafft werden.

3 Zur Erfüllung der Kernaufgabe des Beschaffungswesens sind verschiedene Teilaufgaben erforderlich. Dazu zählen u. a. die Beschaffungsplanung, die Beschaffungsdurchführung und Beschaffungskontrollen. Konkretisieren Sie diese Teilaufgaben, indem Sie einzelne Arbeitsvorgänge bei der TSM AG beschreiben.

4 Die im Arbeitsauftrag 3 benannten Teilaufgaben dienen der Zielerreichung des Beschaffungswesens. Dabei sollen sowohl die Beschaffungs- als auch die Lagerhaltungs- und Fehlmengenkosten minimiert werden.

a) Beschreiben Sie die drei genannten Kostengruppen im Beschaffungswesen und formulieren Sie jeweils eine konkrete Zielsetzung für die TSM AG.

b) Die Minimierung der Kosten im Beschaffungswesen ist häufig mit Konflikten verbunden. Beschreiben Sie mögliche Zielkonflikte, die zwischen den drei Kostengruppen des Beschaffungswesens auftreten können.

Info: Beschaffungswesen

Die Teilaufgaben der Beschaffungsplanung, -durchführung und -kontrolle dienen der Zielerreichung des Beschaffungswesens, indem bei der **Planung** sämtliche Überlegungen bezüglich des Materialbedarfs angestellt werden. Hierbei ist eine enge Zusammenarbeit mit der Fertigungsplanung und -steuerung erforderlich, außerdem sind Beschaffungsmarktforschung, Mengen-, Zeit- und Qualitätsplanung, Lieferantenauswahl und Lagerkapazitäten zu berücksichtigen. Das bedeutet, dass eine genaue Zeitplanung bezüglich der erforderlichen Werkstoffe vorgenommen werden muss, um mit der Fertigung von einzelnen Teilerzeugnissen und der Endmontage des fertigen Erzeugnisses termingerecht fertig zu werden. Bei der **Beschaffungsdurchführung** steht die logistische Abwicklung der Beschaffung im Fokus. Diese beginnt mit der Bezugsquellenermittlung, bei der geeignete Anbieter ausfindig gemacht werden, um diesen eine Anfrage senden zu können. Die daraus resultierenden Angebote werden in einem Angebotsvergleich gegenübergestellt, um beim geeignetsten Lieferanten eine Bestellung zu tätigen. Die **Beschaffungskontrolle** dient der Überwachung der Termineinhaltung und der Kontrolle des Wareneingangs (u.a. hinsichtlich Art, Qualität und Menge der gelieferten Werkstoffe), der Rechnung und der Frachtdokumente. Hier wird ein Soll-/Istvergleich vorgenommen, welcher auch zu statistischen Zwecken genutzt wird (Lieferantenstatistik).

Während bei den **Beschaffungskosten** die Bezugspreise der Werkstoffe im Fokus der Überlegungen stehen, sind die **Lagerhaltungskosten** u.a. von den zu lagernden Mengen, der erforderlichen Lagerfläche und den Lagereigenschaften (z.B. Klimatisierung) abhängig. **Fehlmengenkosten** können anfallen, wenn Produktionsstillstände aufgrund fehlender Werkstoffe hervorgerufen werden.

Vertiefende Übungen

Entscheiden Sie in den nachfolgenden Fällen, ob es sich bei den angegebenen Sachverhalten um konkurrierende (Zielkonflikt) oder komplementäre (Zielharmonie) Zielbeziehungen des Beschaffungswesens handelt. Begründen Sie Ihre Entscheidungen.

a) Die TSM AG möchte möglichst geringe Lagerbestände erreichen, um dadurch Kosten einsparen zu können. Gleichzeitig möchte Herr Tiller möglichst geringe Einstandspreise bei der Beschaffung der Werkstoffe erzielen.

b) Die Kunden der TSM AG erwarten hochwertige Produkte und somit auch eine hohe Materialqualität. Für die Fertigung ist eine jederzeitige Materialversorgung besonders wichtig, um keinen Maschinenstillstand zu riskieren.

c) Durch geringe Lagerbestände können die Kapitalbindungskosten gering gehalten werden. Dennoch besteht der Leiter der Fertigung auf einer jederzeitigen Materialversorgung.

d) Bei der Materialauswahl und Eingangskontrolle wird eine gleichbleibend hohe Materialqualität erwartet. Der Umweltbeauftrage der TSM AG sucht nach neuen Möglichkeiten, um den Energieverbrauch und die damit verbundenen Energiekosten zu senken.

Ergänzende Übungen

An einem Freitag hat Linda Mertens, Auszubildende bei der TSM AG, alle Aufgaben erledigt, aber noch zwei Stunden Zeit bis zum Start ins Wochenende. Weil sie nicht schon wieder Akten sortieren möchte, fragt sie Herrn Tiller nach einem Arbeitsauftrag. Da sich Herr Tiller gerne ein umfassendes Bild über die Leistungen seiner Azubis machen möchte und außerdem eine detaillierte Beurteilung abgeben will, beauftragt er Linda damit, sich Gedanken über nachfolgende Aussage zum Beschaffungswesen zu machen:

„Im Einkauf liegt der halbe Gewinn!"

Unterstützen Sie Linda bei dieser Aufgabe und beurteilen Sie die Aussage.

Ausgangssituation II: Materialauswahl – „Welche Werkstoffe kommen für den Polstersessel ‚Trend-Line' infrage?"

Ein französischer Neukunde hat einen Großauftrag für den Polstersessel „Trend-Line" in Aussicht gestellt. Dabei erwartet der Kunde ein individuelles Erzeugnis, welches die Corporate Identity seines Unternehmens widerspiegelt. Herr Braun (Rohstoffe) hat deshalb vom Vertrieb den Auftrag bekommen, ein möglichst breites Spektrum an Werkstoffmustern bei den verschiedenen Lieferanten der TSM AG zu beschaffen. Damit möchte Frau Visse, Vertriebsleiterin für Belgien und Frankreich, dem Kunden mögliche Produktvarianten im Verkaufsgespräch präsentieren. Zunächst müssen jedoch Überlegungen angestellt werden, welche Werkstoffe beim Polstersessel „Trend-Line" eingesetzt werden können.

Arbeitsaufträge

Vervollständigen Sie die nachfolgende Übersicht. Überlegen Sie dabei, welche Werkstoffe grundsätzlich erforderlich sind, um den Polstersessel „Trend-Line" herstellen zu können, und bei welchen Werkstoffen dem Kunden Alternativen aufgezeigt werden können.

Werkstoffe	Zur Herstellung des Polstersessels „Trend-Line"	Alternativen
Rohstoffe		
Hilfsstoffe		
Betriebsstoffe		
Fertigbauteile		

Info: Werkstoffe

Als **Werkstoffe** werden die Einsatzfaktoren zusammengefasst, die zur Herstellung der Erzeugnisse erforderlich sind. Dazu zählen Roh-, Hilfs-, Betriebsstoffe und Fertigbauteile.

- **Rohstoffe** sind die Hauptbestandteile des fertigen Erzeugnisses.
- **Hilfsstoffe** sind Nebenbestandteile des Erzeugnisses, welche zur Herstellung erforderlich sind und in das Erzeugnis eingehen, aber nur von untergeordneter Bedeutung sind.
- **Betriebsstoffe** gehen nicht in das Erzeugnis ein, sind aber für den Herstellungsprozess erforderlich.
- **Fertigbauteile** sind von Lieferanten bezogene Teilerzeugnisse, welche durch Montage, ohne weitere Bearbeitung, in das Erzeugnis eingehen.

Handelswaren werden von Lieferanten bezogen und zusammen mit den Erzeugnissen des Fertigungsprogramms verkauft, ohne dabei Veränderungen an den Handelswaren vorzunehmen.

Ausgangssituation III: „Vorsicht Brandgefahr!" – Werkstoffe als Gefahrstoffe

Die Auszubildende Linda Mertens hat sich im Lager der TSM AG umgeschaut. Dabei hat sie Werkstoffe gesehen, welche entsprechend der Gefahrstoffverordnung 2010 gekennzeichnet sind.
Auf dem Rückweg vom Lager bemerkt Linda, dass auch über dem Eingangstor zur Lackieranlage Gefahrstoffkennzeichen angebracht sind. Linda befürchtet, dass nicht allen Mitarbeitern die genaue Bedeutung der Kennzeichnungen geläufig ist. Zurück im Büro erzählt Linda Herrn Tiller, dem neuen Einkaufsleiter bei der TSM AG, von ihrer Befürchtung. Dieser ist erfreut über Lindas aufmerksame Beobachtung und beauftragt sie damit, jeweils einen Vorschlag für ein erklärendes Hinweisschild zu unterbreiten, welches unter jedem Gefahrstoffkennzeichen angebracht werden soll.

Arbeitsaufträge

1 Versuchen Sie die Bedeutung der nachfolgend abgebildeten Gefahrstoffkennzeichen zu erläutern.

2 Geben Sie für jedes Gefahrstoffkennzeichen einen Werkstoff an, der eine solche Kennzeichnung benötigt.

3 Paragraph 1 der Gefahrstoffverordnung geht auf die Zielsetzung und den Anwendungsbereich der Verordnung ein. Fassen Sie die wesentlichen Aspekte des Paragraphen in Ihren eigenen Worten zusammen und erläutern Sie mögliche Gründe für die Notwendigkeit der Verordnung.

4 Unterstützen Sie Linda und formulieren Sie jeweils einen einprägsamen, selbsterklärenden, kurzen Satz zur Erläuterung der Gefahrstoffkennzeichnungen auf Hinweisschildern.

Brandfördernd	Gesundheitsschädlich

Aussage auf Hinweisschild	**Aussage auf Hinweisschild**

INFOBOX

Info: Gefahrstoffverordnung 2010 (zuletzt geändert am 01.06.2015)

§ 1 GefStoffV – Zielsetzung und Anwendungsbereich

(1) Ziel dieser Verordnung ist es, den Menschen und die Umwelt vor stoffbedingten Schädigungen zu schützen durch
1. Regelungen zur Einstufung, Kennzeichnung und Verpackung gefährlicher Stoffe und Zubereitungen,
2. Maßnahmen zum Schutz der Beschäftigten und anderer Personen bei Tätigkeiten mit Gefahrstoffen und
3. Beschränkungen für das Herstellen und Verwenden bestimmter gefährlicher Stoffe, Zubereitungen und Erzeugnisse.

(...)

Gefahrenkennzeichen:

leicht entzündbare Flüssigkeiten

oxidierende Gase

ätzend

zellschädigend

toxisch

Gase unter Druck

haut- und augenreizend

explosiv

gewässergefährdend

Vertiefende Übungen

1 Nicht nur im Berufsleben begegnet man nahezu täglich Gefahrenkennzeichen. Benennen Sie Gegenstände und Umgebungen, auf bzw. in denen Ihnen die hier vorliegenden Gefahrenkennzeichen begegnen.

2 Häufig dienen die Gefahrenkennzeichen als Warnhinweis auf gefährlichen Werkstoffen, sogenannten Gefahrstoffen. Erklären Sie allgemein, was man unter Gefahrstoffen versteht.

3 Sämtliche im Unternehmen eingesetzten Werkstoffe sollten besonders effizient und umweltschonend verwendet werden. Dies gilt insbesondere für die Gefahrstoffe. Erläutern Sie verschiedene Möglichkeiten, wie Industrieunternehmen ressourcen- und umweltschonend mit Werkstoffen umgehen können.

Ergänzende Übungen

Die TSM AG plant, ein neues Produkt für die Produktgruppe „Empfang" ins Produktionsprogramm aufzunehmen. Zahlreiche Kunden, insbesondere Hotels und Pensionen, wünschen sich einen Stehtisch mit integriertem Display für Werbeflyer, Kartenmaterial und Gutscheine. Bei dem Produkt soll es sich um ein Holzmöbel handeln, welches kundenindividuell in verschiedenen Farben und unterschiedlicher Qualität angeboten werden soll.

a) Erstellen Sie eine Übersicht über die erforderlichen Werkstoffe und nehmen Sie dabei eine Unterscheidung von Roh-, Hilfs-, Betriebsstoffen und Fertigbauteilen auf.

b) Unterbreiten Sie Vorschläge, welche Konsequenzen die gewünschte kundenindividuelle Farbgebung und Qualität auf die Werkstoffauswahl hat.

c) Einzelne Kunden wünschen, dass die Displays für die Werbeflyer besonders zur Geltung gebracht werden sollen, weil die Hotel- und Pensionsbetreiber über eine Provision am Umsatz der Werbenden beteiligt werden. Da die Fertigung der TSM AG nicht auf solche Kundenwünsche ausgelegt ist, überlegt das Unternehmen, ob Lieferanten für Fertigbauteile oder Handelswaren geeignete Produktergänzungen anbieten können. Benennen Sie mögliche Produktergänzungen, die den Kundenwünschen gerecht werden könnten.

ZUSAMMENFASSUNG

- Zum Beschaffungswesen zählen alle mit der Beschaffungs____________, -____________ und -____________ verbundenen Aufgaben.
- Kernaufgabe des Beschaffungswesens ist es, das Unternehmen mit Werkstoffen in der ____________, ____________, ____________, ____________, ____________ und ____________ zu versorgen.
- Zu den Zielen des Beschaffungswesens zählen die Minimierung der Beschaffungs-, ____________- und ____________kosten. Hierbei entstehen häufig ____________ zwischen einzelnen Zielsetzungen, aber auch ____________ sind möglich, indem sich verschiedene Ziele ergänzen bzw. unterstützen.
- Die zur Herstellung der Erzeugnisse erforderlichen Einsatzfaktoren werden unter dem Sammelbegriff ____________ zusammengefasst.

- Die ________________ der Erzeugnisse sind die Rohstoffe.
- Zur Herstellung erforderliche Nebenbestandteile, welche von untergeordneter Bedeutung sind, werden als ________________ bezeichnet.
- Für den Herstellungsprozess notwendige ________________ gehen nicht in das Erzeugnis ein.
- Fertigbauteile und Handelswaren werden von ________________ bezogen. Dabei gehen die ________________ ohne weitere Bearbeitung in das Erzeugnis ein, während ________________ das Absatzprogramm ergänzen und neben den Erzeugnissen des Fertigungsprogramms verkauft werden.
- Die Gefahrstoffverordnung regelt den Umgang mit ________________.
- Der ________________ und die ________________ sollen durch diese Verordnung geschützt werden. Hierbei werden u. a. Regelungen zur Kennzeichnung ________________ ________________, Maßnahmen zum ________________ von Beschäftigten und Beschränkungen für das ________________ und ________________ bestimmter gefährlicher Stoffe vorgeschrieben.

SELBSTEINSCHÄTZUNG	JA ☺	MIT HILFE 😐	NEIN ☹
Ich kann die wesentlichen Aufgaben des Beschaffungswesens erklären.			
Ich kann Teilaufgaben der Beschaffungsplanung, -durchführung und -kontrolle unterscheiden.			
Ich kann Beschaffungs-, Lagerhaltungs- und Fehlmengenkosten erläutern.			
Ich kann die Bedeutung von Zielkonflikten und Zielharmonien im Beschaffungswesen erläutern und Beispiele dazu benennen.			
Ich kann die bei der Herstellung eines Erzeugnisses erforderlichen Werkstoffe nach Roh-, Hilfs- und Betriebsstoffen unterscheiden.			
Ich kann die Bedeutung von Fertigbauteilen und Handelswaren für das Fertigungs- und Absatzprogramm unterscheiden.			
Ich kann die Bedeutung der Gefahrstoffverordnung erläutern und Beispiele für die verschiedenen Gefahrstoffkennzeichen benennen (s. o.).			

Außerdem habe ich gelernt:

____

HINWEIS Zur Wiederholung und Vertiefung der Inhalte der Lernsituation: Seite 159, Aufgabe 1.

LERNSITUATION 2: Die ABC-Analyse zur Klassifikation nutzen

Ausgangssituation I: „Der ganz normale Wahnsinn“

Herr Braun aus der Einkaufsabteilung ist mal wieder im Stress: „Worum ich mich alles kümmern muss! Mehr als 10 000 verschiedene Materialien und Werkstoffe verbauen wir in unseren Produkten, jeden Tag landet ein Berg von Angeboten von potenziellen Lieferanten auf meinem Tisch. Wie soll ich da noch den Überblick behalten? Dazu habe ich ständig Herrn Demiray vom Lager am Telefon, weil er wissen will, wann welche Mengen von welchen Materialien angeliefert werden, damit er die Einlagerung planen und organisieren kann. Und der Frei, unser Verantwortlicher für Einkauf und Lager, macht natürlich auch Druck: Kosten senken! Einkaufspreise drücken! Mit Lieferanten verhandeln! Materialien erst dann bestellen, wenn sie wirklich benötigt werden! Ich weiß manchmal wirklich nicht, wo mir der Kopf steht.“

Arbeitsaufträge

Erläutern Sie die in der Ausgangssituation geschilderten Probleme und entwickeln Sie Ideen, wie der Arbeitsalltag für Herrn Braun stressfreier organisiert werden kann.

Ausgangssituation II: „Welche Materialien haben Priorität?“

Die TSM AG hat für die Produktgruppe „Empfang“ einen neuen Barhocker entwickelt. Dabei handelt es sich um eine Produktvariation des erfolgreich am Markt etablierten Drehhockers „Spiny“ mit Armlehnen. Der daraus entwickelte Barhocker „Drinplex“ ist speziell für die Belange von Hotelbars und Empfangsbereichen ausgelegt. Zur Herstellung des „Drinplex“ werden die nachfolgend aufgeführten Materialien benötigt, die bisher noch nicht von der TSM AG beschafft werden. Damit Herr Braun seine Arbeitszeit in Zukunft effektiver ausnutzt, ist es erforderlich, die Materialien genauer zu analysieren.

Arbeitsaufträge

1 Ergänzen Sie in der abgebildeten Tabelle den Materialwert (gesamt) der einzelnen Materialien und bringen Sie diese anschließend in eine Rangfolge.

Material	Materialmenge (in Stück)	Bezugspreis	Materialwert (gesamt)	Rang
M1	8 300	2,00 €		
M2	1 200	100,00 €		
M3	750	10,00 €		
M4	3 000	5,00 €		
M5	5 000	3,30 €		
M6	1 500	50,00 €		
M7	500	2,00 €		
M8	3 200	35,00 €		
M9	1 500	1,20 €		
M10	12 000	0,60 €		
Σ		Σ		

2 Tragen Sie in der nachfolgenden Tabelle die Materialien gemäß dem von Ihnen ermittelten Rang ein (Arbeitsauftrag 1). Ermitteln Sie die Materialmengen (in Prozent der Gesamtmaterialmenge und kumuliert[1]) und tragen Sie diese in die Spalten 2 und 3 ein. In der 4. und 5. Spalte erfassen Sie die Materialwerte in Prozent (des Gesamtwertes aller Materialien) sowie kumuliert.

Material nach Rang	Materialmenge		Materialwert		Klassifizierung
	(in Prozent)	(kumuliert)	(in Prozent)	(kumuliert)	
Σ					

3 Erläutern Sie Ihr Ergebnis und diskutieren Sie, warum eine Einteilung von Materialien in A-, B- und C-Güter sinnvoll und notwendig ist.

[1] summiert, aufaddiert

Info 1: Die ABC-Analyse zur Klassifizierung von Materialien nach Wertigkeit

Die ABC-Analyse ist ein Instrument, mit dem Materialien u. a. nach dem Wertanteil klassifiziert werden können. Neben der Einteilung von Materialien werden in Industrieunternehmen auch andere Klassifikationen vorgenommen. Hierzu zählen u. a. die Einteilung von Lieferanten, Kunden, Produkten und Außendienstmitarbeitern.
Bei der ABC-Analyse im Beschaffungswesen werden die Materialien hinsichtlich ihres Wertanteils am Gesamtbeschaffungswert in drei Gruppen eingeteilt. Die A-Materialien haben einen Anteil von ca. 80 % am Gesamtwert, während die B-Materialien einen Anteil von ca. 15 % und die C-Materialien von lediglich ca. 5 % haben.
Neben den Wertanteilen werden auch die Mengenanteile der drei Materialgruppen ermittelt. Hierbei wird deutlich, dass die hochwertigen **A-Materialien** einen verhältnismäßig geringen Mengenanteil von ca. 20 % ausmachen. Das Wert-Mengen-Verhältnis bedingt, dass diese Werkstoffe besonders gründlich und exakt geplant und kontrolliert werden müssen. Dies bedeutet, dass neben einer intensiven Marktanalyse und eingehender Untersuchung von Preisen und Konditionen auch genaue Bestellmengenplanungen, Lagerbestandskontrollen und Kontrollen bei Materialentnahmen und bezüglich der Materialqualität erforderlich sind. Eine Reduzierung der Lagerbestände (Kapitalbindung) und langfristige Lieferverträge können zusätzliche Einsparungspotenziale ermöglichen.
Bei den **B-** (ca. 30 % Mengenanteil) und **C-Materialien** (ca. 50 %) ergibt sich ein deutlich kleineres Wert-Mengen-Verhältnis, wodurch Planungs- und Kontrollaufgaben nur im Einzelfall (B-Materialien) umgesetzt werden können bzw. sollten. Die wertmäßig untergeordnete Bedeutung der C-Materialien bedingt, dass hierbei Bedarfsermittlungen und Bestandskontrollen nur oberflächlich erfolgen.

Info 2: Die grafische Darstellung der ABC-Analyse

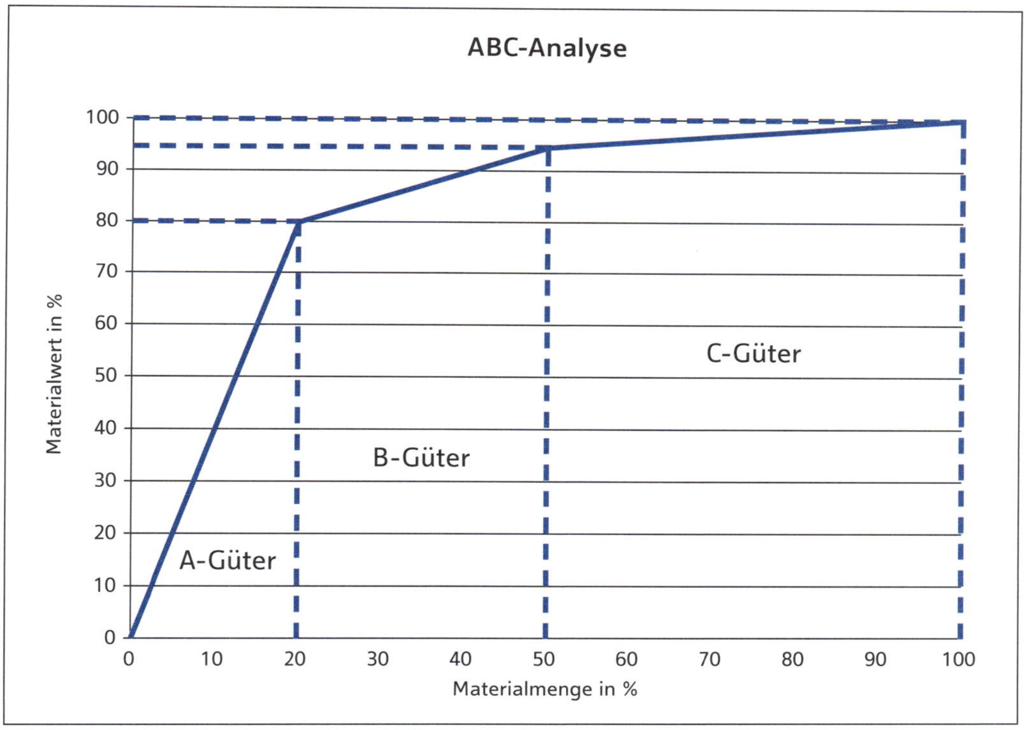

INFOBOX

Info 3: Die XYZ-Analyse zur Klassifizierung von Materialien nach Vorhersagegenauigkeit

Neben der Materialwertigkeit, die sich aufgrund der ABC-Analyse ergibt, ist auch die Planbarkeit von Beschaffungsprozessen von besonderer Bedeutung. Die XYZ-Analyse betrachtet dabei die Vorhersagegenauigkeit von Materialverbräuchen.
Die **X-Materialien** zeichnen sich durch einen konstanten Verbrauch aus und sind somit gut planbar. Hierbei ist sicherzustellen, dass die Versorgung mit diesen Werkstoffen auf keinen Fall ins Stocken gerät, insbesondere wenn es sich dabei auch um A-Materialien nach der ABC-Analyse handelt (AX-Werkstoffe).
Y-Materialien unterliegen stärkeren Verbrauchsschwankungen und haben eine geringere Vorhersagegenauigkeit. **Z-Materialien** werden sehr unregelmäßig benötigt und sind nahezu nicht planbar; sehr niedrige Vorhersagegenauigkeit.
Anhand der Ergebnisse der ABC- und XYZ-Analyse können Schwerpunkte für bei der täglichen Arbeit im Beschaffungswesen gezielt gesetzt werden. Neben den AX- sollte auch den BX- und AY-Materialien besondere Aufmerksamkeit gewidmet werden, weil aufgrund der hohen Wertanteile und gleichzeitigen Vorhersagegenauigkeit die größten Kosteneinsparungspotenziale vorhanden sind.

Vertiefende Übungen

1 Bei der Bongart Metallerzeugnisse OHG ist die nachfolgende, noch nicht vollständige ABC-Analyse erstellt worden:

Materialgruppen	Anteil an Gesamtmenge (%)		Anteil am Gesamtverbrauchswert (%)	
	je Gruppe	kumuliert	je Gruppe	kumuliert
A	17		82	
B				95
C	33			100

a) Ergänzen Sie die fehlenden Angaben in der unvollständigen Tabelle zur ABC-Analyse der Bongart Metallerzeugnisse OHG.
b) Der Gesamtmaterialwert beträgt 24 Mio. €. Ermitteln Sie für die drei Materialgruppen den Materialwert in Euro.
c) Stellen Sie die Ergebnisse der ABC-Analyse grafisch dar.
d) Erläutern Sie die Bedeutung der ABC-Analyse in Bezug auf die A-Materialien und nennen Sie konkrete Maßnahmen, welche sich für A-Materialien ergeben.

2 Die Bongart OHG plant, die ABC-Analyse auch in anderen Unternehmensbereichen einzusetzen. Das Unternehmen möchte die Kunden, Lieferanten und Außendienstmitarbeiter entsprechend der ABC-Analyse klassifizieren.
a) Erläutern Sie, nach welchen Kriterien das Unternehmen diese Klassifizierungen vornehmen könnte.
b) Beschreiben Sie, welchen Nutzen die Klassifizierungen mithilfe der ABC-Analyse haben, aber auch welche Nachteile damit verbunden sein könnten.

3 Welche der nachfolgenden Aussagen zur in der Grafik dargestellten ABC-Analyse (gesamter Einkaufswert: 3 Mio. €)
- treffen zu (1),
- treffen nicht zu (2),
- können mithilfe der vorliegenden Informationen nicht überprüft werden (3)?

Tragen Sie die Ziffer der richtigen Antwort in das Kästchen ein.

a) Der Einkaufswert der A-Güter beträgt 20 % vom gesamten Einkaufswert sämtlicher in der Analyse einbezogenen Güter. ☐

b) Der Einkaufswert der C-Güter beträgt 300 000,00 €. ☐

c) 30 % der B-Güter werden „just in time" angeliefert. ☐

d) 50 % der Güter haben einen Anteil von 90 % am Gesamtwert. ☐

e) Maßnahmen zur Senkung der Kapitalbindungskosten sollten auf die C-Güter konzentriert werden. ☐

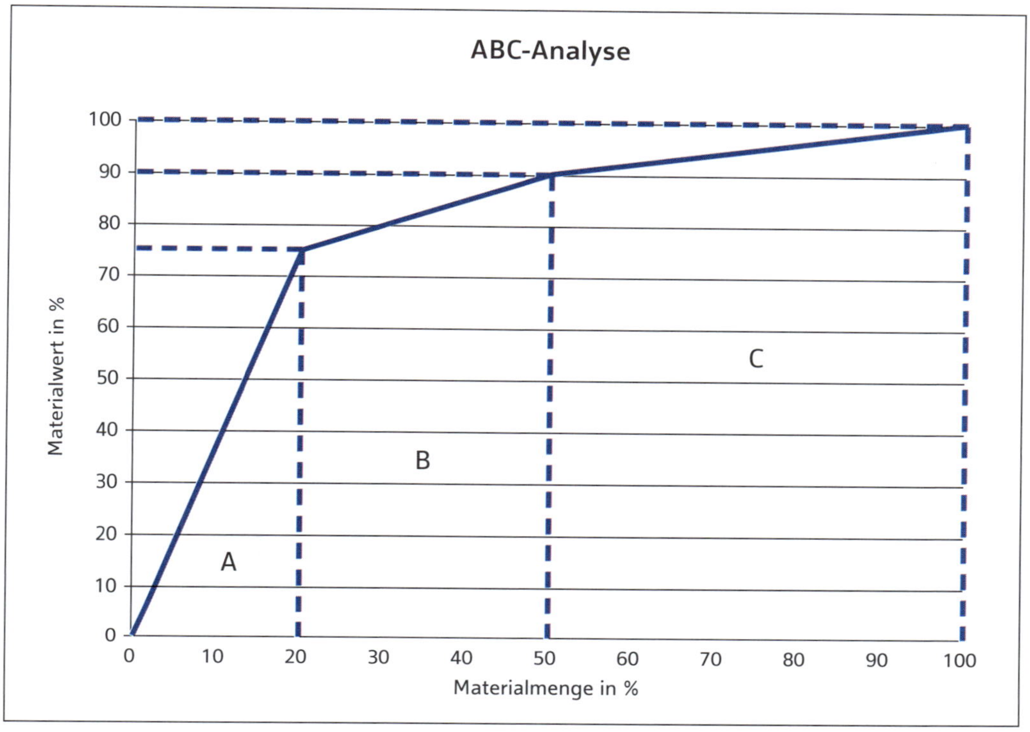

Ergänzende Übungen

Entscheiden Sie für die nachfolgenden Fälle, welche Einordnung entsprechend der ABC- und XYZ-Analyse zutreffend ist (z. B. AX-Material):

a) Die Bongart OHG bezieht große Mengen der Standardschraube M4. Diese werden verbrauchsabhängig bestellt.

b) Hochwertige Stahlprofile werden für kundenindividuelle Sonderanfertigungen auftragsbezogen beschafft.

c) Ein Aluminiumrohr, welches die Bongart OHG aus fertigungstechnischen Gründen nicht herstellen kann, wird bei einigen Erzeugnissen des Unternehmens verarbeitet. Einmal im Quartal werden auftragsabhängig leicht schwankende Mengen bestellt, wobei sichergestellt wird, dass immer ein kleiner Bestand an Rohren auf Lager liegt.

d) Für eines der absatzstärksten Erzeugnisse des Unternehmens werden Edelstahlplatten in einer speziellen, hochwertigen Legierung bei einem Stammlieferanten bezogen. Dieser erhält wöchentlich die aktuellen Bedarfsmeldungen.

ZUSAMMENFASSUNG

- Die ABC- und XYZ-Analyse werden zur Verbesserung der Bedarfsermittlung eingesetzt.
- Während bei der ______________ die wertmäßig wichtigsten Materialgruppen festgestellt werden, dient die ______________ zur Ermittlung der Vorhersagegenauigkeit des Verbrauchs.
- Bei der ABC-Analyse werden die einzelnen ______________ in eine Rangfolge gebracht. Hierbei werden Materialmengen und -werte analysiert und in A-, B- und C-Materialien eingeteilt.
- ______________ haben einen Wertanteil von ca. 80 % und müssen daher besonders genau geplant und kontrolliert werden.
- B-Materialien haben einen Wertanteil von ca. 15 %. Hierbei wird im ______________ entschieden, welche Planungs- und Kontrollmaßnahmen kostengünstig umgesetzt werden können.
- C-Materialien haben einen geringen Wertanteil von ca. 5 %, sodass nur einfache und kostengünstige ______________ zur Bedarfsplanung und -kontrolle ergriffen werden.

SELBSTEINSCHÄTZUNG	JA ☺	MIT HILFE 😐	NEIN ☹
Ich kann die Bedeutung der ABC-Analyse zur Klassifikation von Materialien erklären.			
Ich kann den Anteil von Materialmengen an der Gesamtmenge berechnen und kumulieren.			
Ich kann den Anteil von Materialwerten am Gesamtwert berechnen und kumulieren.			
Ich kann für die einzelnen Materialien eine Klassifizierung in A-, B- und C-Materialien durchführen.			
Ich kann die XYZ-Analyse zur Vorhersagegenauigkeit des Materialverbrauchs beschreiben.			

Außerdem habe ich gelernt:

____

____

____

____

HINWEIS Zur Wiederholung und Vertiefung der Inhalte der Lernsituation: Seite 161, Aufgabe 2.

LERNSITUATION 3: Bedarfsermittlung – vom Primär- zum Nettobedarf

Ausgangssituation: „Welche Mengen benötigen wir wirklich?" – Linda ermittelt den Nettobedarf

Nachdem der neu entwickelte Barhocker „Drinplex" in das Absatzprogramm der TSM AG aufgenommen wurde, hat ein Stammkunde bereits eine Bestellung über 800 Barhocker in Auftrag gegeben. Die Marketingabteilung prognostiziert außerdem weitere Aufträge in einem Volumen von 1 700 Hockern für den kommenden Monat.

Neben verschiedenen neuen Materialien (vgl. Lernsituation 2), die zur Herstellung des Erzeugnisses benötigt werden, finden sich im Barhocker „Drinplex" auch Teile, die in anderen Möbeln (z. B. im Drehhocker „Spiny" mit Armlehnen) verbaut werden. Herr Schmidt (Einkäufer für Hilfs- und Betriebsstoffe) und Frau Richter (Einkäuferin für Fertigbauteile) haben der Auszubildenden Linda Mertens einen Auszug aus der Stückliste[1] des Barhockers „Drinplex" gegeben, damit sie die beiden bei der Bedarfsermittlung unterstützen kann. Ausgehend vom vorliegenden Primärbedarf soll Linda den jeweiligen Nettobedarf für die angegebenen Werkstoffe und Fertigbauteile ermitteln, damit die beiden Sachbearbeiter die erforderlichen Bestellungen vornehmen können.
Auszug der Stückliste des **Barhockers „Drinplex"**:

Pos.	Benennung:	Einheit	Menge
...			
3	Metallgestell (fünffüßig)	Stück	1
4	Rückenlehne	Stück	1
5	Schaumstoffpolster (Sitzfläche/Rückenlehne)	Stück	2
6	Schraube M8	Stück	8
7	Kunststoffstopfen (Softdämpfung-Bodenbelagsschutz)	Stück	5
...			

Mithilfe der Lagerdatei konnte Linda die nachfolgenden Lagerbestände in Erfahrung bringen:

Metallgestell:	1 500 Stück
Rückenlehne:	3 000 Stück
Schaumstoffpolster:	4 000 Stück
Schraube M8:	32 000 Stück
Kunststoffstopfen:	6 125 Stück

Von den sich im Lager befindlichen Materialien sind 800 Rückenlehnen, 1 600 Schaumstoffpolster und 4 000 Kunststoffstopfen bereits für Fertigungsaufträge anderer Produkte reserviert. Zudem sind Bestell-

[1] Stücklisten liefern wichtige Informationen über den Aufbau eines Produktes, so kann man ihnen u. a. entnehmen, aus welchen und wie vielen Baugruppen und Einzelteilen ein Erzeugnis entsteht (Mengenübersichtsstückliste).

rückstände von jeweils 500 Stück beim Lieferanten der Metallgestelle und Rückenlehnen zu verzeichnen. Es wird damit gerechnet, dass diese in den nächsten Tagen eintreffen.

Die Erfahrungen der TSM AG haben gezeigt, dass bei den Erzeugniskomponenten Metallgestell, Rückenlehne und Schaumstoffpolster ein Zusatzbedarf von 15 % und bei den anderen Komponenten von 5 % des Bruttosekundärbedarfs benötigt wird.

Bedarfsermittlungsschema:

Primärbedarf	

	Metallgestell	Rückenlehne	Schaumstoff-polster	Schraube M8	Kunststoff-stopfen
Sekundär-/ Tertiärbedarf					
Nettosekundär-/ -tertiärbedarf					

Auch auf Basis der Ergebnisse der ABC-Analyse (vgl. Lernsituation 2) hat die TSM AG beschlossen, eine auftragsbezogene Ermittlung des Materialbedarfs für C-Güter grundsätzlich nicht mehr durchzuführen, weil diese zu zeitaufwendig und kostenintensiv ist. Daher wird der Materialbedarf für sämtliche Kleinmetallteile zukünftig ausschließlich anhand einer Trendberechnung durchgeführt. Dabei werden die letzten sechs Monate zugrunde gelegt und im Verhältnis 10 : 10 : 15 : 15 : 20 : 30 gewichtet, sodass der gerade abgelaufene Monat mit 30 % am stärksten berücksichtigt wird. Der Materialbedarf bei der Schraube M8 kann der nachfolgenden Tabelle entnommen werden:

Monat	Materialbedarf
Januar	45 000 Stück
Februar	36 000 Stück
März	62 000 Stück
April	65 000 Stück
Mai	84 000 Stück
Juni	90 000 Stück

Nachdem Linda alle erforderlichen Informationen zusammengetragen hat, macht sie sich sofort an die Arbeit und erledigt die Aufgaben, die ihr von Herrn Schmidt und Frau Richter übertragen wurden. Unterstützen Sie Linda bei diesem Vorhaben und bearbeiten Sie die nachfolgenden Arbeitsaufträge.

Arbeitsaufträge

1 Vervollständigen Sie mithilfe der Ihnen vorliegenden Informationen das oben abgebildete **Bedarfsermittlungsschema** und ermitteln Sie jeweils den Nettosekundär- bzw. -tertiärbedarf für die angegebenen Werkstoffe.

2 Ermitteln Sie mithilfe der **Trendberechnung** den Materialbedarf für die Schraube M8 im Monat Juli.

3 Erläutern Sie jeweils einen Vorteil und einen Nachteil, der mit einer verbrauchsorientierten Bedarfsermittlung durch eine Trendberechnung verbunden sein kann.

INFOBOX

Info 1: Verfahren der Materialbedarfsermittlung

Eine Möglichkeit zur Bedarfsermittlung ist die **auftragsbezogene** Feststellung des Bedarfs, wobei konkrete Kundenaufträge zugrunde gelegt werden. Der **Primärbedarf** (Bedarf an Fertigerzeugnissen und Handelswaren) geht dabei aus dem geplanten Produktionsprogramm hervor. Hierbei wird die mengenmäßige Zusammensetzung des Erzeugnisses anhand von Stücklisten ermittelt. Weitere erforderliche Informationen sind die Beschaffungszeiten der unterschiedlichen Materialien sowie die verfügbaren Lagerbestände. Insbesondere bei Materialien mit einem hohen Wertanteil (A-Materialien) ist eine auftragsbezogene (plangesteuerte) Bedarfsermittlung anzuwenden.

Zur Berechnung des Bruttobedarfs ist der Bedarf an Fertigerzeugnissen und Handelswaren (**Primärbedarf**) erforderlich, welcher den Produktionsplänen entnommen werden kann. Anhand des Primärbedarfs und der Stücklisten lässt sich der **Bruttosekundärbedarf** feststellen, also der Bedarf an Baugruppen, Einzelteilen und Werkstoffen, die zur Herstellung des Erzeugnisses von wesentlicher Bedeutung sind. Außerdem kann der Bruttobedarf an Hilfs- und Betriebsstoffen ermittelt werden, der sogenannte **Tertiärbedarf**.

Die tatsächlich zu beschaffenden Mengen (**Nettobedarf**) ergeben sich, indem neben den verfügbaren Lagerbeständen auch die Bestellrückstände, also getätigte, aber noch nicht eingetroffene Bestellungen, abgezogen werden. Darüber hinaus müssen Reservierungen für andere Aufträge und zu erwartende Zusatzbedarfe (Ausschuss, Ersatzteile) zusätzlich berücksichtigt werden und erhöhen somit den Nettobedarf. Die nachfolgende Übersicht dient zur Veranschaulichung der Bedarfsermittlung.

Info 2: Übersicht zur plangesteuerten Bedarfsermittlung

Primärbedarf	**500 Schränke**
Materialbedarf je Schrank (anhand der Stückliste)	36 Metallprofile
Sekundärbedarf	**18000 Stück**
+ Zusatzbedarf (z. B. 5 % des Sekundärbedarfs)	+ 900 Stück
= Bruttosekundärbedarf	**18900 Stück**
– verfügbarer Lagerbestand	– 5500 Stück
– Bestellrückstände	– 4000 Stück
+ Reservierungen für andere Aufträge	+ 6250 Stück
= Nettosekundärbedarf	**= 15650 Stück**

INFOBOX

Info 3: Verbrauchsorientierte Bedarfsermittlung

Bei der verbrauchsorientierten Bedarfsermittlung werden zukünftige Materialbedarfe anhand von Vergangenheitswerten prognostiziert. Eine solche Vorgehensweise ist insbesondere bei Hilfs- und Betriebsstoffen, also bei Werkstoffen mit einem überwiegend geringen Wertanteil (C-Materialien), sinnvoll.

Informationen über den Vorhersagezeitraum, die Vorhersagehäufigkeit und die Vergangenheitswerte sind erforderlich, um eine möglichst exakte Prognose abgeben zu können. Insbesondere bei einem stark schwankenden oder sporadischen Bedarf (Vorhersagehäufigkeit) ist eine genaue Vorhersage problematisch. Auch die Bestimmung des Vorhersagezeitraums und der damit zu berücksichtigenden Vergangenheitswerte ist von wesentlicher Bedeutung für die Aussagefähigkeit der Bedarfsermittlung. Werden z. B. zu „alte" Verbräuche einbezogen, welche aufgrund von konjunkturellen Veränderungen nicht mehr der aktuellen Situation entsprechen, so kann die verbrauchsorientierte Bedarfsermittlung zu falschen Ergebnissen führen.

Neben der Ermittlung von **Durchschnittswerten** kann auch die **Trendberechnung** zur Ermittlung von zukünftigen Bedarfen herangezogen werden. Während bei der Methode der Durchschnittswerte lediglich der Mittelwert der Vergangenheitswerte ermittelt wird, werden bei der Trendberechnung einzelne Perioden unterschiedlich stark gewichtet. Durch diese Vorgehensweise können z. B. die Materialverbräuche der jüngeren Vergangenheit stärker gewichtet werden als ältere. Andererseits können auch saisonale Besonderheiten bei der Trendberechnung berücksichtigt werden. Das nachfolgende Beispiel verdeutlicht die beiden Methoden der verbrauchsorientierten Bedarfsermittlung.

Info 4: Durchschnittswerte und Trendberechnung zur verbrauchsorientierten Bedarfsermittlung

Vergangenheitswerte	1. Quartal	1 000 Stück
	2. Quartal	1 500 Stück
	3. Quartal	2 000 Stück
	4. Quartal	2 500 Stück
Methode	**Durchschnittswerte**	**Trendberechnung**
Berechnung	$= \frac{1\,000 + 1\,500 + 2\,000 + 2\,500}{4}$	$= \frac{(1\,000 \cdot 10) + (1\,500 \cdot 20) + (2\,000 \cdot 30) + (2\,500 \cdot 40)}{100}$
	= 1 750 Stück	**= 2 000 Stück**

Vertiefende Übungen

1 Für einen Beistelltisch aus der Produktgruppe „Empfang" benötigt die TSM AG Edelstahlmanschetten, die das moderne Design des Premiumprodukts unterstreichen. Zur Herstellung des Tisches werden vier Tischbeine benötigt, wobei an jedem Bein zwei Manschetten verarbeitet werden. Bei der Verarbeitung der Manschetten kommt es gelegentlich zu Verarbeitungsfehlern, sodass für Ausschuss und Ersatzteile ein Zusatzbedarf von 10 % angesetzt wird. Die TSM AG hat einen Kundenauftrag über 450 Tische erhalten. Die nachfolgenden Informationen liegen Ihnen zur Bedarfsermittlung für die Edelstahlmanschette vor:

- Lagerbestand: 2 200 Stück
- Bestellrückstände: –
- Reservierungen: 1 550 Stück

a) Ermitteln Sie
- den Primärbedarf,
- den Bruttosekundärbedarf,
- den Nettosekundärbedarf.

b) Begründen Sie, warum es sich beim Brutto-/Nettobedarf der Edelstahlmanschetten um Sekundärbedarfe und nicht um Tertiärbedarfe handelt.

c) Aus dem abgelaufenen Geschäftsjahr liegen Ihnen die nachfolgenden Verbrauchsdaten der Edelstahlmanschette vor:

Monat	Verbrauch	Monat	Verbrauch
Januar	5500	Juli	2000
Februar	4000	August	1800
März	4800	September	3000
April	5000	Oktober	4200
Mai	3200	November	6000
Juni	2600	Dezember	5500

Ermitteln Sie den Materialbedarf für den Monat Januar des Folgejahres mithilfe
- der Durchschnittswerte der letzten sechs Monate.
- der Trendberechnung. Dabei werden die letzten sechs Monate im Verhältnis 0 : 0 : 0 : 15 : 35 : 50 gewichtet.

d) Beurteilen Sie die Aussagekraft Ihrer Ergebnisse.

2 In einem metallverarbeitenden Unternehmen werden u. a. Eisenstangen (10 x 10 x 2000 mm) und Kupferrohre (12 x 2400 mm) auftragsbezogen von einem Lieferanten beschafft. Eine ausstehende Lieferung über 40 Eisenstangen und 10 Kupferrohre wird in den nächsten Tagen erwartet. Dem Auftragsbuch ist zu entnehmen, dass 18 Eisenstangen und 12 Kupferrohre bereits für andere Aufträge verplant sind. Aus der Lagerdatei gehen folgende Lagerbestände hervor:
- Eisenstange: 100 Meter
- Kupferrohr: 48 Meter

Aufgrund von Erfahrungswerten aus der Fertigung muss für Ausschuss, Verschnitt etc. ein Zusatzbedarf von 20 % berücksichtigt werden.

Ermitteln Sie den Nettosekundärbedarf für die beiden Rohstoffe, wenn für einen Neukundenauftrag 150 Meter Eisenstange und 72 Meter Kupferrohr benötigt werden.

ZUSAMMENFASSUNG

Zusammenfassung

Mithilfe der Materialbedarfsermittlung wird eine exakte Bedarfsplanung der zur Fertigung notwendigen Baugruppen, Einzelteile und Werkstoffe ermöglicht. Das nachfolgende Schaubild zeigt die Vorgehensweise zur Materialbedarfsermittlung:

Materialbedarfsermittlungsprozess	Begriffserklärung
Primärbedarf	Der Bedarf an verkaufsfertigen ____________, der sich aufgrund von ____________ und Auftragsprognosen ergibt.
Bruttobedarf (Bruttosekundär-/Bruttotertiärbedarf)	Mithilfe des Primärbedarfs und anhand der ____________ wird unter Berücksichtigung des ____________ der Bruttobedarf ermittelt. Hierbei können Bruttosekundär-(Baugruppen, Einzelteile und ____________)sowie Bruttotertiärbedarf (______-und Betriebsstoffe) unterschieden werden.
Nettobedarf (Nettosekundär-/Nettotertiärbedarf)	Die tatsächlich zu beschaffenden Baugruppen, Einzelteile und Werkstoffe werden unter Berücksichtigung weiterer Faktoren ermittelt. Dabei reduzieren ____________ und ____________ den tatsächlichen Bedarf, während ____________ und ____________ diesen erhöhen.

Insbesondere bei geringwertigen C-Materialen ist eine genaue Bedarfsermittlung nicht sinnvoll, sodass eine verbrauchsorientierte Bedarfsermittlung zur Anwendung kommt. Die beiden nebenstehenden bzw. nachfolgenden Grafiken zeigen zwei mögliche Vorgehensweisen zur verbrauchsorientierten Bedarfsermittlung auf:

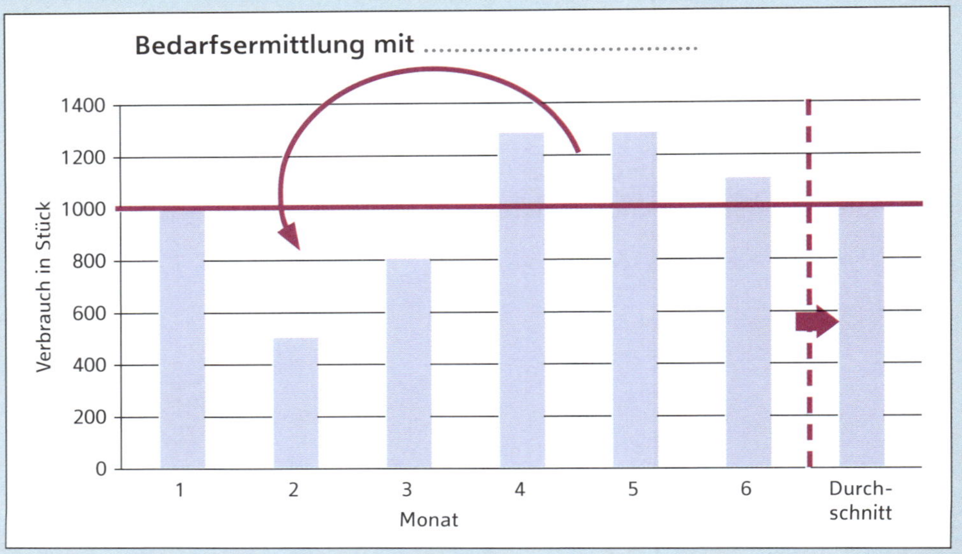

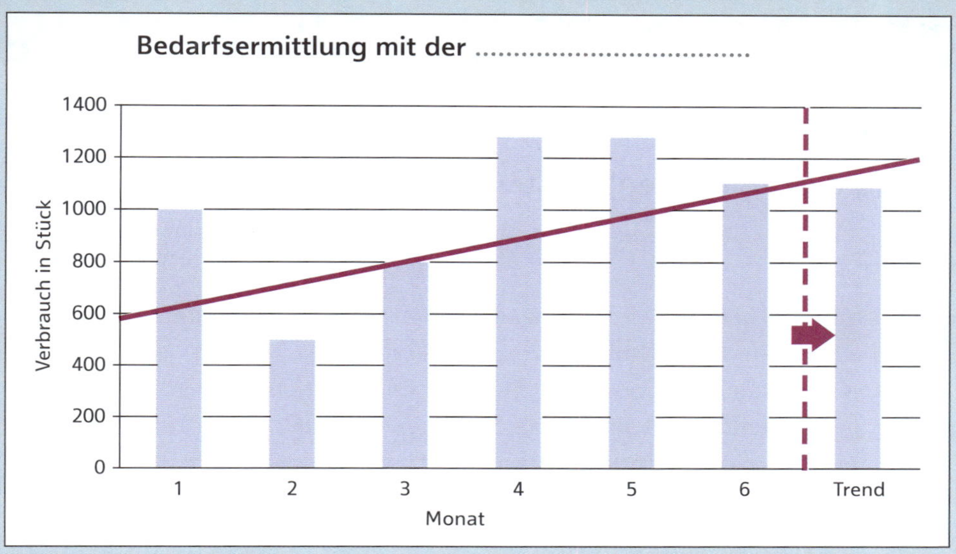

SELBSTEINSCHÄTZUNG	JA ☺	MIT HILFE 😐	NEIN ☹
Ich kann Primär-, Brutto- und Nettobedarf erklären.			
Ich kann Sekundär- und Tertiärbedarf unterscheiden.			
Ich kann, ausgehend vom Primärbedarf, den Bruttobedarf bestimmen und den Nettobedarf berechnen.			
Ich kann die verbrauchsorientierte Bedarfsermittlung sowohl mithilfe von Durchschnittswerten als auch anhand der Trendberechnung durchführen.			
Ich erkenne die unterschiedliche Aussagekraft der beiden Berechnungsmethoden zur verbrauchsorientierten Bedarfsermittlung.			

Außerdem habe ich gelernt:

____

____

____

____

____

HINWEIS

Zur Wiederholung und Vertiefung der Inhalte der Lernsituation:
Seite 162, Aufgabe 3.

LERNSITUATION 4: Bestellmengenplanung – die optimale Bestellmenge

Ausgangssituation: Ermittlung der „optimalen" Bestellmenge

Herr Frei ist von der Geschäftsführerin Frau Dr. Mohl dazu angehalten worden, die Kosten in seinem Bereich (Einkauf/Lager) weiter zu senken. Daraufhin hat er sich an Frau Richter, die bei der TSM AG für den Einkauf von Fertigbauteilen zuständig ist, gewandt: „Frau Richter, es geht um unser fünffüßiges Metallgestell, welches u. a. für die Herstellung des Barhocker ‚Drinplex' benötigt wird. Bislang wurde einmal im Quartal eine große Bestellung von ca. 6000 Stück platziert. In Absprache mit Herrn Tiller und Herrn Demiray bitte ich Sie, die Bestellhäufigkeit dahingehend zu überprüfen, ob sich hier nicht Kosten einsparen lassen. Die erforderlichen Daten habe ich bereits zusammengetragen, sodass Sie diese nur noch auswerten müssen."

Daten zur Bestellsituation des Metallgestells:

- Bezugspreis je Metallgestell: 21,00 €
- Jahresbedarf: 24000 Stück
- Kosten je Bestellung: 160,00 €
- Lagerkostensatz: 6 %

Arbeitsaufträge

1 Ermitteln Sie anhand der nachfolgenden Tabelle (Seite 31) näherungsweise die optimale Bestellmenge und die Anzahl der Bestellungen für das Metallgestell.

2 Stellen Sie Ihre tabellarische Lösung aus Arbeitsauftrag 1 grafisch dar. Zeichnen Sie dazu die Kostenverläufe der durchschnittlichen Lagerkosten, der Bestellkosten und die Gesamtkosten in die nachfolgenden Vorlagen zur optimalen Bestellmenge (Grafik 1) und zur Anzahl der Bestellungen (Grafik 2).

3 Erläutern Sie die unterschiedlichen Kostenverläufe der beiden grafischen Darstellungen aus Arbeitsauftrag 2.

4 Berechnen Sie stückgenau die optimale Bestellmenge mithilfe der Andler-Formel.

5 Erläutern Sie Voraussetzungen, die gelten müssen, damit das Modell der optimalen Bestellmenge Gültigkeit besitzt.

6 Erläutern Sie Gründe, die Frau Richter veranlassen könnten, von der optimalen Bestellmenge abzuweichen.

Anzahl der Bestellungen pro Jahr	Bestell-menge in Stück	Ø Lager-bestand in Stück	Ø Lager-bestand in €	Ø Lager-kosten in €	Bestell-kosten in €	Gesamt-kosten in €
1						
2						
4						
8						
10						
12						
20						

Grafik 1: Optimale Bestellmenge

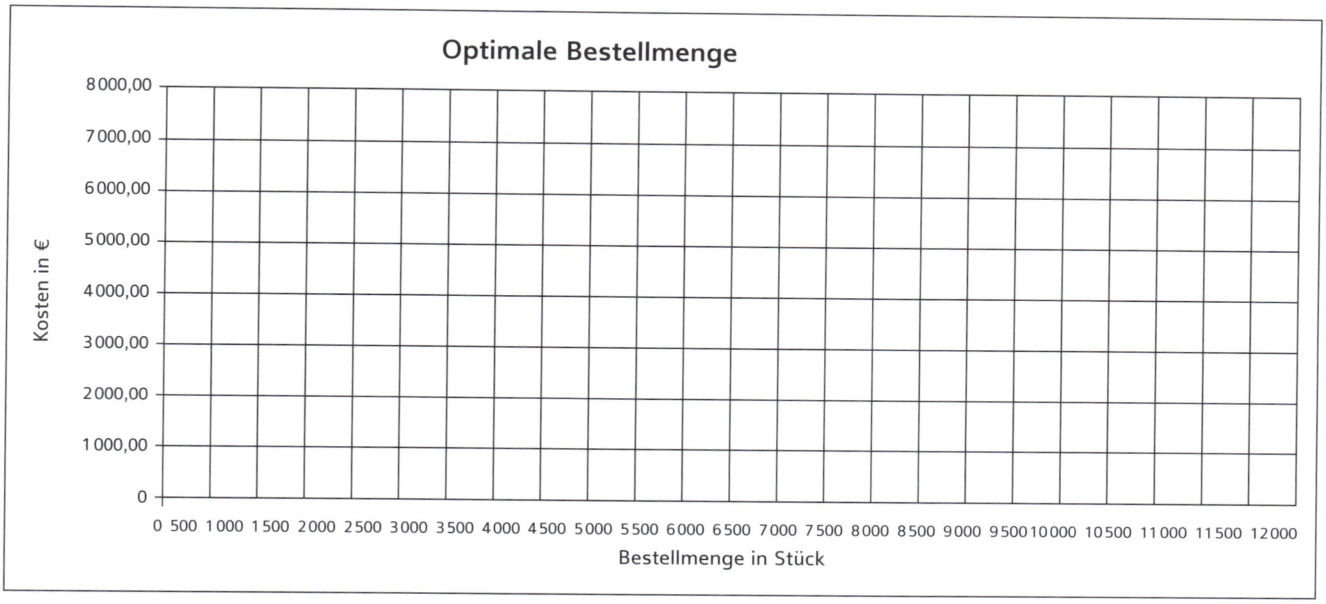

Grafik 2: Anzahl der Bestellungen

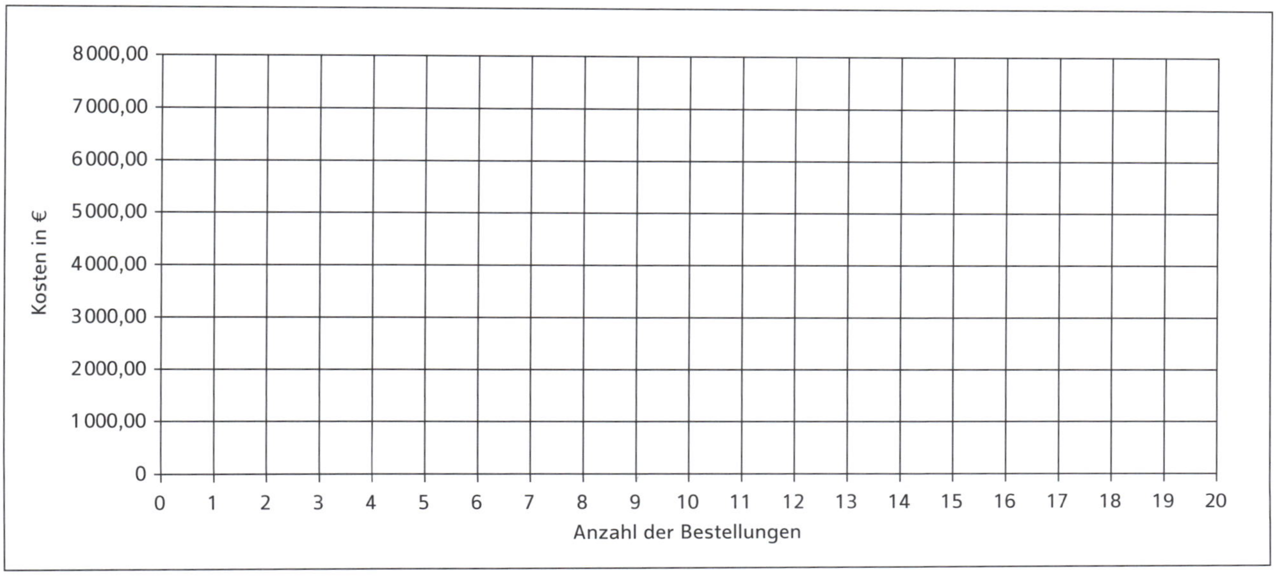

INFOBOX

Info 1: Bestellmengenplanung bei der Vorratsbeschaffung

Durch die Beschaffung und Lagerung von Werkstoffen werden Kosten verursacht, deren Höhe von der Beschaffungsmenge abhängt. Während die Beschaffungs-/Bestellkosten mit zunehmender Bestellmenge abnehmen, verursachen die damit verbundenen höheren Lagerbestände steigende Lagerkosten.

Zur Ermittlung der **Beschaffungs**- bzw. **Bestellkosten** müssen alle Sach- und Personalkosten berücksichtigt werden, die durch die Bestellung/Beschaffung der Werkstoffe verursacht werden. Hierzu zählen u. a. Kosten für Anfragen, Angebotsvergleiche, Vertragsverhandlungen und Bestellungen. Für die insgesamt anfallenden Kosten wird eine Pauschale aufgrund von Erfahrungswerten angesetzt, weil eine exakte Zuordnung der einzelnen Kosten nicht möglich ist. Wird der gesamte Jahresbedarf einmalig bestellt, fallen auch nur einmal Beschaffungskosten an. Bei Beschaffung von Teilmengen fallen die Beschaffungskosten mehrfach an. Die Beschaffungskosten sind somit **bestellmengenunabhängige** Kosten (bestellfixe Kosten).

Die **Lagerkosten** sind von der Bestellmenge abhängig (**bestellmengenvariable** Kosten). Das bedeutet, je größer die Bestellmenge, desto größer sind auch der durchschnittliche Lagerbestand und die daraus resultierenden Lagerkosten. Durch die Lagerung der Werkstoffe fallen Kapitalbindungskosten an, weil die in den Lagerbeständen gebundenen liquiden Mittel nicht anderweitig genutzt werden können bzw. ggf. sogar fremdfinanziert werden müssen, wenn fälligen Lieferantenrechnungen keine entsprechenden Umsatzerlöse gegenüberstehen. Neben dieser wesentlichen Komponente der Lagerkosten müssen auch Kosten für Lagerraum, Lagereinrichtung, Personal, Verwaltung, Versicherung, Schwund etc. berücksichtigt werden. Auch diese Kosten sind (überwiegend) direkt von der Bestellmenge und daraus resultierenden Lagermengen abhängig. Häufig werden die Lagerkosten überschlagsweise mithilfe eines Lagerkostensatzes in Abhängigkeit vom Lagerwert ermittelt.

Beschaffungs-/Bestellkosten und Lagerkosten verlaufen gegenläufig, d. h., bei größeren Bestellmengen sind nur wenige Bestellungen auszuführen (niedrige Bestellkosten), während größere Lagermengen höhere Lagerkosten verursachen und umgekehrt. Die Optimierung dieser beiden Kostengrößen soll mithilfe der optimalen Bestellmenge ermittelt werden, also der Menge, bei der die Gesamtkosten minimal sind. Dazu kann eine tabellarische, grafische und rechnerische Ermittlung der optimalen Bestellmenge durchgeführt werden.

Info 2: Tabellarische Ermittlung der optimalen Bestellmenge

Die folgenden Beispieldaten liegen zur Ermittlung der optimalen Bestellmenge vor:

Bezugspreis je Stück	4,00 €
Jahresbedarf	6000 Stück
Bestellkosten	75,00 €
Lagerkostensatz	5 %

Anzahl der Bestellungen pro Jahr	Bestellmenge in Stück	Ø Lagerbestand in Stück	Ø Lagerbestand in €	Ø Lagerkosten in €	Bestellkosten in €	Gesamtkosten in €
1	6000	3000	12000,00	600,00	75,00	675,00
2	3000	1500	6000,00	300,00	150,00	450,00
3	2000	1000	4000,00	200,00	225,00	425,00
4	1500	750	3000,00	150,00	300,00	450,00
5	1200	600	2400,00	120,00	375,00	495,00

Die optimale Bestellmenge liegt bei 2000 Stück, es werden drei Bestellungen ausgeführt. Die tabellarisch ermittelten Werte zu den drei Kostengrößen werden zur grafischen Darstellung der optimalen Bestellmenge herangezogen.

Info 3: Berechnung der optimalen Bestellmenge mithilfe der Andler-Formel

Die Andler-Formel dient zur Berechnung der optimalen Bestellmenge:

$$\text{optimale Bestellmenge} = \sqrt{\frac{200 \cdot \text{Jahresbedarf} \cdot \text{Kosten je Bestellung}}{\text{Bezugspreis je Stück} \cdot \text{Lagerkostensatz}}}$$

Ermittlung der optimalen Bestellmenge anhand der Beispieldaten aus Info 2:

$$\text{optimale Bestellmenge} = \sqrt{\frac{200 \cdot 6000 \cdot 75{,}00\ €}{4{,}00\ € \cdot 5\ \%}} = \mathbf{2121\ Stück = 2{,}83\ Bestellungen}$$

Vertiefende Übungen

1 In einem Industrieunternehmen soll die Bestellmenge für einen Werkstoff optimiert werden. Die Bestell- und Lagerkosten verlaufen proportional, der Lagerabgang verläuft gleichmäßig.

a) Vervollständigen Sie die nachfolgende Tabelle zur Ermittlung der optimalen Bestellmenge:

Anzahl der Bestellungen	Bestellmenge (in Stück)	Bestellkosten gesamt (in €)	Ø Lagerbestand (in Stück)	Ø Lagerbestand (in €)	Lagerkosten gesamt (in €)	Gesamtkosten
1						
2				960 000,00		
3		3 750,00				
4					24 000,00	
5						
10	48 000		24 000			
20						
40						
60						
80						
100						

b) Ermitteln Sie
1. den Jahresbedarf (in Stück),
2. die Bestellkosten pro Bestellvorgang (in €),
3. den Bezugspreis pro Stück (in €),
4. den Lagerhaltungssatz (in %) und
5. die durchschnittlichen Lagerkosten pro Stück (in €).

c) Skizzieren Sie den Verlauf der Lagerkosten, der Bestellkosten sowie der Gesamtkosten und markieren Sie die optimale Bestellmenge.

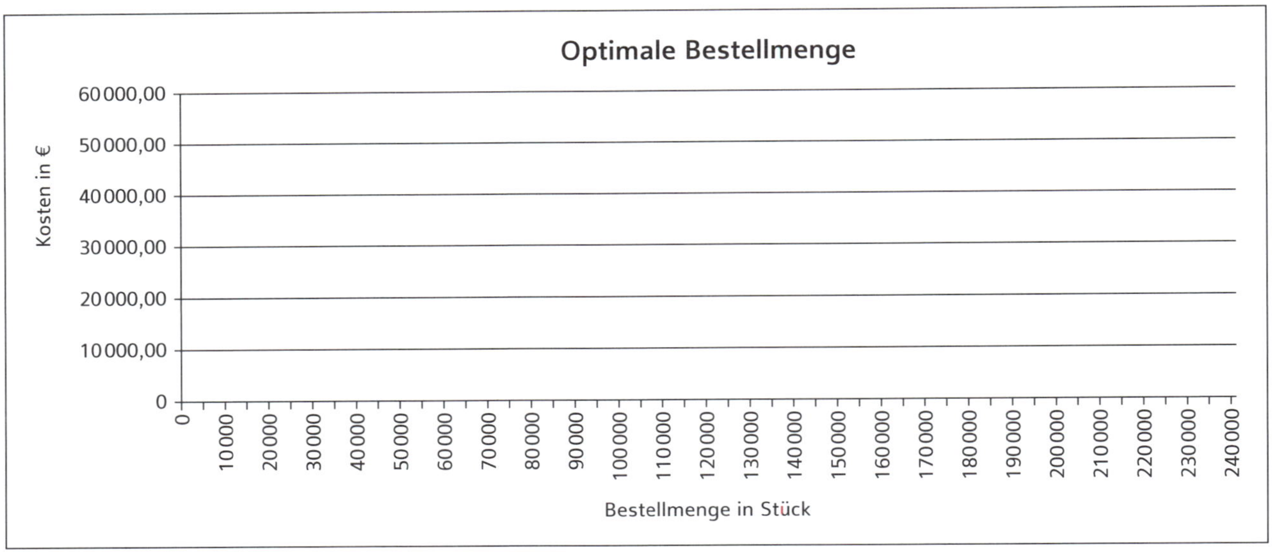

2 Ihnen liegen die nachfolgenden Informationen zur Beschaffung eines Zukaufteils vor:

Jahresbedarf:	25 000 Stück
Bezugspreis je Stück:	24,00 €
Bestellkosten je Bestellung:	80,00 €
Lagerkostensatz:	9 %

a) Ermitteln Sie die optimale Bestellmenge mithilfe der Andler-Formel.
b) Berechnen Sie die daraus resultierende Anzahl der Bestellungen.

ZUSAMMENFASSUNG

- Die Anzahl der Bestellungen und die daraus resultierenden Bestellmengen beeinflussen die ______________ ______________ und ______________. Je ______________ Bestellungen getätigt werden, umso geringer sind die Bestellmengen; je seltener bestellt wird, umso ______________ Mengen müssen beschafft werden, um die Versorgung mit einem vorgegebenen ______________ sicherzustellen.
- Durch eine größere Bestellmenge steigen der ______________ ______________ und damit auch die ______________. Das im Lager gebundene Kapital verursacht ______________.
- Durch die Reduzierung der Bestellmengen können zwar die Lagerkosten reduziert werden, gleichzeitig steigen aber die ______________ an, weil häufiger Bestellungen getätigt werden müssen.

- Die optimale Bestellmenge wird erreicht, wenn die ____________ aus Beschaffungs- und Lagerhaltungskosten ____________ ist.

- Teilt man den Jahresbedarf durch die optimale Bestellmenge, ergibt sich die ____________ ____________.

SELBSTEINSCHÄTZUNG	JA ☺	MIT HILFE 😐	NEIN ☹
Ich kann die Begriffe Beschaffungs-/Bestellkosten und Lagerkosten erklären.			
Ich kann die tabellarische Ermittlung der optimalen Bestellmenge durchführen.			
Ich kann die Ergebnisse einer tabellarischen Ermittlung der optimalen Bestellmenge in grafische Darstellungen übertragen.			
Ich kann die einzelnen Kostenverläufe zur optimalen Bestellmenge erklären und dabei auch den Unterschied zwischen der Darstellung der optimalen Bestellmenge und der Anzahl der Bestellungen beschreiben.			
Ich kann die Andler-Formel zur Berechnung der optimalen Bestellmenge anwenden.			
Ich kann Gründe erläutern, die ein Unternehmen dazu veranlassen, von der optimalen Bestellmenge abzuweichen.			

Außerdem habe ich gelernt:

____

____

____

____

____

____

____

____

____

HINWEIS

Zur Wiederholung und Vertiefung der Inhalte der Lernsituation: Seite 164, Aufgabe 4.

LERNSITUATION 5: Planung des Bestellzeitpunktes – das Bestellpunkt- und Bestellrhythmusverfahren

Ausgangssituation: „Wann müssen die fünffüßigen Metallgestelle bestellt werden?“

Nachdem die Berechnungen zur optimalen Bestellmenge durchgeführt wurden (vgl. Lernsituation 4), konnten Kosteneinsparungsmöglichkeiten bei der Beschaffung und Lagerung der fünffüßigen Metallgestelle realisiert werden.

Neben den Metallgestellen werden für den Barhocker „Drinplex“ auch Kunststoffstopfen (vgl. Lernsituation 3) benötigt. Bislang werden die Metallgestelle nach dem Bestellpunktverfahren beschafft, während bei den Kunststoffstopfen das Bestellrhythmusverfahren angewandt wird.

Von den Kunststoffstopfen werden regelmäßig (alle 1,5 Monate) 15 000 Stück bei den De Koopens BV Chemiewerken bestellt. Mögliche Bedarfsschwankungen und Lieferverzögerungen werden durch einen Mindestbestand von 3 000 Stück aufgefangen. Der Jahresbedarf beläuft sich auf 120 000 Stopfen. Zu Beginn des neuen Geschäftsjahres (Lagerbestand: 13 000 Stück) soll mithilfe einer grafischen Darstellung der Materialverbrauch für das kommende Geschäftsjahr dargestellt werden. Diese Aufgabe soll die Auszubildende Linda Mertens für Herrn Schmidt übernehmen, der bei der TSM AG für die Beschaffung von Hilfs- und Betriebsstoffen zuständig ist.

Für die Beschaffung der Fertigbauteile ist bei der TSM AG Frauke Richter verantwortlich. Als sie von Herrn Schmidts Arbeitsauftrag an Linda Mertens hört, kommt ihr eine Idee.

Frauke Richter: „Wenn Sie schon mal dabei sind, eine Zeichnung für den Materialverbrauch an Kunststoffstopfen zu erstellen, dann können Sie mir doch auch eine für das fünffüßige Metallgestell anfertigen, oder? Momentan haben wir 1 500 Metallgestelle auf Lager, täglich werden 125 Stück entnommen und das Lager fasst maximal 4 000 Gestelle. Die eiserne Reserve soll vier Tagesverbräuche betragen und während der Wiederbeschaffungszeit werden 1 250 Gestelle verarbeitet.“

Linda Mertens: „Das sind ja jede Menge Daten, aber ich krieg' das schon hin.“

Arbeitsaufträge

1 Zeichnen Sie den Materialverbrauch an **Kunststoffstopfen** in das nachfolgende Koordinatensystem.

2 Erläutern Sie jeweils einen Vorteil und einen Nachteil des **Bestellrhythmusverfahrens**.

3 Ermitteln Sie mithilfe der vorliegenden Informationen den Materialverbrauch an **Metallgestellen**, indem Sie dazu eine grafische Darstellung in das zweite Koordinatensystem zeichnen.

4 Erläutern Sie mögliche Gründe, die dazu geführt haben, dass das Unternehmen das **Bestellpunktverfahren** bei den Metallgestellen bevorzugt hat.

Zeichnungsvorlage zum Bestellrhythmusverfahren bei den **Kunststoffstopfen:**

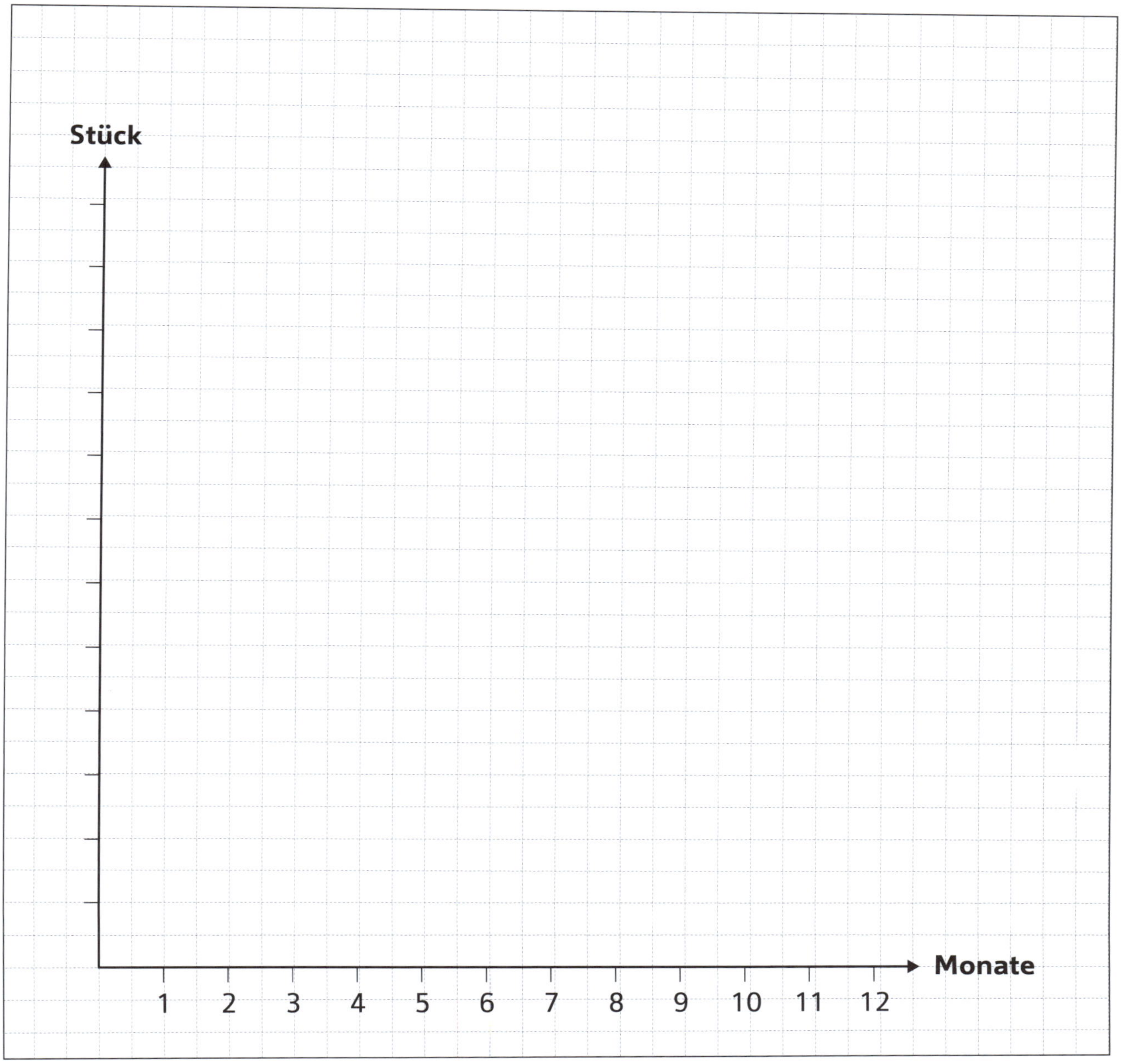

Zeichnungsvorlage zum Bestellpunktverfahren bei den **Metallgestellen:**

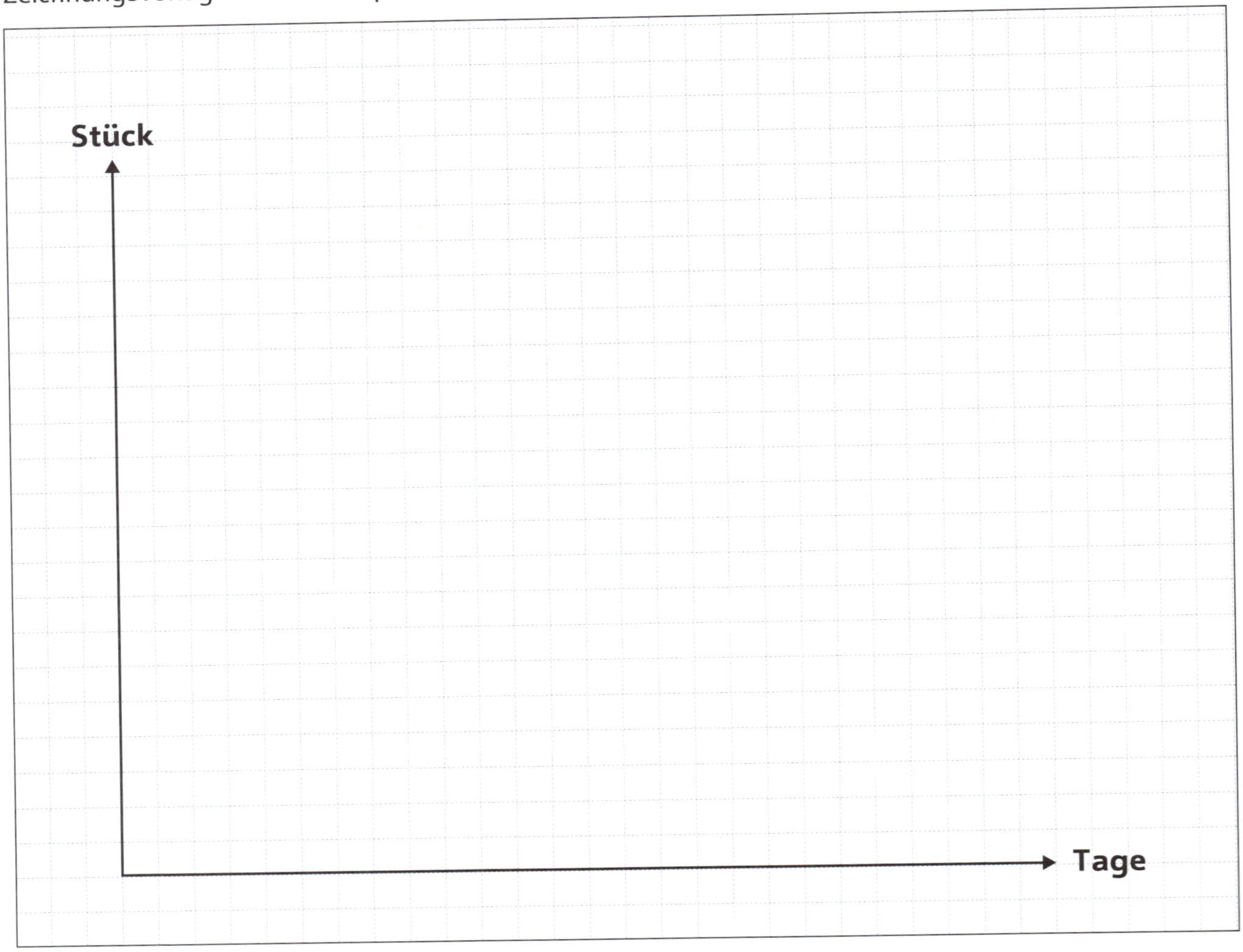

INFOBOX

Info 1: Bestellpunktverfahren

Der Bestellpunkt bei diesem Bestellverfahren ist von einem vorher festgelegten Lagerbestand abhängig, d.h., mit Erreichen dieses vorgegebenen Lagerbestandes (**Meldebestand**) erfolgt automatisch eine Bedarfsmeldung an das Beschaffungswesen des Unternehmens. Aufgrund dieser Meldung wird der Bestellvorgang automatisch ausgelöst. Dadurch kann sichergestellt werden, dass die neue Lieferung rechtzeitig eintrifft. Im Idealfall trifft die Lieferung genau dann ein, wenn der Mindestbestand gerade erreicht wird. Der **Mindestbestand** (auch **eiserner Bestand** oder **eiserne Reserve**) wird nur im Notfall (z.B. bei unvorhersehbaren Lieferungsverzögerungen, kurzfristigen Zusatzaufträge) angegriffen und dient dazu, Produktionsverzögerungen zu vermeiden.

Zur Ermittlung des Meldebestandes müssen Informationen über den Tagesverbrauch, die Beschaffungs- bzw. Lieferzeit und den Mindestbestand vorliegen. Danach lässt sich der Meldebestand wie folgt berechnen:

Meldebestand = (Tagesverbrauch • Beschaffungszeit) + Mindestbestand

Beispiel: Die TSM AG verarbeitet bei einigen Erzeugnissen massive Eichenholzplatten, welche regelmäßig von der Klein-Holz GmbH aus Hamm angeliefert werden. Aufgrund des hohen Materialwertes wurde ein **Höchstbestand** von **7200 Platten** festgelegt. Der **Mindestbestand** beläuft sich auf **2000 Platten** und die Lieferzeit beträgt 8 Tage. Bei der TSM AG werden täglich 400 Platten verarbeitet. Daraus ergibt sich ein **Meldebestand** von **5200 Eichenholzplatten** (Mindestbestand 2000 Platten plus 3200 Platten, die innerhalb von 8 Tage in der Produktion verbraucht werden).

Die Bestellmenge definiert sich über die vorgegebenen Mindest- und Höchstbestände. Mit Erreichen des Mindestbestandes (2000 Platten) trifft die neue Bestellung ein und füllt das Lager wieder bis zum Höchstbestand (7200 Platten) auf, sodass die (optimale) Bestellmenge bei 5200 Eichenholzplatten liegt. Diese Menge reicht aus, um die Produktion für 13 Tage mit jeweils 400 Platten zu versorgen, dabei wird der Mindestbestand nicht angegriffen. Da für die nachfolgende Lieferung wiederum eine Lieferzeit von 8 Tagen zu berücksichtigen ist, muss die neue Bestellung bereits 5 Tage nach der letzten Lieferung ausgelöst werden (Meldebestand bei 5200 Platten erreicht).

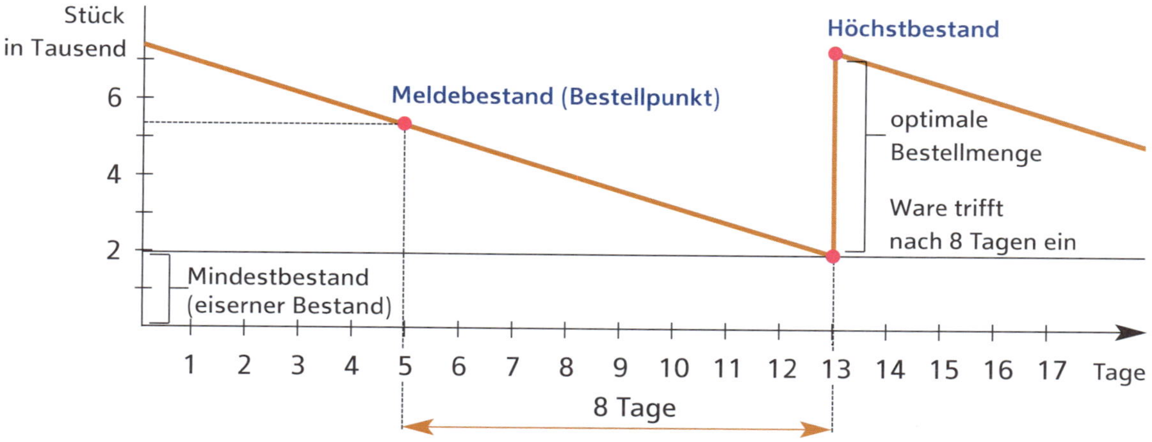

Info 2: Bestellrhythmusverfahren

Beim Bestellrhythmusverfahren erfolgen die Lieferungen zu sich wiederholenden, festgelegten Lieferterminen, also z. B. immer am ersten des Monats (jährlich zwölf Bestellungen) oder am 15. im zweiten Monat eines Quartals (jährlich vier Bestellungen). Dabei kann die periodische Festlegung der Liefertermine unter Berücksichtigung der ermittelten optimalen Bestellmenge erfolgen. Insbesondere bei gleichbleibenden, kontinuierlichen Bedarfsmengen und bei geringwertigen Werkstoffen (C-Materialien) ist dieses Verfahren besonders geeignet. Kommt es zu starken Bedarfsschwankungen, so ergeben sich Überbestände (rückläufiger Bedarf) oder ein Materialmangel in der Produktion (steigender Bedarf).

Beispiel: In der Produktion des TSM AG werden große Mengen eines Holzdübels benötigt. Diese werden nach dem Bestellrhythmusverfahren beschafft. Der Jahresbedarf beläuft sich auf 240000 Dübel, ein Mindestbestand von 10000 und eine Bestellmenge von 60000 Dübeln wurden festgelegt. Danach müssen jährlich vier Bestellungen (einmal pro Quartal) ausgelöst werden.

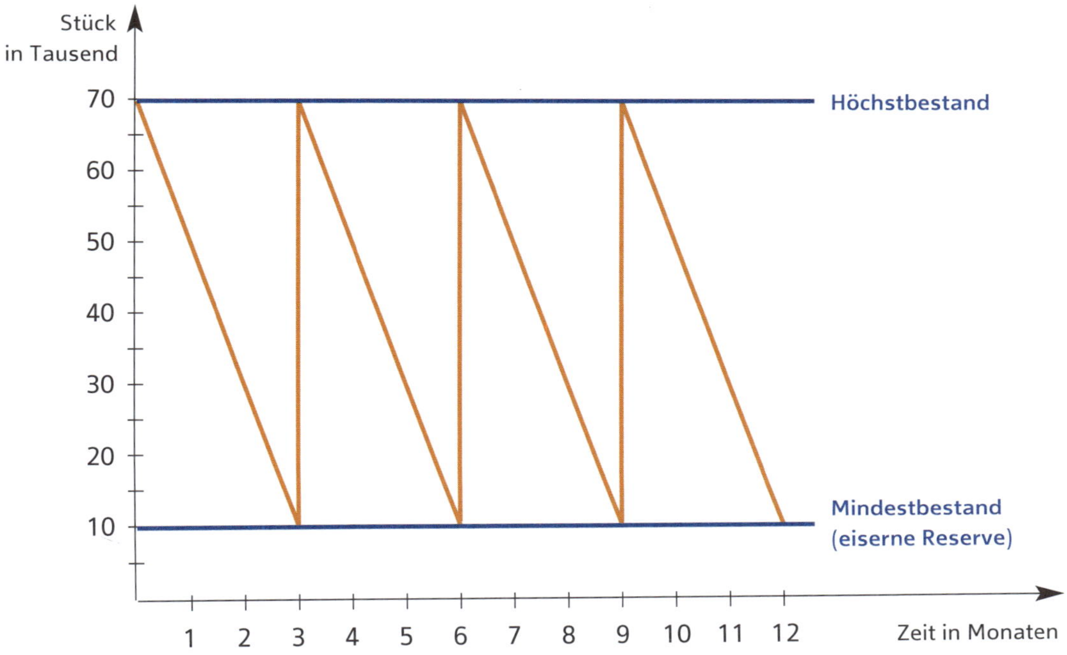

Vertiefende Übungen

1 In der Fertigung der TSM AG werden verspiegelte Glasplatten zur Herstellung von Schranktüren für den Kleiderschrank „Premium“ benötigt. Der durchschnittliche Tagesbedarf beläuft sich auf 90 Glasplatten. Für die Bestellabwicklung sowie die Materialannahme und -prüfung sind insgesamt 2 Arbeitstage zu berücksichtigen. Die Lieferzeit des türkischen Lieferanten beträgt 4 Tage. Aufgrund von gelegentlich auftretenden Verarbeitungsproblemen und kleineren Qualitätsmängeln wird ein Mindestbestand von 3 Arbeitstagen festgelegt. Der Höchstbestand beträgt 1 800 Platten.

a) Beschreiben Sie das Bestellpunktverfahren bei der TSM AG.

b) Ermitteln Sie
- den Mindestbestand,
- den Meldebestand und
- die Bestellmenge

jeweils in Stück.

c) Am 6. Januar 20(0) ist eine neue Lieferung eingetroffen. Ermitteln Sie, an welchem Tag die nächste Bestellung ausgelöst wird und wann diese bei der TSM AG eintrifft. Es wird unterstellt, dass die Schranktüren an 5 Arbeitstagen wöchentlich hergestellt werden.

Januar 20(0)							
KW	Mo	Di	Mi	Do	Fr	Sa	So
53					1	2	3
1	4	5	6	7	8	9	10
2	11	12	13	14	15	16	17
3	18	19	20	21	22	23	24
4	25	26	27	28	29	30	31

d) Die TSM AG überlegt, den Mindestbestand auf einen Arbeitstag zu reduzieren, weil der Lieferant in den letzten Monaten keine Lieferausfälle hatte. Erläutern Sie zwei Vorteile und zwei Risiken dieser Maßnahme.

2 Bei der Beschaffung eines Beleuchtungsmoduls wird bei der TSM AG das Bestellpunktverfahren angewandt. Das Modul wird in einigen Kleiderschränken zur indirekten Beleuchtung verbaut. Die folgende Grafik zeigt die Entwicklung des Lagerbestandes in den letzten Monaten.

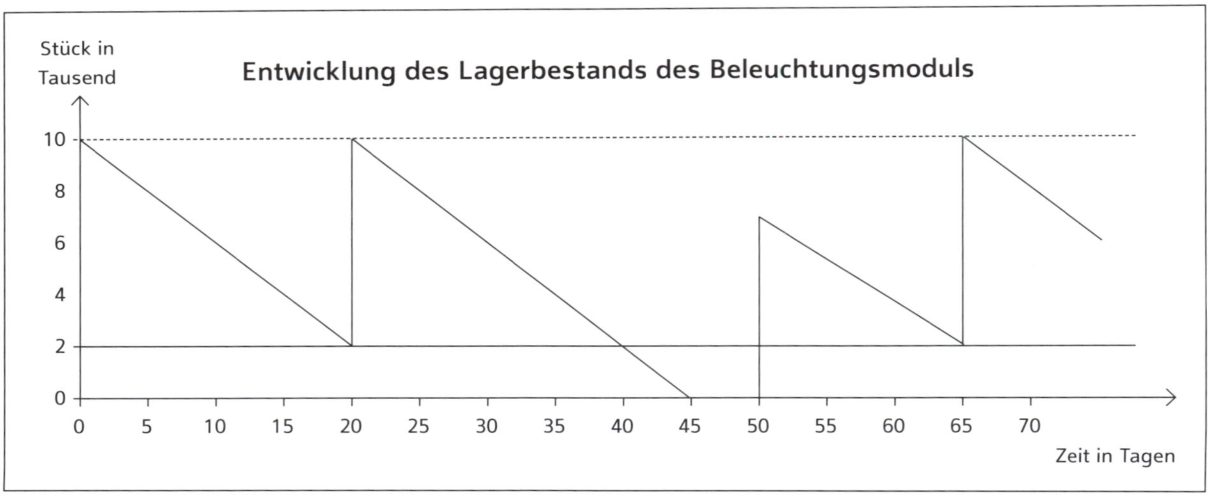

Beantworten Sie die nachfolgenden Fragen mithilfe der Grafik:

a) Die Wiederbeschaffungszeit beträgt 5 Tage. An welchem Tag musste die Bestellung ausgelöst werden, damit die erste Lieferung am 20. Tag rechtzeitig eintreffen konnte?

b) Bei welchem Lagerbestand an Beleuchtungsmodulen wird der Meldebestand erreicht?

c) Wie hoch ist der tägliche Verbrauch?

d) Für welchen Zeitraum reicht der Mindestbestand aus?

e) Durch den Produktionsausfall zwischen dem 45. und 50. Tag entstehen hohe Fehlmengenkosten. Je Arbeitstag werden Fehlmengenkosten in Höhe von 125 000,00 € verursacht. Ermitteln Sie die gesamten Fehlmengenkosten.

f) Welche Ursache kann zu der Unterschreitung des Mindestbestandes geführt haben?

ZUSAMMENFASSUNG

- Bei der ____________________ kommen das Bestellrhythmusverfahren und das Bestellpunktverfahren zur Anwendung.
- Werden die Bestellungen in festen zeitlichen Abständen vorgenommen, so spricht man vom ____________________.
- Die vorher ermittelte optimale Bestellmenge wird bei Anwendung des Bestellrhythmusverfahrens bei der Festlegung der ____________________ berücksichtigt.
- Mit Erreichen des ____________________ wird eine Bestellung ausgelöst. Der Bestellpunkt ist somit beim ____________________ von einem bestimmten Lagerbestand abhängig.
- Bei der Bestimmung des ____________________ müssen die interne Bestellabwicklung, die Bearbeitungs- und Produktionszeit des Lieferanten, die Lieferzeit, die Dauer der Materialannahmen und -prüfung sowie der innerbetriebliche Transport berücksichtigt werden.
- ____________________ = Jahresbedarf : Arbeitstage
- ____________________ = Mindestbestand + (Beschaffungszeit • täglicher Verbrauch)
- ____________________ = Höchstbestand – Mindestbestand

SELBSTEINSCHÄTZUNG	JA ☺	MIT HILFE 😐	NEIN ☹
Ich kann das Bestellrhythmusverfahren und das Bestellpunktverfahren erklären.			
Ich kann Vorteile und Nachteile des Bestellrhythmusverfahrens erläutern.			
Ich kann die Bedeutung des Mindestbestandes, des Meldebestandes und des Höchstbestandes erklären.			
Ich kann den Mindestbestand, den Meldebestand und die Bestellmenge berechnen.			
Ich kann das Bestellpunktverfahren und das Bestellrhythmusverfahren grafisch darstellen.			
Ich kann Vorteile und Nachteile des Bestellpunktverfahrens erläutern.			

Außerdem habe ich gelernt:

HINWEIS

Zur Wiederholung und Vertiefung der Inhalte der Lernsituation:
Seite 165, Aufgabe 5.

LERNSITUATION 6: Das Just-in-time-Konzept

Ausgangssituation: „Gerade noch rechtzeitig“

In den letzten Monaten sind die Kosten der Lagerhaltung bei der TSM AG kontinuierlich gestiegen. Die Geschäftsführer Dr. Anna Mohl und Ding Liu haben Jakub Frei, den Abteilungsleiter Einkauf/Lager, daher gebeten, nach Möglichkeiten zu suchen, künftig Kosten einzusparen. Herr Frei hat daraufhin den Vorschlag unterbreitet, A-Güter (vgl. Lernsituation 2) künftig nach dem Just-in-time-Prinzip zu beschaffen. In einer Abteilungsleiterrunde, an der auch Hartmut Müller (Produktion) und Dieter Schuhen (Absatz) teilnehmen, stellt Jakub Frei das Just-in-time-Konzept vor.

Dr. Anna Mohl: „Guten Morgen zusammen. Wie Sie wissen, bereiten uns die Kosten der Lagerhaltung zunehmend Kopfschmerzen. Herr Liu und ich haben daher die heutige Sitzung einberufen, um mit Ihnen über das Just-in-time-Konzept zu diskutieren.“

Ding Liu: „Daher haben wir Sie alle im Vorfeld gebeten, Informationen und Fragen rund um das Thema zusammenzutragen. Doch zunächst möchte ich das Wort Herrn Frei geben. Er möchte Ihnen seine Idee zunächst kurz vorstellen.“

Jakub Frei: „Vielen Dank. Tja, ‚just in time‘, was ist das eigentlich? ‚Just in time‘ ist ein Logistikkonzept, das aus Japan zu uns gekommen ist und nun schon seit vielen Jahren auch in Deutschland, besonders in der Automobilindustrie, erfolgreich umgesetzt wird. Der Name sagt es schon: Die benötigten Materialien sollen ‚gerade zur rechten Zeit‘ eintreffen, sie werden also fertigungssynchron erst dann angeliefert, wenn sie in der Produktion benötigt werden.“

Hartmut Müller: „Oha ... und wenn sich der Lieferant verspätet? Ein Unfall auf der Autobahn, ein Stau oder eine Produktionsverzögerung beim Zulieferer und schon steht unsere Produktion still, weil das Material eben nicht rechtzeitig ankommt.“

Dieter Schuhen: „Und was ist dann mit unseren Kunden? Wenn unsere Produktion steht, können wir unsere Liefertermine nicht halten. Das wird unsere Kunden nicht freuen, von den rechtlichen Folgen mal ganz abgesehen.“

Jakub Frei: „Selbstverständlich können wir nicht ganz auf ein Eingangslager verzichten. Kleine Sicherheitsbestände werden wir vorhalten müssen, um auf solche Eventualitäten vorbereitet zu sein. Aber die Vorteile liegen klar auf der Hand: Dadurch, dass wir unsere Lagerbestände reduzieren, können wir den weitaus größten Teil unserer Lagerhaltungskosten einsparen und minimieren gleichzeitig unser Lagerrisiko. “

Dr. Anna Mohl: „Aber die fertigungssynchrone Anlieferung hat doch zwangsweise zur Folge, dass der Lieferer wesentlich häufiger kleinere Mengen anliefern wird. Dadurch steigen doch die Transportkosten, die wir letztlich über höhere Beschaffungspreise zu tragen haben. Von den Mengenrabatten, die wir bislang durch die Abnahme großer – für uns optimaler – Bestellmengen gewährt bekommen, möchte ich hier gar nicht sprechen.“

Jakub Frei:	„Die häufigen Transporte sind in der Tat ein Problem, allerdings ein ökologisches und kein ökonomisches. Warum? Nun, eine Just-in-time-Beschaffung lässt sich nur umsetzen, wenn wir mit unseren Lieferanten Rahmenlieferverträge abschließen. Dort vereinbaren wir über einen bestimmten Zeitraum, z. B. 1 Jahr, welche Gesamtmengen wir zu welchem Preis abnehmen. Unser Gesamtbedarf verringert sich ja nicht. Mengenrabatte werden weiterhin gewährt und dadurch, dass wir uns langfristig an den Lieferant binden, hat dieser Planungssicherheit und wird sicherlich bereit sein, uns weitere preisliche Zugeständnisse, z. B. bei den Transportkosten, zu machen. Umweltpolitisch eindeutig negativ zu bewerten ist allerdings das erhöhte Verkehrsaufkommen und die dadurch bedingte höhere Lärmbelästigung und Luftverschmutzung. “
Dieter Schuhen:	„Und was machen wir, wenn unser Bedarf kurzfristig steigt, weil Kunden kurzfristig Zusatzaufträge platzieren? Können wir auch mit dem Just-in-time-Konzept flexibel reagieren?“
Jakub Frei:	„Alles eine Frage der vertraglichen Gestaltung und der engen Abstimmung mit dem Lieferanten. Dieser muss natürlich immer genau informiert sein. Das Ganze funktioniert am besten, wenn wir eine EDV-Anbindung zum Lieferanten herstellen, sodass dieser immer exakt einsehen kann, zu welchem Zeitpunkt welche Materialien bei uns benötigt werden. Außerdem ist es vorteilhaft, wenn eine räumliche Nähe zum Lieferanten besteht, wobei unsere gute infrastrukturelle Anbindung uns ebenfalls hilft, das Konzept umzusetzen.“
Hartmut Müller:	„Was ist eigentlich mit der Qualität? Bislang überprüfen wir die angelieferten Materialien, bevor wir sie in die Produktion geben. Wenn nun just in time angeliefert wird, ist dies doch kaum noch möglich.“
Jakub Frei:	„Nun, in dieser Beziehung müssen wir unseren Lieferanten einfach vertrauen. Unsere Eingangskontrolle wird letztlich beim Lieferanten zur Ausgangskontrolle. Umso wichtiger ist eine sorgfältige Lieferantenauswahl. Eine Just-in-time-Beschaffung können wir nur mit Lieferanten umsetzen, die in puncto Liefertreue und Qualität absolut zuverlässig sind.“
Ding Liu:	„Für mich hört sich das interessant an. Ich denke, wir sollten auf die Ergebnisse unserer ABC-Analyse zurückgreifen und für die Materialien, bei denen das höchste Einsparpotenzial durch Reduzierung der Lagerbestände besteht, eine Just-in-time-Anlieferung prüfen. Doch vorher hätte ich gerne noch eine kurze Zusammenfassung unseres Gesprächs. Vielleicht fallen Ihnen ja auch noch weitere Aspekte ein, die wir bei unserer Entscheidung zu berücksichtigen haben.“

Arbeitsaufträge

1 Definieren Sie den Begriff „just in time“ und erläutern Sie das Konzept kurz mit Ihren eigenen Worten.

2 Nennen und erläutern Sie Beispiele für Kosten, welche durch Lagerhaltung verursacht werden.

3 Erläutern Sie wesentliche Voraussetzungen, damit eine Just-in-time-Anlieferung umgesetzt werden kann.

4 Stellen Sie in einem Kurzvortrag
a) die Vorteile
b) die Nachteile
des Just-in-time-Konzepts dar.

Info: Just in time

„Just in time" ist ein Logistikkonzept, mit dessen Hilfe eine systematische Versorgung sämtlicher Betriebsbereiche mit den notwendigen Materialien „gerade noch zur rechten Zeit" erfolgen soll, d. h. alle Materialien werden genau zu dem Zeitpunkt bereitgestellt, zu dem Bedarf danach besteht. Das Material wird bei Anlieferung nicht gelagert, sondern gelangt direkt in die Produktion. Die Hauptzielsetzung dieses Konzeptes ist die Minimierung der Lagerhaltungskosten.

Lagerhaltungskosten = Lagerkosten + Kapitalbindungskosten

Lagerkosten: Miete oder Abschreibung des Gebäudes, Abschreibung der Regale und Fahrzeuge, Energiekosten, Sachmittelkosten, Versicherungskosten, Personalkosten

Kapitalbindungskosten: „Lagerzinsen" auf die eingelagerten Materialien

Vertiefende Übung

Diskutieren Sie mit Ihrem Nachbarn mögliche ökologische Folgen einer zunehmenden Just-in-time-Anlieferung.

ZUSAMMENFASSUNG

„Just in time" ist ein ____________________, welches aus ____________________ den Weg nach Europa gefunden hat. Es besagt, dass die benötigten Materialien ____________________ eintreffen, also ____________________ angeliefert werden, wenn sie in der Produktion benötigt werden.

Voraussetzungen:

- ____________________
- ____________________
- ____________________
- ____________________
- ____________________

Positive Folgen für ...		
... den Zulieferer	**... den Abnehmer**	**... die Gesellschaft**
•	•	•
•	•	•
•	•	•

Negative Folgen für ...		
... den Zulieferer	... den Abnehmer	... die Gesellschaft
•	•	•
•	•	•
•	•	•

SELBSTEINSCHÄTZUNG	JA ☺	MIT HILFE 😐	NEIN ☹
Ich kann Lagerhaltungskosten benennen.			
Ich kann das Just-in-time-Konzept definieren und anderen Schülern erklären.			
Ich kann die Vorteile des Just-in-time-Konzepts erläutern.			
Ich kann die Nachteile des Just-in-time-Konzepts erläutern.			
Ich kann die Auswirkungen des Just-in-time-Konzepts auf die Umwelt erläutern.			

Außerdem habe ich gelernt:

____

____

____

____

____

HINWEIS Zur Wiederholung und Vertiefung der Inhalte der Lernsituation: Seite 167, Aufgabe 6.

LERNSITUATION 7: Bezugsquellenermittlung – Anfrageschreiben

Ausgangssituation I: „Die Qual der Wahl – Welche Lieferanten kommen in Betracht?“

Die TSM AG verbaut in zahlreichen Produkten Sicherheitsmöbelrollen, so auch bei Einzelbetten für Pensionen und Jugendherbergen. Insbesondere diese Kunden bestellen bevorzugt flexible Schlafsysteme, weil dadurch die Reinigung der Zimmer erleichtert wird. Außerdem können sich ändernde Zimmerbelegungen (z. B. vom Doppel- zum Dreibettzimmer) zeitökonomisch und dadurch auch kostengünstig vorgenommen werden.

Die wachsende Zahl an Produkten, bei denen die Rollen verarbeitet werden, und deutlich gestiegene Auftragszahlen haben dazu beigetragen, dass sich der Bedarf der TSM AG an Sicherheitsmöbelrollen in den letzten fünf Jahren nahezu verdoppelt hat.

Der bisherige Lieferant der Möbelrollen, die KAUTSCHTEC AG, hat in den vergangenen zwei Jahren jeweils die Preise erhöht und begründete die Preissteigerungen mit gestiegenen Lohn- und Materialkosten.

Als Frau Richter am Morgen zur Arbeit erscheint, befindet sich folgende E-Mail in ihrem Postfach:

An: Frauke.Richter@tsm.de
Gesendet: Montag, 12. Januar 20(0), 07:39
Von: Mark.Bremer@tsm.de
Betreff: Kostenkalkulation

Guten Morgen Frau Richter,

zur Durchführung der Kostenkalkulation für unsere Produktgruppe „Schlafen“ fehlen uns noch einige Preisaktualisierungen. Die Sicherheitsmöbelrollen, die als Standardteil bei zahlreichen Produkten eingesetzt werden, werden viermal je Bett verarbeitet.

Die Preisentwicklung bei den Sicherheitsmöbelrollen macht es erforderlich, dass wir Alternativen zu unserem Lieferanten ermitteln müssen. Gleichzeitig sollten wir aber auch vom derzeitigen Lieferanten ein neues Angebot einholen, bei dem die gestiegenen Abnahmemengen Berücksichtigung finden.

Nach Angabe der Produktentwicklung ist
- ein Rollendurchmesser von 50 mm und
- eine Mindestbelastbarkeit von 80 kg je Rolle

erforderlich.

Wir brauchen schnellstmöglich eine verbindliche Preisangabe.

Vielen Dank und freundliche Grüße

M. Bremer (Finanzen und Controlling)

Arbeitsaufträge

1 Stellen Sie eine Liste mit Informationen zusammen, die Sie über das Beschaffungsobjekt (Sicherheitsmöbelrolle) benötigen, und tragen Sie diese in das nachfolgende Arbeitsblatt ein.

2 Welche Informationsquellen können Sie nutzen, um sowohl weitere Informationen über das Beschaffungsobjekt zu erhalten als auch potenzielle Lieferanten in Erfahrung zu bringen? Nutzen Sie das Arbeitsblatt, um eine systematische Bezugsquellenermittlung vorzunehmen.

Arbeitsblatt: Bezugsquellenermittlung
Informationen über das Beschaffungsobjekt und den Lieferanten:

Interne Informationsquellen:

Externe Informationsquellen:

3 Erläutern Sie die folgenden Fachbegriffe:
   a) Beschaffungsmarktforschung
   b) Beschaffungsobjekt
   c) Primärforschung
   d) Sekundärforschung
   e) interne Informationsquellen
   f) externe Informationsquellen

Info: Beschaffungsmarktforschung

INFOBOX

Bevor der eigentliche Beschaffungsvorgang (Angebot – Bestellung – Lieferung) erfolgen kann, ist es erforderlich, sich ein umfassendes Bild vom **Beschaffungsmarkt** zu verschaffen. Hierbei gilt es, potenzielle Lieferanten ausfindig zu machen, Kontakte zu knüpfen und schließlich bei geeigneten Lieferanten Angebote einzuholen. Sämtliche Entscheidungen beruhen dabei auf Informationen, welche im Rahmen der Beschaffungsmarktforschung gewonnen werden. Dabei werden zunächst unternehmensinterne Daten ausgewertet (**Sekundärforschung**). Diese bereits vorhandenen Informationen liefern wichtige Anhaltspunkte, die bei der Bezugsquellenermittlung berücksichtigt werden müssen. Zusätzlich können auch neue Daten erfasst werden, welche speziell für das Beschaffungsobjekt erhoben werden. Dies geschieht im Rahmen einer **Primärforschung**.

Über das **Beschaffungsobjekt**, also den in der Fertigung benötigten Werkstoff bzw. das Fertigbauteil, müssen zahlreiche Informationen zusammengetragen werden, damit potenzielle Lieferanten ein exaktes Angebot abgeben können. Zu diesen Informationen zählen u. a.
- die Bezeichnung des Beschaffungsobjektes,
- Angaben über die Zusammensetzung, Qualität, Ausführung, Farbe,
- Angaben zum Herstellungsverfahren,
- ökologische Kriterien (z. B. Recycling, Öko-Zertifikate),
- die Bedarfsmenge und
- ein geplanter Liefertermin bzw. mögliche Lieferintervalle.

Diese Informationen werden i. d. R. mithilfe von **internen Informationsquellen** gewonnen. Dabei können insbesondere den Informationssystemen des Beschaffungswesens zahlreiche Daten der Materialbeschaffungs- bzw. Lieferantendatei entnommen werden. Diese EDV-gestützten Systeme zeigen eine Vielzahl von Daten über aktuelle und ehemalige Lieferanten und deren Artikel, u. a. Name, Anschrift, Sortiment, Preise und Konditionen. Aber auch andere Abteilungen eines Industrieunternehmens liefern wichtige Informationen im Vorfeld einer Bezugsquellenermittlung, beispielsweise prognostizierte Absatzzahlen des Vertriebs, geplante Produktionszeiten der Fertigung oder exakte Material- und Konstruktionsbeschreibungen der Produktentwicklung.

Unternehmensfremde Quellen bieten sich ebenfalls zur Informationsgewinnung an. Zu diesen **externen Informationsquellen** zählen u. a. Fachbücher/-zeitschriften, Kataloge/Prospekte/Werbemittel, Verbandsveröffentlichungen, Wirtschaftszeitungen, Geschäftsberichte, Messen/Ausstellungen, Branchenverzeichnisse, Informationen der Industrie- und Handelskammer und nicht zuletzt Internetquellen.

Vertiefende Übungen

Ein Neukunde der TSM AG, die Fritsche Hotel GmbH, bestellt 200 Polstersessel „ELGA“. Allerdings wünscht der Kunde eine Polsterung, die dem farblichen Design der Hotelkette entspricht. Ein entsprechendes Polster wurde bislang nicht bei der TSM AG verarbeitet und muss daher neu beschafft werden.

1 Erstellen Sie eine Liste mit Informationen, die Sie über das Polster in Erfahrung bringen müssen.

2 Ihnen liegen die nachfolgenden Informationsquellen vor:
a) Katalog der Müller Polster-DESIGN – „Unsere Kollektion 20(0)“
b) Konstruktionszeichnung des Polstersessels „ELGA“
c) Geschäftsbericht der Fritsche Hotel GmbH
d) www.polster-träume.com
e) Maschinenbelegungsplan Oktober 20(0)
Entscheiden Sie, ob es sich um interne oder externe Informationsquellen handelt, und beschreiben Sie, welche Informationen Sie der jeweiligen Quelle entnehmen können.

Ausgangssituation II: Das Anfrageschreiben

Mithilfe der ermittelten Informationen über die Sicherheitsmöbelrollen konnten verschiedene potenzielle Lieferanten ausfindig gemacht werden. Nachdem Frau Richter die möglichen Anbieter gesichtet hat, beauftragt sie die Auszubildende Linda Mertens, ein Anfrageschreiben aufzusetzen, mit dem die TSM AG potenzielle neue Lieferanten gewinnen kann. Die Anfrage soll dabei folgende Angaben enthalten:

- Vorstellung der TSM AG
- Verwendung der Sicherheitsmöbelrolle
- Weitere erforderliche Angaben:

– Einhaltung der DIN EN 12528 (Anforderung für Möbelrollen)
– Rollendurchmesser: 50 mm
– Mindestbelastbarkeit: 80 kg je Rolle
– Jahresbedarf: 240 000 Stück
– Produktionsbeginn: 01.10.20(0)

Arbeitsaufträge

1 Erläutern Sie kurz die rechtliche Relevanz einer Anfrage.

2 Erläutern Sie, welche Ziele die TSM AG mit dem Versenden des Anfrageschreibens an verschiedene potenzielle Lieferanten verfolgt.

3 Entwerfen Sie ein Anfrageschreiben, dass Frau Richter möglichen neuen Lieferanten zusenden könnte. Nutzen Sie dazu die folgende Briefvorlage.

Trend-Systemmöbel AG

Trend-Systemmöbel AG • Hauptstraße 12–16 • 60322 Frankfurt

Ihr Zeichen:
Ihre Nachricht vom:
Unser Zeichen:
Unsere Nachricht vom:

Name:
Telefon: 069 / 111 345-0
Telefax:
E-Mail: name@tsm.de
Homepage: www.tsm.de

Datum:

Trend-Systemmöbel AG	**Geschäftsführer**	**Geschäftsangaben**	**Bankverbindung**
Hauptstraße 12–16	Dr. Anna Mohl	HR B 611-209	Deutsche Bank Frankfurt
60322 Frankfurt	Ding Liu	USt-IdNr. DE123987555	IBAN DE33 5007 0024 0033 0919 15
			Postbank Frankfurt
			IBAN DE52 6204 4002 1188 0707 04

INFOBOX

Info: Anfrageschreiben

Eine Anfrage ist eine formfreie und unverbindliche (ohne rechtliche Wirkung) Bitte um Abgabe eines Angebotes. Durch ein Anfrageschreiben erhält man genauere Informationen über die Produkte und Leistungen potenzieller Lieferanten. Anfragen werden zur Ermittlung des günstigsten Anbieters (konkreter Bedarf), zur Marktforschung (Überblick über Bezugsmöglichkeiten) und zum Vergleich mit bisherigen Lieferanten genutzt.

Bei einem konkreten Bedarf wird eine bestimmte Anfrage eines Kunden an den Verkäufer gesandt, um Angaben über bestimmte Produkte und Konditionen (Lieferungs- und Zahlungsbedingungen) in Erfahrung zu bringen. Hierbei werden genaue Angaben bezüglich Qualität, Abnahmemenge, Preis und Lieferzeit verlangt. Dabei sollten vom Kunden möglichst genaue Angaben gemacht werden, also genaue Artikelbezeichnung (ggf. mit Zeichnung), prognostizierter Jahresbedarf (Abnahmemenge) sowie gewünschte Lieferungs- und Zahlungsbedingungen. Nur dann ist es dem Anbieter möglich, ein genaues Angebot abzugeben, bei dem Mengenrabatte, Verpackungs- und Transportkosten exakt angegeben werden.

Bei einer allgemeinen Anfrage werden lediglich Kataloge, Preislisten oder Muster erbeten. Diese werden genutzt, um sich einen Überblick über den Beschaffungsmarkt zu verschaffen, ohne dabei konkrete Beschaffungsabsichten zu verfolgen.

Vertiefende Übung

Entscheiden Sie, ob es sich bei nachfolgenden Auszügen aus Anfrageschreiben um eine konkrete Anfrage oder eine allgemeine Anfrage handelt:

a) „Bitte schicken Sie uns Ihre neue Preisliste für das laufende Geschäftsjahr 20(0)."
b) „Schraube M6, Jahresbedarf: 200 000 Stück, Produktionsbeginn: Januar 20(0)"
c) „Für Produkttests werden Stoffmuster erbeten."
d) „Aufgrund Ihres Kataloges bitten wir um ein Angebot über 2 000 Stahlprofile „TL24"; geplanter Produktionsbeginn: 05. April 20(0)."

ZUSAMMENFASSUNG

- Bei der ____________________ werden interne und externe Informationsquellen genutzt, um Informationen über Beschaffungsobjekte zu erhalten.
- Beschaffungsobjekte sind die zur Fertigung benötigten ____________________ und ____________________.
- Die Lieferantendatei und Konstruktionszeichnungen sind Beispiele für ____________________ Informationsquellen.
- Ein Messeauftritt sowie Werbeprospekte und Branchenverzeichnisse zählen zu den ____________________ Informationsquellen.
- Eine Anfrage wird vom ____________________ an den ____________________ geschickt, um Informationen über Produkte und Leistungen in Erfahrung zu bringen.

- Eine ________ ________ wird ohne konkrete Beschaffungsabsicht gestellt. Hierbei werden lediglich ________, ________ oder Muster erbeten.
- Bei einer bestimmten Anfrage werden ________ Informationen über einen ________ Artikel eingeholt, z. B. Mengenangaben, Preise, Lieferzeiten, Lieferungs- und Zahlungsbedingungen.
- Anfragen sind grundsätzlich rechtlich ________ und können ________ abgegeben werden.

SELBSTEINSCHÄTZUNG	JA ☺	MIT HILFE 😐	NEIN ☹
Ich kann den Begriff der Beschaffungsmarktforschung erklären.			
Ich kann die erforderlichen Informationen über Beschaffungsobjekte benennen.			
Ich kann interne und externe Informationsquellen bei der Beschaffungsmarktforschung unterscheiden.			
Ich kenne die rechtliche Bedeutung einer Anfrage.			
Ich kann die Bedeutung einer unbestimmten von einer bestimmten Anfrage unterscheiden und jeweils Beispiele dazu benennen.			

Außerdem habe ich gelernt:

____

____

____

____

____

____

____

____

____

____

HINWEIS

Zur Wiederholung und Vertiefung der Inhalte der Lernsituation: Seite 167, Aufgabe 7.

LERNSITUATION 8: Angebotsvergleich mithilfe der Nutzwertanalyse

Ausgangssituation I: Der Angebotsvergleich – Linda Mertens vergleicht die verschiedenen Angebote

Aufgrund der von Linda Mertens vorgenommenen Bezugsquellenermittlung wurde für die **Sicherheitsmöbelrolle**, als Normteil nach **DIN EN 12528**, eine Anfrage an potenzielle Lieferanten gestellt (vgl. Lernsituation 7, Seite 50). Eine Woche später erhält Linda folgende E-Mail von Frau Richter:

An: Linda.Mertens@tsm.de
Gesendet: Mittwoch, 24. August 20(0), 08:42
Von: Frauke.Richter@tsm.de
Betreff: Anfrage

Hallo Frau Mertens,

aufgrund Ihrer vor wenigen Tagen verschickten Anfragen habe ich heute mit der Eingangspost drei Angebote erhalten. Neben einem Angebot unseres bisherigen Lieferanten, der KAUTSCHTEC AG, sind auch zwei recht vielversprechende Angebote von neuen Lieferanten dabei.

Aus terminlichen Gründen – ich muss heute zu einem Meeting zur Planung unserer Präsentation auf der Hotelmöbelmesse in Barcelona im Oktober 20(0) – bitte ich Sie, die drei Angebote zu vergleichen und einen begründeten Auswahlvorschlag zu machen.

Nutzen Sie dazu das von mir erstellte Kalkulationsschema.

Viele Grüße und bis morgen!

Frauke Richter (Angebotsbearbeitung)

Arbeitsaufträge

1 Unterstützen Sie Linda Mertens bei der Auswertung der nachfolgenden Angebote und führen Sie mithilfe des Schemas zur Bezugspreiskalkulation einen Angebotsvergleich durch.

2 Nennen Sie mögliche Gründe, welche die TSM AG veranlassen könnte, die Sicherheitsmöbelrollen nicht beim günstigsten Anbieter zu bestellen.

Angebot 1: KAUTSCHTEC AG

KAUTSCHTEC AG

KAUTSCHTEC AG – Turmstr. 33 – 12033 Berlin

Trend-Systemmöbel AG
z. Hd. Frau Richter
Hauptstraße 12–16
60322 Frankfurt

Ihr Zeichen: FR - LM
Ihre Nachricht vom: 17.08.20(0)
Unser Zeichen: Frau Teichmann
Unsere Nachricht vom: 22.08.20(0)

Telefon: 030-101660-11
Telefax: 030-101660-22
E-Mail: teichmann@kautschtec.com
Homepage: www.kautschtec.com

Datum: 23.08.20(0)

ANGEBOT

Sehr geehrte Frau Richter,

wir danken für Ihre Anfrage und bieten Ihnen die gewünschte **Sicherheitsmöbelrolle**, ein Standard-Normteil nach DIN EN 12528 in einer gleichbleibenden Qualität, zu folgenden Konditionen an:

jährliche Abnahmemenge bis 100 000 Stück	**je Stück 2,25 €**
jährliche Abnahmemenge bis 200 000 Stück	**je Stück 2,05 €**
jährliche Abnahmemenge über 200 000 Stück	**je Stück 1,95 €**

Die Lieferung erfolgt zu je 1 000-Stück-Gebinden auf Europaletten mit unserem eigenen Lkw. Hierfür berechnen wir je Gebinde 29,50 €.

Unsere Rechnungen sind innerhalb von 14 Tagen abzüglich 3 % Skonto auf den Warenwert oder innerhalb von 60 Tagen rein netto Kasse zahlbar.

Wir hoffen, dass Ihnen unser Angebot zusagt und wir Sie auch in Zukunft zu unseren zufriedenen Kunden zählen können. Dafür spricht auch, dass wir als zukunftsorientiertes Unternehmen in baldiger Zukunft eine Zertifizierung nach DIN EN ISO 14001 anstreben, um darüber unser Umweltmanagement und unsere damit verbundene Ökologieorientierung zu dokumentieren.

Mit freundlichen Grüßen

Elvira Teichmann

Elvira Teichmann (Absatz)

KAUTSCHTEC AG
Turmstr. 33
12033 Berlin
Telefon: 030-101 660-11
Homepage: www.kautschtec.com

Geschäftsführer
Herrmann Wagener
HR B 30406
USt-ID Nr. DE1890023220

Bankverbindungen
Targobank Berlin
IBAN DE72 0335 9090 0124 8803 34

Angebot 2: RRR GmbH

RRR GmbH

RRR GmbH, Hauptstr. 17–19, 44265 Dortmund

Trend-Systemmöbel AG
z. Hd. Frau Richter
Hauptstraße 12–16
60322 Frankfurt

Ihr Zeichen: FR - LM
Ihre Nachricht vom: 17.08.20(0)
Unser Zeichen: Herr Müller
Unsere Nachricht vom: 20.08.20(0)

Telefon: 0231-976-99-12
Telefax: 0231-976-98-10
E-Mail: k.mueller@rrr-gmbh.de
Homepage: www.rrr-gmbh.de

Datum: 20.08.20(0)

ANGEBOT

Sehr geehrte Frau Richter,

wir, die Rainer Richter Rollen GmbH, danken für Ihre Anfrage vom 17.08.20(0) und bieten Ihnen das Normteil

Sicherheitsmöbelrolle DIN EN 12528

wie nachfolgend beschrieben an:

Bis 200 000 Stück jährliche Abnahmemenge beträgt der Preis je Stück im Gebinde von 10 000 Stück 2,25 €; bei jährlichen Abnahmemengen über 200 000 Stück können wir einen Rabatt von 10 % einräumen.

Die Lieferung erfolgt frei Werk.

Bei einer Erstbestellung liefern wir innerhalb von 4 Wochen nach Bestelleingang.
Laufende Lieferungen bei Rahmenverträgen werden 14 Tage nach Abruf ausgeführt.
Wir bitten Sie, dies bei Ihrer Bestellung zu beachten, da wir diesen Vorlauf aufgrund unserer vollen Kapazitätsauslastung benötigen, um termingerecht fertigen zu können.

Unsere Rechnungen sind innerhalb von 20 Tagen abzüglich 2 % Skonto auf den Warenwert, innerhalb von 45 Tagen rein netto Kasse zahlbar.

Wir hoffen, dass Ihnen unser Angebot zusagt und wir Sie bald zu unseren neuen Kunden zählen können.

Mit freundlichen Grüßen

Klaus Müller

Klaus Müller (Vertrieb)

RRR GmbH
Hauptstr. 17–19
44265 Dortmund
Telefon: 0231-976-99-0
Homepage: www.rrr-gmbh.de

Geschäftsführer
Rainer Richter
Registergericht: Dortmund
HR B 19007
UST-ID-Nr. DE120559960

Bankverbindungen
Postbank Dortmund
IBAN DE59 1212 0988 5020 7185 04

Angebot 3: Rolly Rollen GmbH & Co. KG

Rolly Rollen GmbH & Co. KG

Rolly Rollen GmbH & Co. KG, Industriestr. 44, 47057 Duisburg

Trend-Systemmöbel AG
z. Hd. Frau Richter
Hauptstraße 12–16
60322 Frankfurt

Ihr Zeichen: FR - LM
Ihre Nachricht vom: 17.08.20(0)
Unser Zeichen: Herr Juhn
Unsere Nachricht vom: 23.08.20(0)

Telefon: 0203-4455-305
Telefax: 0203-4455-99
E-Mail: juhn@rolly.de
Homepage: www.rolly.de

Datum: 23.08.20(0)

ANGEBOT

Sehr geehrte Frau Richter,

wir danken für Ihre Anfrage und bieten Ihnen anhand unseres aktuellen Katalogs und der zurzeit gültigen Preisliste an:

Sicherheitsmöbelrolle gemäß DIN EN 12528, Listenverkaufspreis: 220,00 € je 100 Stück, inklusive Verpackung

Rabattstaffel:

jährliche Abnahmemenge über 125 000 Stück	**7 % Rabatt**
jährliche Abnahmemenge über 200 000 Stück	**10 % Rabatt**
jährliche Abnahmemenge über 250 000 Stück	**12 % Rabatt**

Die Lieferung erfolgt innerhalb von 10 Tagen nach Auftragseingang frei Haus.
Unsere Rechnungen sind innerhalb von 10 Tagen abzüglich 2 % Skonto auf den Warenwert, innerhalb von 30 Tagen rein netto Kasse zahlbar.

Gerne erwarten wir Ihre Bestellung, die wir sorgfältig ausführen werden.

Mit freundlichen Grüßen

Nicolas Juhn

Nicolas Juhn
Fachbereichsleiter (Vertrieb Räder und Rollen)

Rolly Rollen GmbH & Co. KG
Industriestr. 44
47057 Duisburg
Telefon: 0203 4455 - 0
Homepage: www.rolly.de

Geschäftsführer
D. Metzger
Handelsregister Duisburg: HR A 14351
UST-ID-Nr. DE126952774

Bankverbindungen
Sparkasse Duisburg
IBAN DE86 1550 0333 0004 1280 18

Arbeitsblatt: Bezugskalkulation

Artikel: Sicherheitsmöbelrolle DIN EN 12528			
Übersicht der Angebotsdaten			
Jahresbedarf in Stück			
Lieferanten			
Listeneinstandspreis je Stück			
Rabatt in €			
Rabatt in %			
Zuschläge			
Skontosatz			
Bezugskosten in €			
Bezugskosten in %			
Bezugskalkulation			
Listeneinkaufspreis (des Jahresbedarfs)			
– Rabatte			
+ Zuschläge			
= **Zieleinkaufspreis**			
– Skonto			
= **Bareinkaufspreis**			
+ Bezugskosten			
= **Einstandspreis**			
Einstandspreis/Einheit			

INFOBOX

Info 1: Angebotsvergleich – Ermittlung des Einstandspreises/Bezugspreises

Ausgangspunkt für die Ermittlung des Bezugspreises ist i. d. R. der **Listeneinkaufspreis** bzw. **Katalogpreis** des Lieferanten. Hier wird der Preis je Einheit (Stück, Liter, Meter etc.) des Werkstoffes angegeben, ohne dabei die individuellen Besonderheiten (z. B. Abnahmemenge) eines Kunden zu berücksichtigen.

Ausgehend vom Listeneinkaufspreis müssen diverse weitere Aspekte des Lieferantenangebotes bei der Ermittlung des Einstandspreises berücksichtigt werden. Dabei werden **Preisnachlässe** insbesondere in Form von Mengenrabatten bei größeren Bestellmengen gewährt. Aber auch bei langjährigen Geschäftsbeziehungen (Treuerabatte) oder bei großen Jahresumsätzen werden spezielle Rabatte gewährt. Andererseits können sehr geringe Bestellmengen (Mindermengen) oder Werkstoffe, die starken Preisschwankungen unterliegen, dazu führen, dass **Zuschläge** zusätzlich berücksichtigt werden müssen.

Skontoregelungen werden vom Lieferanten angeboten, um dem Kunden einen Anreiz zur frühzeitigen Bezahlung der Rechnung zu liefern. Die Ausnutzung von Skonto stellt somit einen Preisnachlass für die vorzeitige Bezahlung der Rechnung dar und ist i. d. R. für den Kunden von Vorteil und sollte ausgenutzt werden.

Nachdem Preisnachlässe, Zuschläge und Skontoregelungen berücksichtigt worden sind, müssen häufig auch noch Bezugskosten in den Angebotsvergleich aufgenommen werden. **Bezugskosten** werden zumeist für den Transport vom Lieferanten zum Kunden in Rechnung gestellt. Aber auch Transportversicherungen, Verpackungskosten oder Zollgebühren, die beim Import von Waren anfallen können, werden dem Kunden in Rechnung gestellt und müssen somit beim Angebotsvergleich berücksichtigt werden.

Beim Vergleich der Angebote ist eine ggf. vom Lieferanten angegebene Mehrwertsteuer (Umsatzsteuer) nicht zu berücksichtigen, weil diese Steuer vom Endverbraucher zu zahlen ist und im Unternehmen lediglich einen durchlaufenden Posten darstellt. Aus diesem Grund wird bei Angeboten unter Kaufleuten häufig auf die Angabe der Mehrwertsteuer verzichtet.

Info 2: Beispiel zum Angebotsvergleich (Bezugskalkulation)

Ein Industrieunternehmen bestellt 100 Stahlprofile zu einem Listeneinkaufspreis von 120,00 € je Stück. Der Lieferant gewährt ab einer Abnahmemenge von 40 Profilen 10 % Rabatt, ab 90 Profilen 20 % Rabatt. Die Entwicklung des Stahlpreises macht einen Zuschlag von 15 % erforderlich. Bei vorzeitiger Zahlung der Rechnung (8 Tage nach Rechnungseingang) wird ein Skontoabzug von 3 % gestattet, ansonsten ist die Rechnung nach 30 Tagen fällig. Für Verpackung und Transport werden 2,50 € je Stück in Rechnung gestellt.

	Listeneinkaufspreis	**12 000,00 €**	**100 %**		
–	Liefererrabatt	– 2 400,00 €	– 20 %	(Mengenrabatt)	
+	Zuschlag	+ 1 800,00 €	+ 15 %	(Stahlpreiszuschlag)	
	Zieleinkaufpreis	**11 400,00 €**	**95 %**		**100 %**
–	Liefererskonto	– 342,00 €			– 3 %
	Bareinkaufspreis	**11 058,00 €**			**97 %**
+	Bezugskosten	+ 250,00 €			
	Bezugs-/Einstandspreis	**11 308,00 €** (gesamt)			
		113,08 € (je Stück)			

Vertiefende Übungen

1 Mit einer Lieferung von Herrenhemden erhalten Sie diese auszugsweise abgebildete Rechnung:

Artikel-Nr.	Bezeichnung	Menge	Einzelpreis	Gesamtpreis
4476990	Herrenhemd	350	12,00 €	4 200,00 €
		– 10 % Rabatt		420,00 €
				3 780,00 €
		Verpackungskosten		70,00 €
				(...)

Ermitteln Sie den Einstandspreis für ein Hemd.

2 Die Metallic GmbH benötigt 275 Meter Stahlblech. Ihnen liegen die nachfolgenden Angebote von zwei Lieferanten für Stahlblech vor.

Anbieter A: Listenpreis 22,50 € je Meter
Anbieter B: Listenpreis 23,20 € je Meter

Beide Anbieter berechnen einen Stahlpreiszuschlag von aktuell 5 %. Während Anbieter A 2 % Skonto gewährt, können bei Anbieter B sogar 3 % zum Abzug gebracht werden. Für Verpackung und Transport müssen bei A 45,00 € je angefangene 100 Meter berücksichtigt werden, bei B sind es 16,00 € je angefangene 50 Meter.

Für beide Anbieter liegt der Metallic GmbH eine Rabattstaffel vor:

	Anbieter A	Anbieter B
ab 50 Meter	–	5 %
ab 150 Meter	8 %	10 %
ab 300 Meter	12 %	15 %

Ermitteln Sie für beide Anbieter den Einstandspreis je Meter.

3 Aus der Materialdatei eines Unternehmens geht hervor, dass ein Fertigbauteil aktuell zu einem Bezugspreis von 24,50 € je Stück von einem Lieferanten bezogen wird. Im Dezember übermittelt der Lieferant die neue Preisliste für das kommende Geschäftsjahr. Daraus geht hervor, dass sich der Listeneinkaufspreis zukünftig auf 30,00 € je Fertigbauteil beläuft. Der vereinbarte Stammkundenrabatt von 15 % und die Zahlungsbedingungen (10 Tage 2 % Skonto, 30 Tage netto Kasse) werden weiterhin berücksichtigt. Das Unternehmen prognostiziert für das kommende Geschäftsjahr einen Jahresbedarf von 12 000 Fertigbauteilen. Ermitteln Sie die Mehrkosten, die sich daraus für das Unternehmen je Fertigbauteil und insgesamt ergeben werden.

Ergänzende Übung

Ergänzen Sie die fehlenden Angaben in den nachfolgenden Tabellen zur Bezugskalkulation:

a)

	€	%
Listeneinkaufspreis	22,00	
		10
		/
		98
	5,60	
Bezugspreis		

b)

	€	%
Listeneinkaufspreis		
		75 /
		2
	7,89	
Bezugspreis	37,00	

Ausgangssituation II: Die Nutzwertanalyse – Linda Mertens beurteilt weitere Kriterien, die neben dem Preis bei der Entscheidung berücksichtigt werden

Nachdem Linda den rechnerischen Angebotsvergleich durchgeführt hat, fragt sie sich, woher sie weitere Informationen über die potenziellen Lieferanten bekommen könnte und wie diese in den Angebotsvergleich mit einfließen können. Frau Richter bemerkt ihre Ratlosigkeit:
„Schauen Sie doch mal in unserer Lieferantendatei nach. Falls wir in der Vergangenheit Artikel von den betreffenden Unternehmen bezogen haben, werden Sie hier wichtige Informationen finden. Wenn Sie nicht wissen, wie Sie die Informationen nutzen können, dann nehmen Sie sich das Beschaffungshandbuch vor. Hier findet man eigentlich immer wichtige Hinweise!“, so Frau Richter.
In der Lieferantendatei wird Linda Mertens schnell fündig und kann für die KAUTSCHTEC AG und die RRR GmbH die nachfolgenden Einträge ausdrucken. Lediglich für die Rolly Rollen GmbH & Co. KG sind bislang keine Daten vorhanden. Auch hier kann ihr Frau Richter behilflich sein und stellt ihr eine kurze Telefonnotiz über das Unternehmen zusammen, nachdem sie mit einem befreundeten Geschäftspartner gesprochen hat, der schon viele Jahre Kunde bei der Rolly Rollen GmbH & Co. KG ist.

Informationen zur Rolly Rollen GmbH & Co. KG (Telefonnotiz von Frau Richter):

- Sehr zuverlässiger Lieferant, der bei selten auftretenden Probleme (zwei Lieferungen mit fehlerhaften Teilen in den letzten vier Jahren) umgehend reagiert und eine sofortige Ersatzlieferung veranlasst.
- Optimierungen der Produktionsanlagen bei Lieferanten haben dazu beigetragen, dass die Weiterverarbeitung beim Kunden erleichtert wurde (geringere Toleranzen wurden zugesichert und eingehalten).
- Rahmenverträge mit mehrjährigen Preisgarantien wurden zugesichert und eingehalten. Lediglich bei einzelnen Teilen mit geringen Stückzahlen mussten moderate Preiserhöhungen akzeptiert werden.
- Unternehmen kann Öko-Audit nachweisen und verwertet Produktionsabfälle in einer vom Unternehmen entwickelten eigenen Recyclinganlage.
- Kürzlich wurde eine computergesteuerte 100 %-Kontrolle bei allen Teilen eingeführt.
- Kundenhotline werktags von 6 bis 20 Uhr zu erreichen.

Einträge in der Lieferantendatei der TSM AG

Lieferantendatei *Sortiert nach Name* | Nach Liefer-Nr. | Nach Name

A | B | C | D | E | F | G | H | I | J | K | L | M | N | O | P | Q | R | S | T | U | V | W | X | Y | Z

Zurück | Neu | Ändern | Löschen | Druck | Ende

Lieferant: KAUTSCHTEC AG

Lieferantennr.: 33004

Adresse

Anrede	Frau
Name 1	Teichmann
Name 2	
Straße	Turmstr. 33
PLZ	12033
Ort	Berlin

Informationen

Telefon	030-101660-11
Fax	030-101660-22
Internet	www.kautschtec.com
E-Mail	teichmann@kautschtec.com

Eintritt: 15.04.08

Bankverbindung

Bank	Targobank Berlin
IBAN	DE 72 0335 9090 0124 8803 34

Artikel-Nr.	Bezeichnung	Bestand	
1205	Sicherheitsmöbel-rolle	24 000 Stk.	Details
1921	Drehscheibe (PE)	2 525 Stk.	Details

Bemerkungen/Infos

Bemerkung	Datum
Rahmenvertrag für Art. 1205, Nachverhandlungen erfolgreich, von 2,05 € auf 2,00 € (ab 01.05.12)	18.04.12
neue Bürozeiten (9–12 u. 13–16 Uhr); Fr. Demming oft nicht zu erreichen, längere Zeit in Warteschleife	09.09.12
Drehscheibe (Art. 1921) in falscher Farbe bestellt, Fr. Demming räumt kostenlosen Umtausch ein	12.10.12
kurzfristige Produktionsengpässe, Lieferung verzögert sich	03.02.13
Preiserhöhungen (+ 5 %, ab 01.01.2014), Begründung: höhere Rohstoffpreise	05.12.13
Kautschtec AG modernisiert den Maschinenpark, vorübergehend längere Lieferzeiten angekündigt	05.04.16
bis Ende Juni Lieferzeiten von 16–20 Tagen nach Abruf (statt der vereinbarten 8 Tage)	23.05.16
strebt Zertifizierung nach DIN EN ISO 14001 an	13.07.16
Bericht in der Wirtschaftswoche: innovatives Qualitätsmanagement, Produktionsanlage auf höchstem technischen Niveau	03.08.16

Umsatz (2016)	215 402,75 €
Umsatz (2015)	124 771,90 €
Umsatz (2014)	34 640,21 €

Lieferantendatei *Sortiert nach Name*

Nach Liefer-Nr. | Nach Name

A | B | C | D | E | F | G | H | I | J | K | L | M | N | O | P | Q | R | S | T | U | V | W | X | Y | Z

Zurück | Neu | Ändern | Löschen | Druck | Ende

Lieferant RRR

Lieferantennr. 42750

Adresse

Anrede	Herr
Name 1	Müller
Name 2	Kleine
Straße	Hauptstr. 17–19
PLZ	44265
Ort	Dortmund

Informationen

Telefon	0231-976-99-12
Fax	0231-976-98-10
Internet	www.rrr-gmbh.de
E-Mail	k.mueller@rrr-gmbh.de

Eintritt 12.08.03

Bankverbindung

Bank	Postbank Dortmund
IBAN	DE59 1212 0988 5020 7185 04

Artikel-Nr.	Bezeichnung	Bestand	
0328	Rolle 30 mm (PE)	14 Stk.	Details

Bemerkungen/Infos

	Datum
RRR neuer Lieferant für Art. 0328	12.08.10
Herr Kleine häufig im Außendienst tätig und deshalb nur selten persönlich zu erreichen,	15.04.11
Vertretung (Hr. Müller, Aushilfe), freundlich, hilfsbereit, aber keine Entscheidungsbefugnis	
Qualitätsprobleme, Teile nicht entgratet, Nacharbeit direkt am Band	16.08.11
Produktqualität und Kontrollverfahren werden optimiert	09.12.11
kurzfristig höhere Stückzahlen, Herr Kleine ermöglicht schnelle Zusatzlieferung	09.04.12
keine neuen Reklamationen nach Umsetzung der Optimierungen	05.01.13
Hr. Müller übernimmt Innendienst (Vollzeit) und koordiniert ab sofort die Bestellungen	03.05.13
mehrere Gebinde beschädigt angeliefert, RRR verweigert kostenlose Ersatzlieferung	30.11.13
Produkt wird aus dem Produktionsprogramm genommen	30.12.13

Umsatz (2016)	– €
Umsatz (2015)	– €
Umsatz (2014)	– €

Nachdem Linda Mertens die vorliegenden Informationen gelesen hat, macht sie sich direkt an die Arbeit und legt Kriterien für die Nutzwertanalyse fest und überträgt diese in die nachfolgende Tabelle zur Nutzwertanalyse:

Tabelle zur Nutzwertanalyse

Kriterium	Bedeutung in % (Gewichtung)						
		Punkte	gewichtete Punkte	Punkte	gewichtete Punkte	Punkte	gewichtete Punkte
Lieferzeit/-treue							
Preis							
Qualität							
Service/ Kulanz							
Umwelt							
Summe							

Arbeitsaufträge

1 Helfen Sie Linda und führen Sie die Nutzwertanalyse durch. Beachten Sie dabei sowohl die Ihnen vorliegenden Unternehmensdaten als auch die Informationen der Infobox.

2 Linda ist sich bei verschiedenen Kriterien und der Bewertung der Anbieter unsicher, welche Punktzahl gerechtfertigt ist. Daher bittet sie ihren Mitauszubildenden Simon Pieper um Hilfe. Nachdem sich Simon einen Überblick über die vorliegenden Informationen verschafft hat, kommt es schnell zu einer hitzigen Diskussion über die „richtigen" Punkte. Erläutern Sie mögliche Schwierigkeiten, die Linda und Simon bei der Durchführung der Nutzwertanalyse haben.

Info 1: Nutzwertanalyse

Zur Entscheidungsfindung bei der Auswahl geeigneter Lieferanten müssen neben dem Preis zahlreiche weitere Kriterien berücksichtigt werden, um sich ein umfassendes Bild verschaffen zu können. Eine besondere Schwierigkeit besteht dabei in der Auswahl und Gewichtung der Kriterien sowie in der Beurteilung der verschiedenen Lieferanten. Hierbei können persönliche (subjektive) Bewertungen und Präferenzen zu einer falschen bzw. verfälschten Beurteilung beitragen.

Die Nutzwertanalyse ist ein Instrument, das im Beschaffungswesen, aber auch bei anderen Auswahlentscheidungen (z. B. Bewerberauswahl im Personalwesen) zur Lieferantenauswahl eingesetzt wird. Dabei wird auf der Basis **quantitativer Größen** (Einkaufspreis, Lieferungs- und Zahlungsbedingungen) und **qualitativer Aspekte** (Qualität, Umweltverträglichkeit der Produkte, Kulanz, Service etc.) eine Entscheidungsgrundlage mithilfe der **Lieferantenmatrix** geschaffen, die den Mitarbeitern als Entscheidungshilfe dienen kann.

Info 2: Vorgehen bei der Nutzwertanalyse

I. **Auswahl** der Entscheidungskriterien: Hierbei muss aus einer Vielzahl möglicher Kriterien eine geeignete Auswahl bezüglich der vorliegenden Entscheidungssituation getroffen werden. Mögliche Kriterien sind u. a.
- Einstandspreis,
- Lieferfristen/-termin,
- Zahlungsbedingungen,
- Qualität,
- Umweltschutz,
- Zuverlässigkeit,
- Service,
- Kulanz,
- Mindestabnahmemengen,
- Referenzen.

II. **Gewichtung** der Kriterien in von Hundert (100 %): Je höher die Prozentzahl, desto wichtiger ist das entsprechende Kriterium für den Entscheidungsprozess.

III. **Bewertung** der infrage kommenden Lieferanten anhand der Kriterien.

Ein mögliches Punkteschema:

sehr gut	=	10 Punkte
gut	=	8 Punkte
befriedigend	=	6 Punkte
ausreichend	=	4 Punkte
ungewiss	=	2 Punkte
mangelhaft	=	0 Punkte

Hierbei ist es wichtig, dass eine positive Bewertung (z. B. „sehr gut") mit einer entsprechend hohen Punktzahl bewertet wird und nicht nach dem Schulnotensystem „Note 1 = 1 Punkt".

IV. **Errechnung der gewichteten Punktewerte** durch Multiplikation der Gewichtungsfaktoren mit den vergebenen Punktezahlen

V. **Addition der gewichteten Punktewerte:** Der Lieferant mit der höchsten Punktewertsumme ist aufgrund der Nutzwertanalyse zu empfehlen.

INFOBOX

Info 3: Beispiel zur Nutzwertanalyse

Kriterium	Bedeutung in % (Gewichtung)	Lieferant A		Lieferant B		Lieferant C	
		Punkte	gewichtete Punkte	Punkte	gewichtete Punkte	Punkte	gewichtete Punkte
Kriterium I	40	8	320	6	240	10	400
Kriterium II	25	7	175	5	125	8	200
Kriterium III	20	8	160	4	80	6	120
Kriterium IV	10	8	80	2	20	8	80
Kriterium V	5	7	35	5	25	10	50
Summe	100		770		490		850

Vertiefende Übungen

1 Bei der Hausmann AG soll die Beschaffung von A-Materialien grundsätzlich mithilfe einer Nutzwertanalyse erfolgen. Erläutern Sie Schritt für Schritt, wie eine Lieferantenauswahl mithilfe der Nutzwertanalyse durchzuführen ist.

2 Ergänzen Sie die fehlenden Angaben in der nachfolgenden Tabelle zur Nutzwertanalyse und treffen Sie eine darauf basierende Entscheidung.

Kriterium	Bedeutung in % (Gewichtung)	Klausen AG		Dreiner GmbH		Lindener AG	
		Punkte	gewichtete Punkte	Punkte	gewichtete Punkte	Punkte	gewichtete Punkte
Lieferzeit/-treue	20	8			160		200
Preis		6			450	5	
Qualität	20	8			120		120
Service/ Kulanz	10	10			100	8	
Umwelt	5	4			40		30
Summe							

ZUSAMMENFASSUNG

- Der Bezugs- bzw. ______________ eines Erzeugnisses ergibt sich anhand des nachfolgenden Schemas:

	Listeneinkaufspreis
–	______________
+	______________
=	**Zieleinkaufpreis**
–	Liefererskonto
	______________
+	______________
=	**Bezugs-/Einstandspreis**

- Neben dem quantitativen Kriterium „______________" müssen auch ______________ Aspekte berücksichtigt werden. Hierzu zählen u. a.:
  - ______________
  - ______________
  - ______________
  - ______________
  - ______________
  - ______________
  - ______________
  - ______________
  - ______________
- Eine systematische Bewertung potenzieller Lieferanten kann mithilfe eines Bewertungsschemas erfolgen. Dabei werden ______________ ausgewählt und in ihrer Bedeutung ______________. Für jeden Lieferanten werden die einzelnen Kriterien bewertet und eine entsprechende Punktzahl vergeben.
- Mithilfe einer solchen ______________ können qualitative Kriterien in quantitative Bewertungen umgewandelt werden, um darüber eine Entscheidung vornehmen zu können.

SELBSTEINSCHÄTZUNG	JA ☺	MIT HILFE 😐	NEIN ☹
Ich kann die Bezugskalkulation vom Listeneinkaufs- zum Einstandspreis durchführen.			
Ich kann Rabatte, Zuschläge, Skontoregelungen und Bezugskosten berechnen und deren Bedeutung erklären.			
Ich kann qualitative Kriterien bei Beschaffungsentscheidungen benennen.			
Ich kann anhand von quantitativen und qualitativen Kriterien eine Nutzwertanalyse durchführen.			
Ich kann den Ablauf einer Nutzwertanalyse erklären und deren Ergebnis interpretieren.			
Ich kann Probleme bei der Durchführung einer Nutzwertanalyse beschreiben.			
Ich kann Gründe für eine von der Nutzwertanalyse abweichende Entscheidung erläutern.			

Außerdem habe ich gelernt:

HINWEIS Zur Wiederholung und Vertiefung der Inhalte der Lernsituation: Seite 168, Aufgabe 8.

LERNSITUATION 9: Eigenfertigung oder Fremdbezug (Make or buy)?

Ausgangssituation: Ein neuer Trend am Möbelmarkt

Seit rund einem halben Jahr beobachtet der Abteilungsleiter Absatz, Dieter Schuhen, einen neuen Trend am Möbelmarkt: Immer stärker nachgefragt werden vollautomatische, elektronisch verstellbare Fernsehsessel mit Aufstehhilfe und Relaxfunktion. Vor allen Dingen Menschen, die nicht mehr so mobil sind, wünschen sich eine bequeme Alternative zu ihren bisherigen Möbeln, in welcher sie mehrere Stunden am Tag verbringen können, um fernzusehen, zu lesen oder auch ein wenig zu schlafen. Der Komfort steht im Vordergrund, das Design soll ansprechend, die Verarbeitung hochwertig sein.

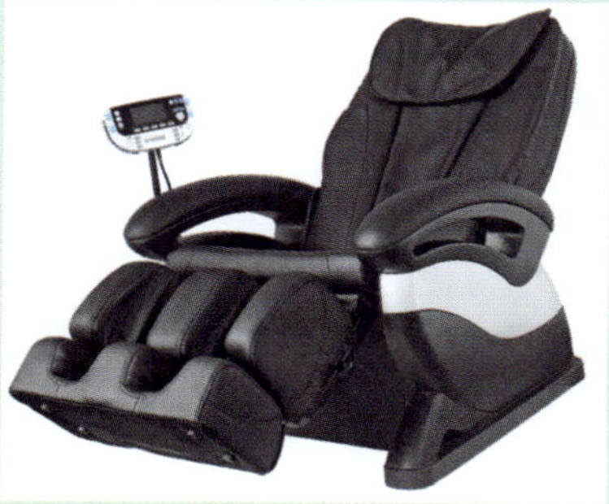

Chillax

Die TSM AG möchte sich diesem Trend nicht verschließen und einen entsprechenden Sessel in ihr Produktionsprogramm aufnehmen. Auf einer Abteilungsleiterkonferenz soll die Planung konkretisiert werden.

Dieter Schuhen: „Wie Sie ja wissen, werden unsere Pläne zur Einführung eines vollautomatischen, elektronisch verstellbaren Fernsehsessels mit Aufstehhilfe und Relaxfunktion in unser Produktionsprogramm immer konkreter. Eine von uns durchgeführte Marktanalyse hat ergeben, dass wir europaweit mittelfristig mit einem monatlichen Absatz von ca. 250 Sesseln rechnen können. Es gibt bereits mehrere Möbelketten, die Anfragen an uns gerichtet haben."

Hartmut Müller: „Das grundsätzliche Konzept steht ja auch bereits und einen Prototypen haben wir auch entwickelt. Unser Problem bleibt aber der Motor für den elektrischen Antrieb, damit unser Sessel höhenverstellbar ist, die Lehnen vor- und zurückfahren und das Fußteil sich automatisch ausfahren lässt. Für uns ist die Motorenkonstruktion natürlich absolutes Neuland."

Dr. Anna Mohl: „Aus diesem Grund habe ich mich mal umgehört. Es besteht die Möglichkeit, die Produktionsstätte der Lüke Motoren OHG zu übernehmen. Ein kleines Unternehmen gleich um die Ecke in Hanau. Mit dem Inhaber Ewald Lüke war schon mein Vater gut befreundet. Er möchte sich zur Ruhe setzen, findet aber keinen geeigneten Nachfolger und möchte sein Unternehmen daher verkaufen."

Ding Liu: „Genau deshalb haben wir die Lüke Motoren OHG mal genauer unter die Lupe genommen: ein kleines Unternehmen mit nur vier Mitarbeitern und einem ganz kleinen Maschinenpark. Letztlich aber genau das, was wir brauchen, um die Motoren selbst zu fertigen. Eine Kostenkalkulation hat Herr Bremer aus dem Controlling bereits erstellt."

Jakub Frei: „Alternativ dazu könnten wir die Motoren natürlich auch fremdbeziehen. Ich sollte ja Angebote einholen und vergleichen. Das beste Angebot habe ich ausgewählt, sodass wir beide Alternativen gegenüberstellen können."

Anlage 1

Trend-Systemmöbel AG

Interner Controlling-Bericht Nr. 12/20(0)

Frankfurt, 13. März 20(0)

Sehr geehrte Frau Dr. Mohl,
sehr geehrter Herr Liu,

wie gewünscht erhalten Sie eine Aufstellung der bei Übernahme der Produktionsstätte der Lüke Motoren OHG anfallenden Kosten für die Eigenfertigung der Motoren:

- für aufzunehmendes Fremdkapital anfallende Zinsen: 52 500,00 € jährlich
- Abschreibungen auf den Maschinenpark: 28 800,00 € jährlich
- Wartung und Instandhaltung des Maschinenparks: 2 100,00 € jährlich
- Gehaltskosten für Werkstattmeister: 37 200,00 € jährlich
- sonstige fixe Kosten: 6 000,00 € jährlich
- Materialkosten: 195,00 € je Stück
- Lohnkosten: 23,00 € je Stück
- sonstige variable Kosten: 3,50 € je Stück

Die aktuelle Fertigungskapazität beträgt 1 000 Motoren je Monat.

Mit freundlichen Grüßen

Bremer
(Abteilung Controlling)

Anlage 2

Emo-Werke Offenbach GmbH
Seit über 100 Jahren Ihr Spezialist für Elektromotoren

Elektro-Motoren-Werke Offenbach GmbH, Königspforte 76, 63065 Offenbach

TSM AG
Hauptstr. 12–16
60322 Frankfurt

Ihr Zeichen	Ihre Nachricht vom	Unser Zeichen	Unsere Nachricht vom	Telefon	Datum
JF	15.03.20(0)	DM-Emo	–	069-2233-17	01.04.20(0)

Angebot

Sehr geehrter Herr Frei,

bezugnehmend auf Ihre Anfrage vom 15.03. diesen Jahres unterbreiten wir Ihnen gerne folgendes verbindliches Angebot für unseren **Elektromotor des Typs VX-200**:

Listenpreis: 270,00 € netto
Mengenrabatt: 10 % ab einer Abnahmemenge von 100 Stück/Monat
Skontoabzug in Höhe von 2 % möglich
Lieferpauschale: 12,00 € je Stück
Lieferzeit: ca. 4 Wochen nach Bestelleingang, Rahmenliefervertrag möglich

Für Rückfragen stehen wir jederzeit gerne zur Verfügung und hoffen auf gute Geschäftsbeziehungen.

Mit freundlichen Grüßen

Dieter Müller

Emo-Werke Offenbach GmbH

Bankverbindung: Städtische Sparkasse Offenbach,
IBAN DE10505500200039544156
BIC HELADEF1OFF

Steuernummer: 224/138/4192 ***USt-IdNr.:*** DE947349114

Arbeitsaufträge

1 Erläutern Sie, anhand welcher Kriterien die TSM AG entscheiden kann, ob sie die Motoren selbst fertigen oder fremdbeziehen soll.

2 Ermitteln Sie die Kosten, die bei Eigenfertigung der Motoren entstehen, wenn die TSM AG die Produktionsstätte der Lüke Motoren OHG im benachbarten Hanau übernimmt.

3 Ermitteln Sie die Kosten, die bei Fremdbezug der Motoren entstehen.

4 Vergleichen Sie die Kosten bei Eigenfertigung mit den Kosten, die durch den Fremdbezug der Motoren entstehen würden.

monatliche Produktionsmenge	EIGENFERTIGUNG			FREMDBEZUG
	Fixkosten je Monat	Variable Kosten	Gesamtkosten je Monat	Gesamtkosten je Monat
100 Stück				
200 Stück				
300 Stück				
400 Stück				
500 Stück				
600 Stück				
700 Stück				
800 Stück				
900 Stück				
1 000 Stück				

5 Skizzieren Sie den Gesamtkostenverlauf bei Eigenfertigung und bei Fremdbezug.

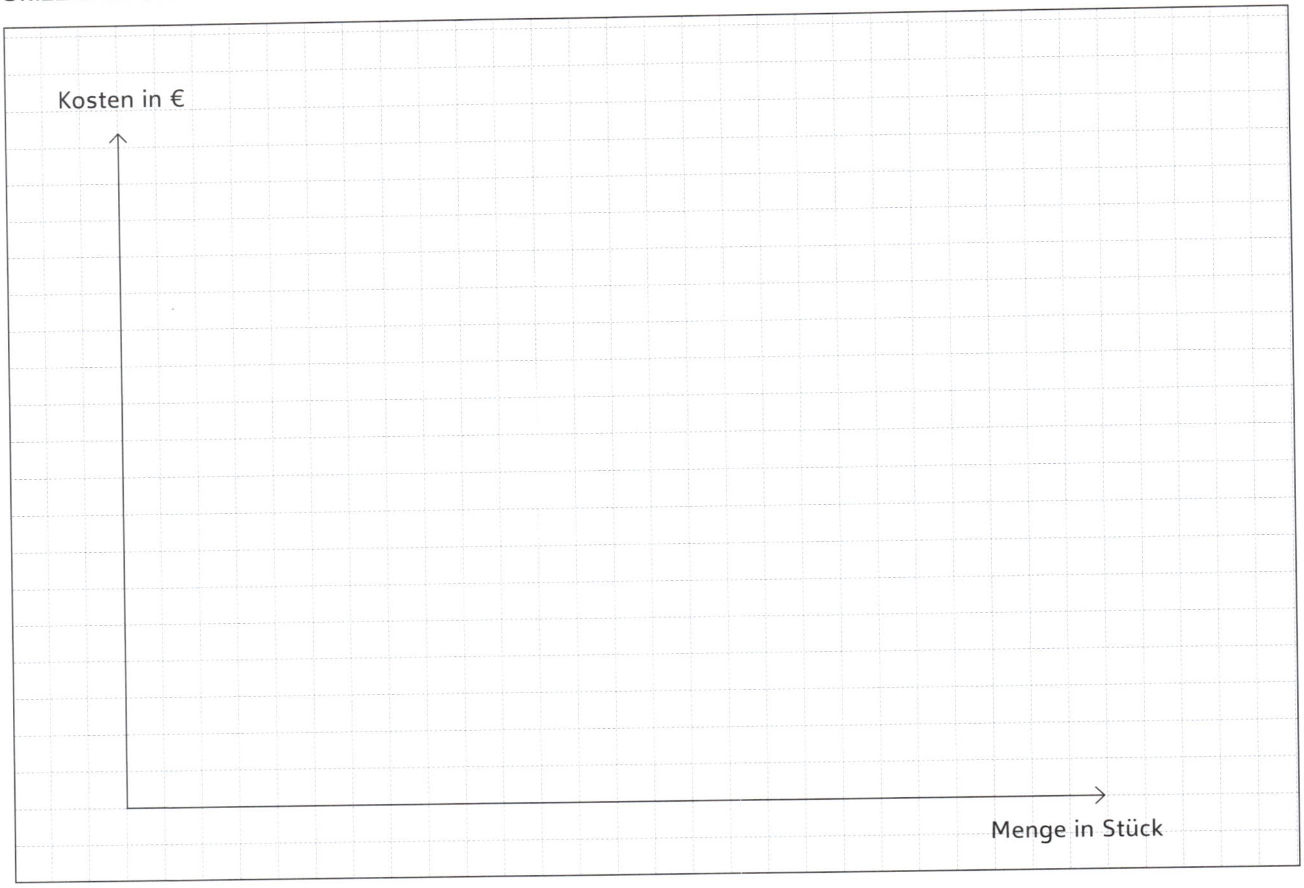

6 Ermitteln Sie rechnerisch und zeichnerisch die Menge, bei der die Kosten gleich hoch sind.

7 Treffen Sie eine begründete Entscheidung, ob die TSM AG die Motoren selbst herstellen oder fremdbeziehen sollen.

INFOBOX

Info: Make or buy?

Im Zusammenhang mit der Fertigungstiefe muss jedes Unternehmen entscheiden, welche Bauteile und Produkte es selbst fertigen (Eigenfertigung) oder von externen Lieferanten kaufen (Fremdbezug) möchte.

Die Eigenfertigung („make“) setzt u. a. voraus, dass
- die Fertigungstechnik beherrscht wird,
- die erforderlichen Kapazitäten (technisch und personell) vorhanden sind,
- der Kapitalbedarf für die notwendigen Investitionen gedeckt werden kann (Finanzierbarkeit).

Der Fremdbezug („buy“) bietet sich i. d. R. an, wenn
- komplette Einbauteile, bei denen sich der Produktionsprozess elementar von den üblicherweise angewandten Fertigungstechniken unterscheidet, benötigt werden,
- zusätzliche Produkte das eigene Sortiment abrunden sollen (Handelswaren).

Vorteile der Eigenfertigung:
- größere Unabhängigkeit von Lieferanten (Qualität, Kosten, Terminplanung)
- bessere Kontrolle des Fertigungsprozesses (Qualität, Termineinhaltung)
- Erhalt des fertigungstechnischen Know-hows
- i. d. R. kostengünstiger bei größeren Produktionsmengen

Vorteile des Fremdbezugs:
- geringerer Kapitalbedarf (Fertigungsanlagen)
- größere Flexibilität bei Marktveränderungen (geringeres Risiko)
- geringere Fixkosten (→ weniger Leerkosten)
- Nutzung des Know-hows der externen Lieferanten (Spezialisten)
- i. d. R. kostengünstiger bei kleineren Produktionsmengen

Kostenvergleich:
Während beim Fremdbezug im Regelfall nur variable Kosten anfallen, verursacht die Eigenfertigung auch fixe Kosten. Dies führt dazu, dass bei geringen Mengen tendenziell der Fremdbezug günstiger ist, während bei größeren Mengen die Eigenfertigung Kostenvorteile aufweist. Durch die Ermittlung der kritischen Menge kann festgestellt werden, wann die Kosten für die beiden Alternativen gleich hoch sind.

Vertiefende Übungen

1 Der Fremdbezug eines Sitzpolsters für einen Bürostuhl erfolgt bislang zu einem Bezugspreis von 19,80 € je Stück. Die Eigenfertigung eines vergleichbaren Sitzpolsters verursacht fixe Kosten in Höhe von 22 750,00 € und variable Kosten in Höhe von 12,70 €. Ermitteln Sie rechnerisch und zeichnerisch die Menge, ab der die Eigenfertigung kostengünstiger ist.

2 Bislang stellt die TSM AG das Aluminiumgestell für einen Standard-Gartentisch selbst in Eigenfertigung her. Da für die Herstellung lediglich eine mechanisch betriebene Aluminiumsäge sowie eine kleine Rohrbiegemaschine benötigt werden, betragen die fixen Kosten der Eigenfertigung nur 1 200,00 € pro Jahr, die variablen Kosten 2,65 € je Stück. Ein Metall verarbeitendes Unternehmen aus Rostock unterbreitet der TSM AG folgendes Angebot:
- Listenpreis je Stück 3,95 €
- Mengenrabatt 5 % ab einer jährlichen Abnahmemenge von 1 000 Stück
- Skontoabzug in Höhe von 3 % möglich
- Lieferkosten 0,25 € je Stück

Berechnen Sie, ob die TSM AG bei einem Jahresbedarf von 1 200 Stück die Aluminiumgestelle weiterhin selbst fertigen oder zukünftig fremdbeziehen sollte.

ZUSAMMENFASSUNG

Jedes Unternehmen muss die grundsätzliche Entscheidung treffen, welche Bauteile und Produkte es selbst fertigen (____________________ bzw. „__________“) oder von externen Lieferanten kaufen (____________________ bzw. „__________“) möchte.

Die Eigenfertigung setzt u. a. voraus, dass
- ______________________________
- ______________________________
- ______________________________

Der Fremdbezug bietet sich i. d. R. an, wenn
- ______________________________
- ______________________________

Vorteile der Eigenfertigung	Vorteile des Fremdbezugs

SELBSTEINSCHÄTZUNG	JA ☺	MIT HILFE 😐	NEIN ☹
Ich kann variable und fixe Kosten unterscheiden.			
Ich kann die Kosten der Eigenfertigung berechnen.			
Ich kann die Kosten des Fremdbezugs berechnen.			
Ich kann die Menge, bei der die Kosten der Eigenfertigung und des Fremdbezugs gleich hoch sind, berechnen.			
Ich kann die Menge, bei der die Kosten der Eigenfertigung und des Fremdbezugs gleich hoch sind, zeichnerisch ermitteln.			
Ich kann die Vorteile der Eigenfertigung erläutern.			
Ich kann die Vorteile des Fremdbezugs erläutern.			
Ich kann für unterschiedliche Situationen begründete Entscheidungen treffen.			

Außerdem habe ich gelernt:

____

____

____

HINWEIS Zur Wiederholung und Vertiefung der Inhalte der Lernsituation: Seite 169, Aufgabe 9.

LERNSITUATION 10: Einen Kaufvertrag schließen

Ausgangssituation I: Die Bestellung – die erste und/oder zweite Willenserklärung?

Linda Mertens ist gerade damit beschäftigt, eine Bestellung zu schreiben, als Simon Pieper das Büro betritt. „Ich muss nur noch die Bestellung zu Ende schreiben, Simon, dann komme ich mit zum Frühstücken. Wir müssen den Kaufvertrag unbedingt heute Morgen noch abschließen, denn wir bekommen die Glasplatten wirklich äußerst günstig angeboten", berichtet sie Simon. „Merkwürdig, Linda, bei uns im Verkauf kommt der Kaufvertrag meistens durch unsere Auftragsbestätigung zustande", entgegnet Simon.

Arbeitsaufträge

Ein Kaufvertrag kommt wie jeder andere Vertrag durch zwei (oder mehrere) übereinstimmende Willenserklärungen zustande. Stellen Sie zwei Möglichkeiten dar, indem Sie die Sachverhalte jeweils in die Kästchen eintragen (Anmerkung: WE = Willenserklärung):

Bestellung: 1. WE = Antrag
Auftragsbestätigung: 2. WE = Annahme

Angebot: 1. WE = Antrag
Bestellung: 2. WE = Annahme

Kaufvertrag

Käufer → Verkäufer
Käufer ← Verkäufer

Kaufvertrag

Käufer ← Verkäufer
Käufer → Verkäufer

Ausgangssituation II: Angebot oder Anpreisung?

Als Linda Mertens in der Frühstückspause die Zeitung aufschlägt, entdeckt sie die Zeitungsbeilage eines bekannten Elektroeinzelhändlers. „Ich wollte mir schon vor langer Zeit einen neuen Laptop kaufen. Endlich habe ich das Geld zusammen – und hier gibt es jetzt ein wirklich tolles Angebot. Dieser Laptop gefällt mir“, meint sie zu Simon Pieper und zeigt ihm die Zeitungsbeilage. „Stimmt, ein gutes Modell. Ich möchte mir gerade auch einen neuen Laptop kaufen. Aber von den angepriesenen Modellen kommt für mich keines infrage. Ich benötige eine besondere Ausstattung und habe mir letzte Woche schon Angebote von verschiedenen Fachhändlern eingeholt. „Schau mal hier, Linda, diesen Laptop werde ich mir heute kaufen“, entgegnet Simon Pieper und zeigt ihr das Angebot eines Computerfachgeschäftes. „Dann scheinen wir ja beide ein passendes Modell gefunden zu haben. Heute Abend werden wir beide einen erstklassigen Laptop gekauft haben“, frohlockt Linda. „Für mich mag das gelten, bei dir bin ich mir aber nicht so sicher“, entgegnet Simon.

Computerfachgeschäft Müller e. K.

(...)

Angebot

Sehr geehrter Herr Pieper,

hiermit bieten wir Ihnen den Laptop „Rapid“ zu einem Preis von 650,00 € an.
(...)

Dieses Angebot ist vier Wochen gültig.

Heinz Müller

Zeitungsbeilage der Westfälischen Nachrichten

Laptop „Excellence“

Sensationspreis 645 €

Arbeitsaufträge

Unterscheiden Sie zwischen einem Angebot und einer Anpreisung und beurteilen Sie Simons Aussage.

INFOBOX

Info: Angebot und Anpreisung

Das Angebot dient dem Abschluss eines Kaufvertrages. Der Verkäufer erklärt seine Absicht, Waren unter den im Angebot angegebenen Bedingungen zu liefern. Wer ein Angebot macht, ist dabei nach § 145 BGB grundsätzlich an das Angebot gebunden, sofern er die Bindung nicht ausgeschlossen hat. Das Angebot ist die erste Willenserklärung zum Abschluss eines Kaufvertrages. Im Gegensatz zum Angebot ist die Anpreisung nicht an eine bestimmte Person oder Personengruppe gerichtet. Adressat ist die Allgemeinheit. Im rechtlichen Sinne handelt es sich bei einer Anpreisung nicht um einen Antrag. Eine Anpreisung ist somit rechtlich nicht bindend. Die Anpreisung dient vor allem Informations- und Werbezwecken und soll dabei den Käufer bewegen, seinerseits einen Antrag zu machen. Zu den Anpreisungen zählen Kataloge, Preislisten, Zeitungsanzeigen, Werbeprospekte oder auch Warenangebote auf Internetseiten.

Ausgangssituation III: Anfrage und Freizeichnungsklauseln

Gleich nach der Mittagspause erkundigt sich der Einkaufsleiter Frank Tiller bei Linda Mertens, ob bis Ende nächster Woche mit dem Eingang der Spanplatten für einen Großauftrag zu rechnen sei. „Es ist alles klar, Herr Tiller, die Bestellung ist gestern rausgegangen. Die Anton Schneider Holzwerke KG wird umgehend liefern." Als Linda Mertens ihre E-Mails sichtet, ist sie äußerst beunruhigt, denn sie entdeckt eine neue Mail von Paul Korte, dem zuständigen Sachbearbeiter bei der Anton Schneider Holzwerke KG. Insgesamt stellt sich der E-Mail-Verkehr wie folgt dar:

An: p.korte@as-holzwerke.de
Gesendet: Montag, 16. September 20(0), 08:32
Von: l.mertens@tsm.de
Betreff: Anfrage

Sehr geehrter Herr Korte,

aufgrund eines Großauftrages benötigen wir kurzfristig 400 Spanplatten Buche Furnier 100 cm x 200 cm, 30 mm. In der Vergangenheit haben wir Sie als zuverlässigen und flexiblen Lieferanten schätzen gelernt. Bitte unterbreiten Sie uns ein Angebot zu den sonst üblichen Liefer- und Zahlungsbedingungen.

Mit freundlichen Grüßen

Linda Mertens

An: l.mertens@tsm.de
Gesendet: Dienstag, 17. September 20(0), 13:32
Von: p.korte @as-holzwerke.de
Betreff: Re: Anfrage

Sehr geehrte Frau Mertens,

vielen Dank für Ihre Anfrage. Wir bieten Ihnen die gewünschten Spanplatten freibleibend zu einem Preis von 17,80 €/m^2 an. Wir können sofort liefern. Wie gewünscht gelten die üblichen Liefer- und Zahlungsbedingungen.

Gerne erwarten wir Ihre Bestellung.

Mit freundlichen Grüßen

Paul Korte

An: p.korte@as-holzwerke.de
Gesendet: Mittwoch, 18. September 20(0), 08:32
Von: l.mertens@tsm.de
Betreff: Re: AW: Anfrage

Sehr geehrter Herr Korte,

Ihr Angebot sagt uns zu. Hiermit bestellen wir 400 Spanplatten Buche Furnier 100 cm x 200 cm, 30 mm zur sofortigen Lieferung.

Mit freundlichen Grüßen

Linda Mertens

An: l.mertens@tsm.de
Gesendet: Donnerstag, 19. September 20(0), 13:32
Von: p.korte@as-holzwerke.de
Betreff: Re: AW: Re: Anfrage

Sehr geehrte Frau Mertens,

leider sind unsere Lagerbestände zwischenzeitlich aufgebraucht, sodass wir Ihre Bestellung nicht mehr entgegennehmen können. Eine Lieferung ist erst wieder ab Anfang Oktober möglich.

Es tut uns leid. Wir hoffen weiterhin auf eine gute Geschäftsbeziehung.

Mit freundlichen Grüßen

Paul Korte

Arbeitsaufträge

Prüfen Sie mithilfe der Infobox, ob bereits ein rechtskräftiger Kaufvertrag zustande gekommen ist.

INFOBOX

Info: Anfrage und Freizeichnungsklauseln

Die **Anfrage** dient in erster Linie der Informationsbeschaffung und damit der Anbahnung eines Kaufvertrages. Sie ist eine Aufforderung an den Anbieter, ein Angebot zu erstellen. Dabei kann sich die Anfrage schon auf ein konkretes Produkt (**bestimmte Anfrage**) oder ganz allgemein auf das Absatzprogramm eines Unternehmens beziehen (**unbestimmte Anfrage**). Die Anfrage bedarf keiner bestimmten Form. Im Geschäftsleben üblich sind sowohl mündliche Anfragen als auch Anfragen per E-Mail, Fax oder Brief. Im rechtlichen Sinne ist eine Anfrage unverbindlich.

Durch **Freizeichnungsklauseln** kann der Anbieter seine Gebundenheit an das Angebot ganz oder teilweise ausschließen. Er ist damit rechtlich nicht mehr an das Angebot gebunden. Vielmehr kann sich der Anbieter überlegen, ob er noch zu den im Angebot angegebenen Bedingungen liefern oder leisten will.

Freizeichnungsklauseln wie „freibleibend", „ohne Gewähr" oder „ohne Obligo" entheben den Anbieter gänzlich seiner Bindung. Durch Klauseln wie „Preis freibleibend" oder „solange Vorrat reicht" schließt der Anbieter die Bindung hinsichtlich bestimmter Bedingungen wie Preis oder Liefermenge aus.

Ausgangssituation IV: Die Bindung an das Angebot

Lindas Arbeitstag verläuft auch am Nachmittag nicht viel besser. Auf ihrem Schreibtisch liegt ein Stapel Geschäftskorrespondenz. Und auch hier sind noch einige Telefonate zu führen. „Jetzt muss endlich mal alles glatt gehen", denkt sie, „schließlich sind hier einige verbindliche Angebote dabei."

Arbeitsaufträge

Beurteilen Sie bei folgenden Sachverhalten mithilfe der Infobox, ob bzw. zu welchem Zeitpunkt ein Kaufvertrag zustande kommt:

a) Die Farbenpracht GmbH hat der TSM AG vor 2 Wochen ein Angebot über diverse Lacke und Grundierungen per Post zugeschickt. Da das Angebot den Vorstellungen der TSM AG entspricht, schreibt Linda Mertens sogleich eine Bestellung.

b) Als sich danach Herr Öztürk von der VEPAMA AG telefonisch meldet, ist Linda begeistert. Er bietet ihr einen größeren Sonderposten Verpackungskartons zu einem sehr günstigen Preis an. Als Sie 15 Minuten nach dem Telefonat das Angebot nach Rücksprache mit dem Abteilungsleiter Herrn Tiller annehmen möchte, lehnt Herr Öztürk die Lieferung ab. Er habe den Sonderposten zwischenzeitlich leider schon anderweitig verkauft.

c) Sodann beschäftigt sich Linda mit einem Angebot der Pollux GmbH. Die Pollux GmbH bietet einen grünen Polsterstoff zu 10,00 € je m^2 an. Umgehend bestellt Linda einen roten Stoff zu 10,00 € je m^2.

d) Mit dem Angebot von Heinrich Schulte e. K. ist Linda nicht zufrieden. Zwar liefert Heinrich Schulte als Stammlieferant immer zuverlässig in einer guten Qualität, aber der Preis für 400 Glasplatten ist Linda zu hoch. Kurzerhand bestellt Linda die Glasplatten zum vorgegebenen Preis und setzt zusätzlich einen Treuerabatt von 5 % an.

e) Als Linda das Angebot der Jahnsen Bürobedarf GmbH sichtet, ist sie ein wenig irritiert. Das Angebot über Bürobedarf ist bis gestern befristet, allerdings ist der Preis zu verlockend. Deshalb schreibt sie sofort eine E-Mail und bestellt laut Angebot.

f) Schon wieder klingelt das Telefon. Am Apparat ist Herr Siebert von der Bongart Metallerzeugnisse OHG. Er meint, dass er leider die gewünschten Stahlrohre nicht liefern und damit die Bestellung der TSM AG nicht akzeptieren könne. Ein anderer Kunde sei eben schneller gewesen. „Komisch", denkt Linda, „im gestrigen brieflichen Angebot der Bongart Metallerzeugnisse OHG gab es keine Freizeichnungsklausel. Da bin ich mir ganz sicher."

g) Als kurz vor Feierabend Frau Teichmann von der KAUTSCHTEC AG anruft und ihr Gummirollen zum Sonderpreis anbietet, kommt sie ins Grübeln. Heute Mittag hat sie eine schriftliche Bestellung bei einem Konkurrenten der KAUTSCHTEC AG in die Hauspost gegeben. „Die Post ist sicher schon weitergeleitet. Schade, da kann ich wohl nichts mehr machen", denkt sie.

INFOBOX

Info: Auszug aus dem Bürgerlichen Gesetzbuch (BGB)

§ 130 Wirksamwerden der Willenserklärung gegenüber Abwesenden
(1) Eine Willenserklärung, die einem anderen gegenüber abzugeben ist, wird, wenn sie in dessen Abwesenheit abgegeben wird, in dem Zeitpunkt wirksam, in welchem sie ihm zugeht. Sie wird nicht wirksam, wenn dem anderen vorher oder gleichzeitig ein Widerruf zugeht.
(...)

§ 145 BGB Bindung an den Antrag
Wer einem anderen die Schließung eines Vertrags anträgt, ist an den Antrag gebunden, es sei denn, dass er die Gebundenheit ausgeschlossen hat.

§ 146 BGB Erlöschen des Antrags
Der Antrag erlischt, wenn er dem Antragenden gegenüber abgelehnt oder wenn er nicht diesem gegenüber nach den §§ 147 bis 149 rechtzeitig angenommen wird.

§ 147 BGB Annahmefrist
(1) Der einem Anwesenden gemachte Antrag kann nur sofort angenommen werden. Dies gilt auch von einem mittels Fernsprechers oder einer sonstigen technischen Einrichtung von Person zu Person gemachten Antrag.
(2) Der einem Abwesenden gemachte Antrag kann nur bis zu dem Zeitpunkt angenommen werden, in welchem der Antragende den Eingang der Antwort unter regelmäßigen Umständen erwarten darf.

§ 148 BGB Bestimmung einer Annahmefrist
Hat der Antragende für die Annahme des Antrags eine Frist bestimmt, so kann die Annahme nur innerhalb der Frist erfolgen.

§ 150 BGB Verspätete und abändernde Annahme
(1) Die verspätete Annahme eines Antrags gilt als neuer Antrag.
(2) Eine Annahme unter Erweiterungen, Einschränkungen oder sonstigen Änderungen gilt als Ablehnung verbunden mit einem neuen Antrag.

Vertiefende Übungen

Entscheiden Sie, wer in den folgenden Fällen zum Zeitpunkt des Zustandekommens des Kaufvertrages den Antrag und wer die Annahme macht. Tragen Sie die Namen in die Tabelle ein.

a) Simon Pieper ist begeisterter Skifahrer. Als er in einem Sportartikelgeschäft den neuesten Helm eines namhaften Herstellers entdeckt, entnimmt er diesen dem Regal und probiert ihn an. „Passt", denkt er, nimmt den Helm, geht zur Kasse und bezahlt.

b) In einem anderen Bekleidungsfachgeschäft entdeckt Simon eine Jeans, die ihm sehr gut gefällt. Allerdings hält er den ausgezeichneten Preis von 89,00 € für zu teuer. „Na gut, dann überlasse ich ihnen die Hose für 80,00 €", meint der Verkäufer. „Abgemacht", sagt Simon, geht mit dem Verkäufer zur Kasse und bezahlt 80,00 € für die Hose.

c) Zuhause angekommen entdeckt er, dass er von einem Sportartikelversandhaus einen Katalog zugeschickt bekommen hat. Schnell findet er eine passende Skibrille, füllt den Bestellschein aus und gibt ihn bei der Post auf. Nach vier Tagen erhält Simon seine Skibrille.

d) Mit dem Kauf eines Hi-Fi-Receivers hat sich Simon mehr Zeit gelassen. Da er eine bestimmte Anlage kaufen möchte, hat er per E-Mail mehrere Anfragen an verschiedene Händler geschickt. Das Angebot des Händlers „SuperSound" kommt für Simon am ehesten in Frage. Der Händler bietet den Receiver für 370,00 € an. Daraufhin bestellt Simon den Receiver zu einem Preis von 350,00 €. Der Händler liefert pünktlich.

e) Das Angebot für ein neues Paar Boxen hat Simon schon fast vergessen. Das Angebotsschreiben liegt schließlich schon seit zwei Wochen auf seinem Schreibtisch. Eilig bestellt er daraufhin per E-Mail. Der Händler schreibt eine Auftragsbestätigung und liefert die Boxen nach vier Tagen wie gewünscht.

f) „Fehlt jetzt nur noch die passende Verkabelung", denkt Simon. Schnell hat er auf der Internetseite eines Hi-Fi-Händlers das passende Kabel gefunden und bestellt es. Allerdings ist das Kabel des gewünschten

Herstellers nicht mehr verfügbar. Der Händler bedauert dies in seiner E-Mail und verweist gleichzeitig auf das Kabel eines anderen Herstellers, das man ihm zu einem Sonderpreis verbindlich liefern könne. Simon bestellt daraufhin das Kabel und erhält eine Auftragsbestätigung.

	a)	b)	c)	d)	e)	f)
Antrag						
Annahme						

Ergänzende Übung

Linda Mertens hat endlich Feierabend. „Um die Preisänderung der Anton Schneider Holzwerke KG in ihrer Auftragsbestätigung muss ich mich sowieso nicht kümmern", meint Linda und geht nach Hause. „Die Anton Schneider Holzwerke KG ist schließlich unser Stammlieferant", behauptet sie. Beurteilen Sie die Rechtslage mithilfe der Infobox.

Info: Auszug aus dem Handelsgesetzbuch (HGB)

INFOBOX

§ 362 HGB Schweigen auf Anträge
(1) Geht einem Kaufmann, dessen Gewerbebetrieb die Besorgung von Geschäften für andere mit sich bringt, ein Antrag über die Besorgung solcher Geschäfte von jemand zu, mit dem er in Geschäftsverbindung steht, so ist er verpflichtet, unverzüglich zu antworten; sein Schweigen gilt als Annahme des Antrags. Das Gleiche gilt, wenn einem Kaufmann ein Antrag über die Besorgung von Geschäften von jemand zugeht, dem gegenüber er sich zur Besorgung solcher Geschäfte erboten hat.
(...)

ZUSAMMENFASSUNG

- Ein Kaufvertrag kommt durch zwei übereinstimmende ______________ zustande, den ______________ und die ______________. Ein Angebot ist dabei immer die erste, eine Auftragsbestätigung immer die ______________ Willenserklärung. Eine Bestellung kann die ______________ oder ______________ Willenserklärung sein.
- Die ______________ dient der Anbahnung eines Kaufvertrages und ist im rechtlichen Sinne ______________. Man unterscheidet eine ______________ und eine unbestimmte Anfrage.
- Auch ______________ sind unverbindlich. Sie sind nicht wie ein Angebot an eine bestimmte Person oder Personengruppe gerichtet, sondern an die ______________.
- Dagegen ist ein Angebot grundsätzlich ______________, es sei denn, dass der Anbieter z. B. durch die Verwendung von ______________ die Gebundenheit ausgeschlossen hat.

- Nimmt der Antragende ein Angebot nicht ______________ an, also
  - innerhalb einer gesetzten ______________,
  - bei Anwesenden während eines Gespräches (dazu zählt auch ein Gespräch mittels ______________) oder
  - bei ______________, solange der Antragende unter regelmäßigen Umständen mit einer Annahme rechnen kann,

  erlischt das Angebot.
- Eine verspätete Annahme gilt ebenso wie eine Annahme unter Abänderungen als ______________ ______________.
- Der ______________ einer Willenserklärung muss ______________ oder gleichzeitig mit der Willenserklärung zugehen.

SELBSTEINSCHÄTZUNG	JA ☺	MIT HILFE 😐	NEIN ☹
Ich kann erklären, wie ein Kaufvertrag zustande kommt.			
Ich kann eine Anpreisung von einem Angebot unterscheiden.			
Ich kann verschiedene Freizeichnungsklauseln nennen und deren die Bedeutung erläutern.			
Ich kann die Bindung an ein Angebot fallbezogen überprüfen.			
Ich kann die rechtliche Bedeutung einer Anfrage, einer Anpreisung, einer Bestellung, eines Angebotes und einer Auftragsbestätigung erkennen und erklären, wer bei einem Kaufvertrag den Antrag und wer die Annahmen macht.			

Außerdem habe ich gelernt:

____

____

____

____

____

HINWEIS Zur Wiederholung und Vertiefung der Inhalte der Lernsituation: Seite 171 f., Aufgabe 10.

Ausgangssituation: Was gehört in ein Angebot?

Wenn die Möbel der TSM AG auf Weichböden wie Teppichböden genutzt werden, erhalten sie eine spezielle Sicherheitsmöbelrolle gemäß DIN EN 12529. Herr Tiller, der Leiter des Einkaufs, hat der Auszubildenden Linda Mertens aufgetragen, verschiedene Angebote zu analysieren. Unter anderem liegt Linda Mertens auch ein Angebot der Röber Rollen GmbH & Co. KG vor. „Bevor Sie einen Lieferanten für die Sicherheitsmöbelrollen auswählen, müssen Sie sich mit den Inhalten eines Angebotes auseinandersetzen. Häufig versuchen unsere Lieferanten, die gesetzlichen Regelungen zu ihren Gunsten abzuändern. Das ist natürlich zulässig, da es sich hier um privates Recht handelt“, meint Herr Tiller. „Schon gut, Herr Tiller, aber was gibt es da außer dem Preis noch zu regeln?“, entgegnet Linda.

Röber Rollen GmbH & Co. KG

Röber Rollen GmbH & Co. KG, Karlstr. 28, 47059 Duisburg

Trend-Systemmöbel AG
Hauptstraße 12–16
60322 Frankfurt

Ihr Zeichen: Fr-T
Ihre Nachricht vom: 17.01.20(0)
Unser Zeichen: Frau Kröber
Unsere Nachricht vom: 23.01.20(0)

Telefon: 0203 4455-305
Telefax: 0203 4455-99
E-Mail: kröber@roeberrollen.de
Homepage: www.roeberrollen.de

Datum: 23.01.20(0)

ANGEBOT

Sehr geehrter Herr Tiller,

wir danken für Ihre Anfrage und bieten Ihnen anhand unseres aktuellen Katalogs und der zurzeit gültigen Preisliste an:

Sicherheitsmöbelrolle „Rollo-W“, Art.-Nr. 13457, gemäß DIN EN 12529, Listenverkaufspreis: 220,00 € je 100 Stück

Rabattstaffel:
Abnahmemenge über 1 000 Stück — 7 % Rabatt
Abnahmemenge über 2 000 Stück — 10 % Rabatt

Für die Versandverpackung berechnen wir 2,00 € je 100 Stück. Die Versendung der Sicherheitsmöbelrollen erfolgt über die Spedition Müller. Als Frachtkosten berechnet die Spedition Müller 10,00 € je 100 Stück, die wir Ihnen in Rechnung stellen.

Die Lieferung erfolgt innerhalb von 14 Tagen nach Auftragseingang.

Unsere Rechnungen sind innerhalb von 10 Tagen ab Rechnungsdatum abzüglich 2 % Skonto auf den Warenwert, ansonsten innerhalb von 30 Tagen rein netto Kasse zahlbar.

Es gelten die gesetzlichen Regelungen zum Erfüllungsort und Gerichtsstand.

Gerne erwarten wir Ihre Bestellung, die wir sorgfältig ausführen werden.

Mit freundlichen Grüßen

Nicole Kröber

Nicole Kröber
(Fachbereichsleiter Vertrieb Räder und Rollen)

Röber Rollen GmbH & Co. KG
Karlstr. 28
47057 Duisburg
Telefon: 0203 33285 - 0
Homepage: www.roeberrollen.de

Geschäftsführer:
D. Fleischer
Handelsregister Duisburg:
HR A 13524
USt-IdNr. DE164941457

Bankverbindungen
Sparkasse Duisburg
IBAN DE96350500000431200783
BIC: DUISDE33XXX

Arbeitsaufträge: Was gehört in ein Angebot?

Bestimmen Sie anhand des Angebots der Röber Rollen GmbH & Co. KG die Inhalte eines Kaufvertrages. Kennzeichnen Sie die einzelnen Regelungen im Angebot.

Arbeitsaufträge: Art, Güte, Menge und Preis der Ware

1 Für jede Warenlieferung sind Art (= handelsübliche Bezeichnung) und Güte (= Qualität und Beschaffenheit) anzugeben. Erläutern Sie die Merkmale anhand des Angebotes der Röber Rollen GmbH & Co. KG.

2 Nennen Sie drei weitere Möglichkeiten, die Güte einer Ware näher zu bestimmen, und bringen Sie jeweils ein Beispiel für die Gütebezeichnung.

3 Herr Tiller war mit der gelieferten Qualität der Röber Rollen GmbH & Co. KG immer höchst zufrieden. Er ist der Meinung: „Ich akzeptiere generell bei all unseren Lieferanten nur allerbeste Qualität. Mittelmaß akzeptiere ich nicht!“ Erläutern Sie die Rechtslage.

4 Berechnen Sie den Bezugspreis für eine Warenlieferung über 1 300 Sicherheitsmöbelrollen „Rollo“.

Listeneinkaufspreis	
– Rabatt (vom Listeneinkaufspreis)	
= Zieleinkaufspreis	
– Skonto (vom Zieleinkaufspreis)	
= Bareinkaufspreis	
+ Bezugskosten	
• Verpackung	
• Fracht	
Bezugspreis/Einstandspreis	

5 Die Sicherheitsmöbelrollen wiegen 0,15 kg je Stück. Je 100 Sicherheitsmöbelrollen werden in einem Karton verpackt. Das Gewicht eines Kartons beträgt 0,6 kg. Berechnen Sie das Bruttogewicht, das Verpackungsgewicht (Tara) sowie das Nettogewicht der Warenlieferung.

Nettogewicht (Reingewicht)	
+ Verpackungsgewicht	
= Bruttogewicht (Rohgewicht)	

6 Der Lieferant gibt je nach Kunde häufig verschiedene Rabatte auf den Listenpreis. Ordnen Sie den Rabatt und die korrekte Beschreibung durch Pfeile zu.

Rabattart
Bonus
Treuerabatt
Skonto
Wiederverkäuferrabatt

Nachlass aufgrund ...
langjähriger Geschäftsbeziehung
vorzeitiger Zahlung
des Weiterverkaufs der Ware durch einen Händler
einer bestimmten Umsatzhöhe oder Absatzmenge

Info: Art, Güte, Menge und Preis der Ware

INFOBOX

Die Güte einer Ware wird je nach Art der Ware durch unterschiedliche Qualitäts- und Beschaffenheitsmerkmale gekennzeichnet. Infrage kommen Güteklassen, Handelsklassen, Typen, Standards, Gütezeichen, Marken, Herkunft, Jahrgang, Zusammensetzung, Muster und Proben usw.

§ 360 HGB Gattungsschuld
Wird eine nur der Gattung nach bestimmte Ware geschuldet, so ist Handelsgut mittlerer Art und Güte zu leisten.

§ 380 HGB Abzug des Verpackungsgewichts
(1) Ist der Kaufpreis nach dem Gewicht der Ware zu berechnen, so kommt das Gewicht der Verpackung (Taragewicht) in Abzug, wenn nicht aus dem Vertrag oder dem Handelsgebrauch des Ortes, an welchem der Verkäufer zu erfüllen hat, sich ein anderes ergibt.
(...)

Arbeitsaufträge: Beförderungs- und Verpackungskosten

1 Erläutern Sie, wer nach der gesetzlichen Regelung grundsätzlich die Beförderungskosten trägt. Gehen Sie dabei auch auf die Regelung beim Versendungskauf ein.

2 Prüfen Sie, ob die Regelung zu den Beförderungskosten im Angebot der Röber Rollen GmbH & Co. KG der gesetzlichen Regelung entspricht.

3 Erläutern Sie, wer nach der gesetzlichen Regelung grundsätzlich die Verpackungskosten trägt. Unterscheiden Sie dabei zwischen der Versand- und der Aufmachungsverpackung.

4 Prüfen Sie, ob die Regelung zu den Verpackungskosten im Angebot der Röber Rollen GmbH & Co. KG der gesetzlichen Regelung entspricht.

5 Die gesetzlichen Regelungen zu den Beförderungs- und Verpackungskosten werden häufig durch vertragliche Vereinbarungen explizit konkretisiert oder auch abgeändert. Ermitteln Sie die Beförderungs- und Verpackungskosten in den folgenden Fällen.

a) Die TSM AG bezieht eine Warenlieferung Spanplatten aus Starnberg (Bayern). Dabei ergibt sich folgender Versendungsweg:

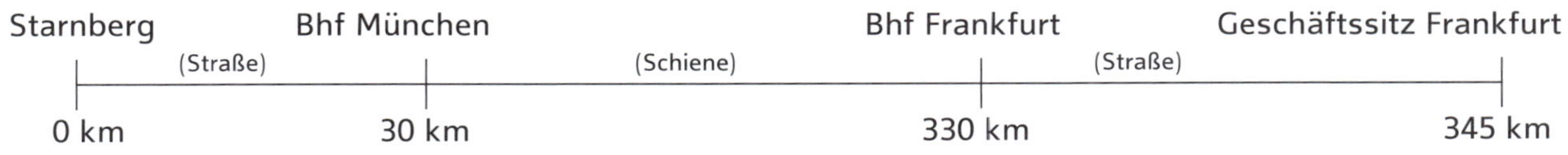

Es fallen folgende Kosten an:

Verladekosten auf Eisenbahn	120,00 €
Entladekosten von Eisenbahn	90,00 €
Preis für Schienentransport je km	1,90 €
Rollgeld I (gesamt)	130,00 €
Rollgeld II (gesamt)	140,00 €

Berechnen Sie die Kosten für die TSM AG bei folgenden Lieferbedingungen:

aa)	frei Haus	
ab)	ab Werk	
ac)	unfrei	
ad)	frachtfrei	

b) Die TSM AG bezieht von der Farbenpracht – Heinz Pracht GmbH 500 Liter Beizmittel. Das Beizmittel wird in 50-Liter-Fässern transportiert. Ein Liter Beizmittel wiegt 1,2 kg, ein Fass 5 kg. Für 1 kg Beizmittel berechnet die Farbenpracht – Heinz Pracht GmbH 2,50 €. Für das Verpacken sämtlicher Fässer fallen Verpackungskosten in Höhe von 30,00 € an.
Berechnen Sie die Kosten für die TSM AG, wenn folgende Vereinbarungen getroffen wurden:

ba)	Preis netto einschließlich Verpackung	
bb)	Preis netto ausschließlich Verpackung	
bc)	Preis brutto einschließlich Verpackung (brutto für netto)	
bd)	Preis brutto ausschließlich Verpackung	

INFOBOX

Info: Beförderungs- und Verpackungskosten

Ist **nichts** Abweichendes **vereinbart**, sind Warenschulden laut Gesetz grundsätzlich Holschulden. Demnach muss der Käufer die Waren abholen und die **Beförderungskosten** tragen.

Befinden sich Käufer und Verkäufer nicht am gleichen Ort und wird vereinbart, dass der Verkäufer die Versendung der Waren (**Versendungskauf**) übernimmt, trägt der Verkäufer die Beförderungskosten bis zur ersten Versandstation (z. B. Bahnhof, Hafen oder Postversandstelle des Verkäufers). Die restlichen Beförderungskosten trägt der Käufer.

Abweichend von den gesetzlichen Regelungen sind je nach Versandart viele unterschiedliche **vertragliche Regelungen** denkbar, wie die folgende Abbildung zeigt:

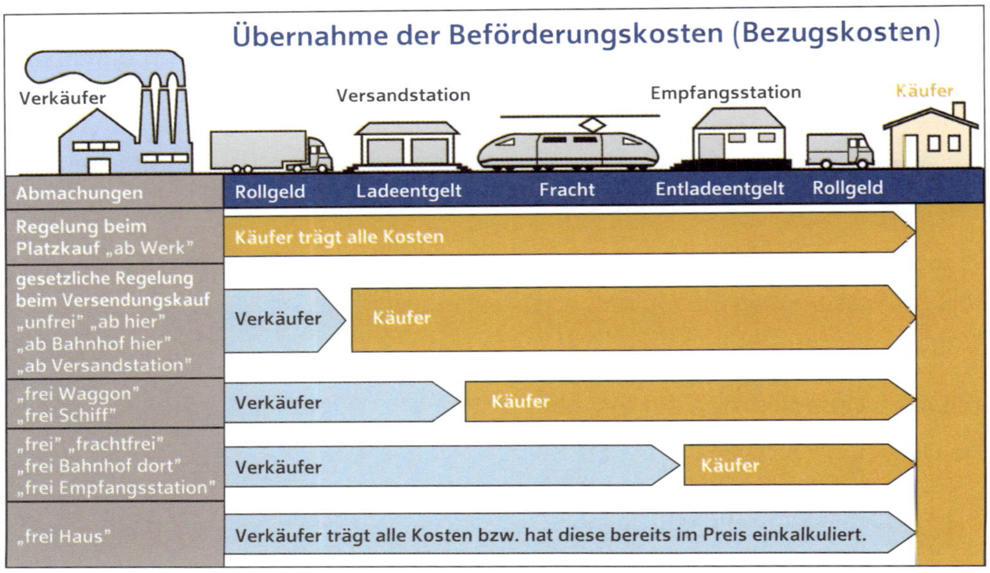

Die Transportkosten bis zur ersten Versandstation werden als Rollgeld I und die Transportkosten ab der Empfangsstation als Rollgeld II bezeichnet.

Hinsichtlich der **Verpackungskosten** wird zwischen den Kosten für die Versand- und den Kosten für die Verkaufsverpackung unterscheiden. Die **Versandverpackung** dient dazu, die Ware transport- und versandfähig zu machen, z. B. Kartons oder Transportbehälter. Diese Kosten übernimmt der Käufer, da sie Kosten der Abnahme im Sinne des § 448 BGB sind. Der Verkäufer hingegen übernimmt die Kosten der **Verkaufsverpackung**, die auch als Aufmachungsverpackung bezeichnet wird. Dies sind z. B. Tüten, Tuben usw. Ebenso trägt der Verkäufer die Kosten der Bereitstellung sowie des Messens und Wiegens der Ware, da sie Kosten der Übergabe der Ware sind (§ 448 BGB).

§ 448 BGB Kosten der Übergabe
(1) Der Verkäufer trägt die Kosten der Übergabe der Sache, der Käufer die Kosten der Abnahme und der Versendung der Sache nach einem anderen Ort als dem Erfüllungsort.
(...)

Häufig werden im Kaufvertrag gesonderte Regelungen über die Verteilung der **Verpackungskosten** getroffen:

Klausel	Käufer zahlt
Preis netto einschließlich Verpackung	Nettogewicht
Preis netto ausschließlich Verpackung (gesetzliche Regelung)	Nettogewicht + Verpackungskosten
Preis brutto einschließlich Verpackung (= brutto für netto, kurz bfn)	Bruttogewicht (= Nettogewicht + Tara)
Preis brutto ausschließlich Verpackung	Bruttogewicht + Verpackungskosten

Arbeitsaufträge: Lieferungs- und Zahlungsbedingungen

1 Erläutern Sie die gesetzlichen Regelungen zur Zahlungs- und Lieferzeit.

2 Hinsicht der Lieferzeit lassen sich die folgenden Kaufvertragsarten unterscheiden:
- Sofortkauf
- Terminkauf
- Fixkauf
- Kauf auf Abruf

Ordnen Sie die Kaufvertragsarten den folgenden Erklärungen zu.

Erklärung	Kaufvertragsart
a) Die Lieferung erfolgt zu einem bestimmten Lieferzeitpunkt oder innerhalb einer bestimmten Lieferfrist.	
b) Die Lieferung erfolgt zu einem bestimmten Zeitpunkt. Zusätzlich wird die Bedeutung des Lieferzeitpunktes durch Klauseln wie „fix“, „fest“ oder „genau“ hervorgehoben.	
c) Im Kaufvertrag wird der Lieferzeitpunkt nicht festgelegt. Der Käufer ruft die Lieferung als Ganzes oder in Teilmengen ab.	
d) Der Käufer kann sofortige Lieferung verlangen.	

3 Begründen Sie, um welche Kaufvertragsart es sich hinsichtlich des Lieferzeitpunktes beim Angebot der Röber Rollen GmbH & Co. KG handelt.

4 Auch hinsichtlich der Zahlungszeit lassen sich verschiedene Kaufvertragsarten unterscheiden:
- Vorauszahlung/Anzahlung
- Barkauf
- Zielkauf
- Abzahlungskauf/Ratenkauf

Ordnen Sie die Kaufvertragsarten den folgenden Erklärungen zu.

Erklärung	Kaufvertragsart
a) Es wird ein Zahlungstermin festgelegt, bis zu dem der Käufer die Ware bezahlen muss.	
b) Der Käufer begleicht seine Schulden durch Teilzahlungen nach Lieferung der Ware.	
c) Bevor die Ware geliefert wird, zahlt der Käufer die ganze Kaufsumme oder einen Teil davon.	
d) Die Ware wird sofort bei Übergabe mit Scheinen und Münzen bezahlt.	

5 Erklären Sie, um welche Kaufvertragsart es sich hinsichtlich des Zahlungszeitpunktes beim Angebot der Röber Rollen GmbH & Co. KG handelt.

INFOBOX

Info: Lieferungs- und Zahlungsbedingungen

Bei einem Kaufvertrag schulden der Verkäufer die Ware und der Käufer das Geld. Wann der Warenschuldner und der Geldschuldner ihre Leistung zu erbringen haben, regelt § 271 BGB:

§ 271 BGB Leistungszeit
(1) Ist eine Zeit für die Leistung weder bestimmt noch aus den Umständen zu entnehmen, so kann der Gläubiger die Leistung sofort verlangen, der Schuldner sie sofort bewirken.
(...)

Arbeitsaufträge: Erfüllungsort, Gefahrenübergang und Gerichtsstand

1 Unterscheiden Sie allgemein zwischen dem Erfüllungsort (Leistungsort) und dem Erfolgsort.

2 Ergänzen Sie in der folgenden Übersicht, ob der Erfüllungs- sowie der Erfolgsort beim Gläubiger oder beim Schuldner liegen:

	Holschulden	Schickschulden	Bringschulden
Erfüllungsort			
Erfolgsort			

3 Erläutern Sie, wo die Röber Rollen GmbH & Co. KG ihre Schuld erfüllt, und beschreiben Sie, wer das Risiko trägt, falls der Lkw der Spedition auf dem Weg nach Frankfurt verunglückt.

4 Definieren Sie, was man unter einem Gerichtsstand versteht und begründen Sie, wo der Gerichtsstand für die Warenschuld liegt.

5 Angenommen, im Angebot wäre folgende Vereinbarung getroffen worden: „Erfüllungsort für beide Teile ist Frankfurt.“ Erläutern Sie die Konsequenzen einer solchen Vereinbarung.

6 Erklären Sie, wo der Erfüllungsort für die Geldschuld ist, und begründen Sie, ob es ausreicht, wenn die TSM AG am letzten Tag der Zahlungsfrist die Überweisung veranlasst.

7 Begründen Sie, wo der Gerichtsstand für die Geldschuld liegt.

8 Linda Mertens ist der Meinung, dass sie die Kosten der Überweisung vom Rechnungsbetrag abziehen kann. Nehmen Sie Stellung.

9 Fünf Tage, nachdem die TSM AG das Geld überwiesen hat, ist es immer noch kein Geld auf dem Konto der Röber Rollen GmbH & Co. KG eingegangen. Aufgrund einer Falschbuchung einer Bank ist das Geld auf unerklärliche Weise verschwunden. Deshalb bittet die Röber Rollen GmbH & Co. KG um erneute Überweisung. Klären Sie die Rechtslage.

Info: Erfüllungsort, Gefahrenübergang und Gerichtsstand

INFOBOX

Unter dem **Erfüllungsort** (auch Leistungsort genannt) wird der Ort verstanden, an dem der Schuldner seine Leistungshandlung vornehmen muss. Für den Kaufvertrag regelt der Erfüllungsort also, wo der Käufer zahlen und der Verkäufer seine Ware übergeben muss.

Vom Erfüllungsort zu unterscheiden ist der **Erfolgsort**. Dies ist der Ort, an dem der Leistungserfolg, also die Übereignung der Ware bzw. des Geldes, eintritt.

Warenschulden

Da **Warenschulden** grundsätzlich **Holschulden** sind, ist sowohl der Erfüllungsort als auch der Erfolgsort der Wohn- bzw. Geschäftssitz des Schuldners. Der Käufer muss folglich die Ware beim Verkäufer abholen, da dort die Schuld erfüllt wird. Am Erfüllungsort wird der Käufer zudem durch die Übergabe Eigentümer der Ware, an diesem Ort tritt also auch der Leistungserfolg ein. Ab jetzt trägt der Käufer die Gefahr, d.h. das Risiko des zufälligen Untergangs bzw. der Verschlechterung der Ware.

§ 446 BGB Gefahr- und Lastenübergang
Mit der Übergabe der verkauften Sache geht die Gefahr des zufälligen Untergangs und der zufälligen Verschlechterung auf den Käufer über. Von der Übergabe an gebühren dem Käufer die Nutzungen und trägt er die Lasten der Sache. Der Übergabe steht es gleich, wenn der Käufer im Verzug der Annahme ist.

Schickschulden werden am Wohn- bzw. Geschäftssitz des Schuldners erfüllt, allerdings tritt der Erfolg erst am Wohn- bzw. Geschäftssitz des Gläubigers ein. Bei einem **Versendungskauf** (Schickschuld) übernimmt der Verkäufer die Versendung der Ware nach einem anderen Ort als dem Erfüllungsort. Er erfüllt seine Schuld mit der Übergabe der Ware an den Spediteur oder Frachtführer. Dementsprechend trägt der Verkäufer bis dorthin die Kosten und die Gefahr, danach der Käufer. Der Leistungserfolg tritt erst ein, wenn der Käufer Eigentümer der Ware wird. Der Erfolgsort ist damit der Wohn- oder Geschäftssitz des Gläubigers.

§ 447 Gefahrübergang beim Versendungskauf
(1) Versendet der Verkäufer auf Verlangen des Käufers die verkaufte Sache nach einem anderen Ort als dem Erfüllungsort, so geht die Gefahr auf den Käufer über, sobald der Verkäufer die Sache dem Spediteur, dem Frachtführer oder der sonst zur Ausführung der Versendung bestimmten Person oder Anstalt ausgeliefert hat.
(...)

INFOBOX

Hat der Schuldner sich verpflichtet, die Ware zu bringen, handelt es sich um eine **Bringschuld**. Sowohl Erfüllungsort als auch Erfolgsort liegen beim Gläubiger. Dementsprechend trägt der Verkäufer bis dorthin sowohl die Kosten und als auch die Gefahr.

Der natürliche oder gesetzliche **Erfüllungsort** bestimmt bei einer Warenschuld zudem den **Gerichtsstand,** also den Ort, an dem Klage zu erheben ist.

§ 29 ZPO Besonderer Gerichtsstand des Erfüllungsorts
(1) Für Streitigkeiten aus einem Vertragsverhältnis und über dessen Bestehen ist das Gericht des Ortes zuständig, an dem die streitige Verpflichtung zu erfüllen ist.
(...)

Bei Kaufleuten begründet auch ein vertraglicher Erfüllungsort den Gerichtsstand. Ebenso können Kaufleute unabhängig vom Erfüllungsort einen anderen Gerichtsstand vereinbaren. Solche Vereinbarungen sind gegenüber Privatleuten jeweils unwirksam.

Geldschulden

Geldschulden werden mittlerweile aufgrund eines Urteils des Europäischen Gerichtshofes (EuGH) als **modifizierte Bringschulden** bezeichnet. Der Geldschuldner erfüllt seine Schuld, indem er das Geld auf seine Kosten und Gefahr fristgerecht übermittelt. Dabei muss das Geld (bei einer Überweisung) innerhalb der Zahlungsfrist auf dem Konto des Gläubigers eingegangen sein. Als „modifiziert“ wird die Bringschuld deshalb bezeichnet, weil der Gerichtsstand der Wohn- oder Geschäftssitz des Geldschuldners ist.

Vertiefende Übungen

1 Die TSM AG bezieht von der EMS AG 800 kg Granulat. Das Granulat wird in 50-kg-Behältern transportiert. Dabei wiegt ein Behälter 5 kg. Für 1 kg Granulat berechnet die EMS AG 4,00 €. Für das Verpacken des Granulats fallen Kosten in Höhe von 40,00 € an.
Berechnen Sie die Kosten des Granulats für die TSM AG, wenn folgende Vereinbarungen getroffen wurden:

a)	Preis netto einschließlich Verpackung	
b)	Preis netto ausschließlich Verpackung	
c)	Preis brutto einschließlich Verpackung	
d)	Preis brutto ausschließlich Verpackung	

2 Die Versendung einer Ware verursacht die unten aufgeführten Kosten. Berechnen Sie die Transportkosten für den Käufer unter der Voraussetzung, dass folgende Regelungen bezüglich der Beförderungskosten getroffen wurden.

Klauseln:

a)	„frei Waggon“	
b)	„unfrei“	
c)	„frachtfrei“	
d)	„ab Werk“	

Versandkosten:

Rollgeld I/Kosten der Zufuhr	88,00 €
Verladekosten	60,00 €
Bahnfracht	630,00 €
Entladekosten	62,00 €
Rollgeld II/Kosten der Abfuhr	105,00 €

3 Die TSM AG bezieht Lacke von der Farbenpracht – Heinz Pracht GmbH aus Hamburg. Die Zahlung soll innerhalb von 30 Tagen nach Rechnungsdatum erfolgen, die Lieferung innerhalb von 7 Werktagen nach Auftragserteilung. Ansonsten gelten die gesetzlichen Regelungen.

a) Die Farbenpracht – Heinz Pracht GmbH rechnet den Lack nach Gewicht ab. Der Lack wiegt 800 kg, die Transportfässer für den Lack 50 kg. Erläutern Sie, welches Gewicht in Rechnung zu stellen ist.

b) Benennen Sie, wie man einen solchen Kauf hinsichtlich des Zahlungszeitpunktes und hinsichtlich des Lieferzeitpunktes nennt.

c) Erklären Sie die gesetzlichen Regelungen hinsichtlich der Zahlungs- und Lieferzeit.

d) Die TSM AG ist der Meinung, die Farbenpracht – Heinz Pracht GmbH müsse die Lacke frei Haus liefern. Nehmen Sie Stellung.

e) Die TSM AG beauftragt eine Spedition mit der Abholung der Fässer. Als der Lkw auf dem Weg nach Frankfurt verunglückt, verlangt die TSM AG erneute Lieferung. Klären Sie die Rechtslage.

f) Weil der Lack mangelhaft ist, möchte die TSM AG Klage erheben. Erläutern Sie, welches Gericht zuständig ist.

g) Da die TSM AG ihren Zahlungsverpflichtungen nicht nachkommt, erhebt die Farbenpracht – Heinz Pracht GmbH Klage beim Amtsgericht Frankfurt. Prüfen Sie, ob die Farbenpracht – Heinz Pracht GmbH richtig handelt.

ZUSAMMENFASSUNG

- Im Angebot ist die Ware hinsichtlich Art, ______________________________ genau zu bestimmen. Häufig gewährt der Lieferant verschiedene Nachlässe, z. B. ______________________________ ______________________________. Abgerechnet wird dabei das __________gewicht einer Ware.
- Da Warenschulden ______schulden sind, trägt der ______________ einer Ware die Beförderungskosten. Auch muss er die __________verpackung bezahlen, wohingegen der ______________ die Kosten der ______________ verpackung trägt. Diese Regelungen können ______________ abgeändert bzw. konkretisiert werden.
- Waren- und ______________________ sind gesetzlich verpflichtet, die Ware ______________ zu liefern bzw. zu zahlen. Häufig werden allerdings Zahlungs- bzw. __________ziele vereinbart. Man nennt dies einen ______________ bzw. Terminkauf
- Der Erfüllungsort für Warenschulden ist grundsätzlich der Wohn- oder Geschäftssitz des ________________. Dort geht auch die ______________ über. Übernimmt der Verkäufer die Versendung der Ware (______________________), geht die Gefahr mit der Übergabe der

Ware auf den ______________________________ über.

Der gesetzliche Erfüllungsort für die Ware bestimmt auch gleichzeitig den ______________,
also den Ort der Klageerhebung.

- Geldschulden hat der Schuldner auf seine ____________ und Gefahr fristgerecht zu übermitteln. Bei einer Überweisung muss das Geld innerhalb der Zahlungsfrist auf dem ____________ des Gläubigers gutgeschrieben sein.

  Der Gerichtsstand für Geldschulden ist der Wohn- oder Geschäftssitz des ______________________________.

SELBSTEINSCHÄTZUNG	JA 🙂	MIT HILFE 😐	NEIN 🙁
Ich kann die Inhalte eines Angebotes benennen.			
Ich kann die gesetzlichen und vertraglichen Regelungen eines Angebotes, hinsichtlich ...			
• der Art, der Güte, der Menge und des Preises,			
• der Beförderungs- und Verpackungskosten,			
• der Lieferungs- und Zahlungsbedingungen,			
• des Erfüllungsortes und des Gerichtsstandes erklären.			
Ich kann die gesetzlichen und vertraglichen Inhalte eines Angebotes erkennen, auslegen und fallbezogen anwenden.			

Außerdem habe ich gelernt:

____

____

____

____

____

____

____

HINWEIS Zur Wiederholung und Vertiefung der Inhalte der Lernsituation:
Seite 172 f., Aufgabe 11.

LERNSITUATION 12: Wo bleibt unsere Lieferung? – Lieferungsverzug und die Folgen

Ausgangssituation

Frauke Richter ist verärgert. In letzter Zeit ist es wiederholt zu Lieferverzögerungen bei der Bongart Metallerzeugnisse OHG gekommen. Auch dieses Mal hat das Unternehmen eine Lieferung Stahlrohrgestelle nicht pünktlich geliefert. Wütend verfasst sie deshalb das folgende Schreiben an die Bongart Metallerzeugnisse OHG.

Trend-Systemmöbel AG

Trend-Systemmöbel AG • Hauptstraße 12–16 • 60322 Frankfurt

Bongart Metallerzeugnisse
Herrn Maier
Industriepark 125–129
44265 Dortmund

Ihr Zeichen: Ar-M
Ihre Nachricht vom: 05.06.20(1)
Unser Zeichen: Fr-R
Unsere Nachricht vom:

Name: Richter
Telefon: 069 / 111 345-0
Telefax:
E-Mail: richter@tsm.de

Datum: 25.06.20(1)

Lieferungsverzug

Sehr geehrter Herr Meier,

leider ist die Lieferung über die Stahlrohrgestelle bislang nicht eingetroffen. Sie hatten in Ihrer Auftragsbestätigung 123456 vom 05.06.20(1) eine Lieferung bis zum 20.06.20(1) zugesagt.

Da es sich um einen Planungsfehler ihrerseits handelt, treten wir aufgrund der Lieferverzögerung vom Kaufvertrag zurück. Zwischenzeitlich haben wir uns bei einem anderen Lieferanten zu einem höheren Preis eingedeckt. Bitte schreiben Sie uns den Differenzbetrag von 1 250,00 € gut.

Mit freundlichen Grüßen

Frauke Richter

Frauke Richter

Trend-Systemmöbel AG	Geschäftsführer	Geschäftsangaben	Bankverbindung
Hauptstraße 12–16 60322 Frankfurt	Dr. Anna Mohl Ding Liu	HR B 373-2109 USt-IdNr. DE123987555	Deutsche Bank Frankfurt IBAN DE33 5007 0024 0033 0919 15 Postbank Frankfurt IBAN DE52 6204 4002 1188 0707 04

Arbeitsaufträge

1 Erarbeiten Sie sich mithilfe der Infobox die Voraussetzungen des Lieferungsverzuges und ergänzen Sie die Zusammenfassung Teil I (siehe Seite 96).

2 Begründen Sie, ob sich die Bongart Metallerzeugnisse OHG in Lieferungsverzug befindet.

3 Erarbeiten Sie sich mithilfe der Infobox die Rechte bei einer Nicht-Rechtzeitig-Lieferung und ergänzen Sie die Zusammenfassung Teil II (siehe Seite 96).

4 Begründen Sie, welche Rechte die TSM AG in diesem Fall unter welchen Voraussetzungen geltend machen sollte.

5 Unterscheiden Sie zwischen der konkreten und der abstrakten Schadensberechnung sowie einer Konventionalstrafe. Ergänzen Sie hierzu die Zusammenfassung Teil III (siehe Seite 97).

6 Legen Sie anhand der Ausgangssituation dar, ob der TSM AG ein abstrakter oder konkreter Schaden entstanden ist.

INFOBOX

Info: Nicht-Rechtzeitig-Lieferung

Der Überwachung des Liefertermins kommt im Rahmen der Bestellabwicklung eine besondere Bedeutung zu. Sollte sich die Lieferung verspäten, kommt der Lieferant unter bestimmten Voraussetzungen in Lieferungsverzug. Der Lieferungsverzug ist ein Verzug des Schuldners. Legt man einen Kaufvertrag zugrunde, handelt es sich also um einen Verzug des Verkäufers.

Voraussetzungen des Lieferungsverzuges

Damit der Lieferant überhaupt in Lieferungszug gerät, muss die Lieferung **fällig** sein, d.h., der Käufer muss die Lieferung verlangen können. Des Weiteren muss die Lieferung grundsätzlich **angemahnt** sein. Unter bestimmten Voraussetzungen bedarf es allerdings keiner Mahnung:

- Der Liefertermin ist kalendermäßig bestimmt.

  Beispiel: Lieferung am 13.06, Lieferung bis zum 20.06.

- Der Liefertermin ist aufgrund eines Ereignisses kalendermäßig bestimmbar.

  Beispiel: Lieferung 10 Tage nach Eingang der Bestellung

- Der Lieferant verweigert die Lieferung ernsthaft und endgültig (Selbstinverzugsetzung).

- Es liegen besondere Umstände vor.

  Beispiele:
  - Eilbedürftige Pflichten: Reparatur eines Wasserrohrbruches
  - Interessewegfall bei einem Zweckkauf: Lieferung von Osterartikeln nach Ostern

Ein Lieferant kommt zudem nur dann in Verzug, wenn ein **Verschulden** vorliegt, er also die Lieferverzögerung zu vertreten hat. Der Lieferant muss mindestens Vorsatz und Fahrlässigkeit vertreten. Fahrlässig handelt, wer die im Verkehr erforderliche Sorgfalt außer Acht lässt.

Beispiel: Aufgrund einer fehlerhaften Termindisposition wird die Ware nicht rechtzeitig fertig.

Im Umkehrschluss bedeutet dies, dass der Lieferant nicht für Zufall z. B. durch höhere Gewalt einstehen muss.

Beispiel: Ein Blitzeinschlag in die Produktionsstätte führt zu Lieferverzögerungen.

Befindet sich der Lieferant allerdings schon in Lieferungsverzug, weil dessen Voraussetzungen bereits erfüllt sind, haftet er auch für Schäden, die zufällig verursacht sind.

Beispiel: Am 06.03.20(1), einen Tag nach dem vereinbarten Liefertermin, schlägt der Blitz in die Produktionsstätte des Lieferanten ein.

Rechte des Käufers bei einer Nicht-Rechtzeitig-Lieferung

Wenn sich der Lieferant in Verzug befindet, stehen dem Käufer verschiedene Rechte zu, um seine Interessen durchzusetzen. Dabei unterscheidet der Gesetzgeber zwischen Rechten, die ohne eine angemessene Nachfrist (vorrangige Rechte), sowie zwischen Rechten, die nur mit einer angemessenen Nachfrist ausgeübt werden können (nachrangige Rechte). Angemessen ist die Nachfrist dann, wenn der Lieferant die Möglichkeit hat, die Lieferung nachzuholen, ohne dass man ihm allerdings noch einmal die komplette Fertigungs- und Lieferzeit einräumt. Im Streitfall muss ein Richter die Angemessenheit der Nachfrist entscheiden, da eine eindeutige gesetzliche Regelung fehlt. Je nach Produkt (Standardartikel oder Sondermaschine) kann eine Nachfrist von einigen Tagen oder einem Monat angemessen sein.

Der Käufer kann **ohne** eine **Nachfrist** weiterhin auf Lieferung bestehen. Dieses Recht ergibt sich schon aufgrund des Kaufvertrages. Daneben kann er auch auf Lieferung bestehen und Schadensersatz neben der Leistung aufgrund der verspäteten Lieferung (= **Verzögerungsschaden**) geltend machen.

Beispiel: Aufgrund der verspäteten Lieferung von Rohstoffen macht der Käufer Mahngebühren, Portokosten und Kosten für Produktionsausfälle geltend.

Mit einer **Nachfrist** kann der Käufer die Lieferung ablehnen und vom Kaufvertrag zurücktreten. Der Kaufvertrag wird also rückgängig gemacht. Des Weiteren kann der Käufer alternativ oder zusätzlich zum Rücktritt Schadensersatz statt der Leistung (= **Nichterfüllungsschaden**) verlangen. Der Nichterfüllungsschaden umfasst z. B. den entgangenen Gewinn oder höhere Kosten aufgrund eines Deckungskaufs bei einem anderen Lieferanten. Anstelle des Schadensersatzes statt der Leistung kann der Käufer auch den Ersatz vergeblicher Aufwendungen geltend machen. Dies sind Aufwendungen, die der Käufer im Vertrauen auf die Erfüllung des Vertrages bereits gehabt hat.

Beispiel: Ein Unternehmen hat im Vertrauen auf die Lieferung einer Spezialmaschine ein Fundament errichtet und Elektroinstallationen vornehmen lassen. Diese Kosten kann sich das Unternehmen ersetzen lassen, sofern die Maschine nicht geliefert wird.

Zu beachten ist, dass die Geltendmachung von Schadensersatz – dies gilt sowohl für den Verzögerungs- als auch den Nichterfüllungsschaden – und der Ersatz vergeblicher Aufwendungen ein Verschulden voraussetzen. Das Rücktrittsrecht hingegen kann auch verschuldensunabhängig ausgeübt werden.

In manchen Fällen ist **eine Nachfrist entbehrlich**, sodass die nachrangigen Rechte auch ohne eine Nachfrist ausgeübt werden können. Die ist dann der Fall, wenn der Lieferant die Lieferung ernsthaft und endgültig verweigert, ein Fixkauf oder besondere Umstände (z. B. Interessewegfall bei Zweckkauf, eilbedürftige Pflichten) vorliegen.

Schadensberechnung

Problematisch bei der Geltendmachung von Schadensersatz ist häufig die Schadensberechnung. Der Schaden lässt sich entweder genau anhand der tatsächlich angefallenen Kosten (konkreter Schaden) oder aufgrund von Schätzwerten ermitteln (abstrakter Schaden).

Beispiel: Ein Deckungskauf bei einem anderen Lieferanten muss vorgenommen werden (konkreter Schaden). Aufgrund der ausbleibenden Lieferung wird ein entgangener Gewinn von 1 000,00 € geschätzt (abstrakter Schaden).

Da insbesondere die Berechnung von abstrakten Schäden schwierig und häufig streitig ist, wird in der Praxis häufig eine Konventionalstrafe (Vertragsstrafe) vereinbart. Bei einer Überschreitung des Liefertermins muss der Lieferant eine vertraglich festgelegte Summe zahlen, die unabhängig vom tatsächlich eingetretenen Schaden ist.

Vertiefende Übungen

1 Erläutern Sie, ob der Warenschuldner bei folgenden vertraglich vereinbarten Lieferungsbedingungen auch ohne Mahnung in Lieferungsverzug gerät. Benennen Sie den Tag des Verzuges.
   a) Lieferung im Laufe des Mai 20(0)
   b) Lieferung am 05.03.20(0)
   c) Lieferung 5 Tage nach Abruf
   d) sofortige Lieferung
   e) Lieferung in der 12. KW 20(0)
   f) Lieferung 10 Tage nach Eingang der Anzahlung
   g) Lieferung am 07.04.20(0) bis spätestens um 12:00 Uhr

2 Herr Braun hat am 12.03.20(1) bei der Klein-Holz GmbH 300 Spanplatten 2 m x 1 m bestellt. Am gleichen Tag hat Herr Braun eine Auftragsbestätigung erhalten, in der die Lieferung zum 28.03.20(1) zugesagt wurde. Als Anfang April die Lieferung aufgrund von Produktionsverzögerungen immer noch nicht eingetroffen ist, schreibt er der Klein-Holz GmbH verärgert einen Brief, in dem es auszugsweise heißt: „... fordern wir Sie auf, Ihre Lieferung bis zum 15.04.20(1) nachzuholen. Wir möchten Sie bitten, uns Mahngebühren und Portokosten in Höhe von 15,00 € gutzuschreiben."
   a) Begründen Sie, ob sich die Klein-Holz GmbH in Lieferungsverzug befindet.
   b) Erläutern Sie, welches Recht Herr Braun geltend macht.
   c) Nehmen Sie zur Vorgehensweise von Herrn Braun kritisch Stellung.
   d) Erklären Sie, welche Rechte der TSM AG nach Ablauf der Nachfrist zustehen.

3 Achim Schmidt ist bei der TSM AG für die Beschaffung von Hilfsstoffen zuständig. Bei der Farbenpracht GmbH hat er 500 Liter Klarlack zu 5 €/Liter bestellt. Von Herrn Müller, dem zuständigen Verkaufssachbearbeiter der Farbenpracht GmbH, wurde die Lieferung ab Anfang Oktober 20(1) zugesagt. Am 10.10.20(1) ist die Lieferung immer noch nicht eingetroffen.
   a) Prüfen Sie, ob sich die Farbenpracht GmbH in Lieferungsverzug befindet.
   b) Achim Schmidt schreibt Herrn Müller von der Farbenpracht GmbH eine Mahnung. Verfassen Sie einen Text und setzen Sie eine Nachfrist bis zum 20.10.20(1).
   c) Auch bis zum 24.10.20(1) ist noch keine Lieferung erfolgt. Begründen Sie, wie Achim Schmidt vorgehen sollte, wenn er den Lack mittlerweile für 4,50 €/Liter beim Stammlieferanten, der Klarlack Müller GmbH, bestellen kann.

4 Begründen Sie, ob in den folgenden Fällen die Schadensberechnung
   - abstrakt,
   - konkret oder
   - durch eine Konventionalstrafe

   erfolgt.
   a) Die Bürofachhandel Ralf Scheider GmbH hat den Generalunternehmer Dieter Wedi e. K. mit dem Bau eines neuen Ladengeschäftes beauftragt. Als Fertigstellungstermin wurde der 20.09.20(0) vereinbart. Sollte sich die Fertigstellung verzögern, muss der Generalunternehmer für jeden Verzögerungstag 2 000,00 € zahlen.
   b) Aufgrund von Lieferverzögerungen bei den Stahlrohrgestellen konnte die TSM AG schon über einen Monat keine Konferenzstühle mehr produzieren. Herr Liu schätzt den entstandenen Schaden aufgrund der Verkaufszahlen der Vergangenheit auf ca. 35 000,00 €.
   c) Die Pollux GmbH hat der TSM AG Polstermaterialien mit einem vereinbarten Einkaufswert von 7 250,00 € nicht geliefert. Sie mussten deshalb ersatzweise bei der PolsterMat AG bestellt werden, die für die Materialien 7 800,00 € in Rechnung gestellt hat.

Ergänzende Übungen

1 Linda Mertens hat bei der Klein-Holz GmbH 500 Spanplatten (2 m x 1 m) bestellt. Als Liefertermin wurde der 17.10.20(0) vereinbart. Aufgrund eines Blitzeinschlages am 04.10.20(0) ist es zu Zerstörungen bei einem Teil der Maschinen gekommen. Die Klein-Holz GmbH hat deshalb die Spanplatten nicht wie vereinbart am 17.10.20(0) ausgeliefert.
a) Begründen Sie, ob sich die Klein-Holz GmbH in Lieferungsverzug befindet.
b) Wie wäre der Fall zu beurteilen, wenn der Blitz am 18.10.20(0) eingeschlagen hätte?

2 Bei klirrender Kälte, das Thermometer zeigt –10 °C an, fällt um 8:00 Uhr morgens die Heizungsanlage der TSM AG aus. Sofort beauftragt Frau Dr. Anna Mohl die ortsansässige Fachfirma Wilp e. K. mit der Reparatur. Der Inhaber Karl Wilp sagt daraufhin eine sofortige Reparatur zu. Als um 13:00 Uhr Karl Wilp immer noch nicht erschienen und auch telefonisch nicht zu erreichen ist, beauftragt Frau Dr. Anna Mohl die Heizungsfachfirma Jürgen Veltrup e. K. mit der Reparatur. Herr Veltrup erscheint umgehend und tauscht ein defektes Teil an der Heizungsanlage aus. Erleichtert, dass die Heizungsanlage wieder funktioniert, unterrichtet Frau Dr. Anna Mohl um 15:30 Uhr Karl Wilp von der erfolgten Reparatur und teilt ihm mit, dass er nicht mehr zu kommen brauche. Karl Wilp besteht allerdings auf Einhaltung des erteilten Reparaturauftrages. Nehmen Sie Stellung.

3 Alljährlich werden die Jubilare der TSM AG im Rahmen einer kleinen Betriebsfeier geehrt. Zu diesem Zweck hat Ding Liu ein kaltes Buffet um 10:00 Uhr beim Caterer Buffetfix GmbH bestellt. Kurz vor Beginn der Feier um 11:00 Uhr ist das kalte Buffet immer noch nicht eingetroffen.
a) Erläutern Sie, ob sich die Buffetfix GmbH in Lieferungsverzug befindet.
b) Als Ding Liu beim Caterer Buffetfix GmbH nachhakt, wo das Buffet bleibe, teilt man ihm mit, dass man die Bestellung schlichtweg vergessen habe. Herr Liu lehnt daraufhin die Lieferung ab und beauftragt seine Sekretärin, schnell ein kleines Buffet herzurichten. Die entstandenen Mehrkosten in Höhe von 50,00 € möchte Ding Liu der Buffetfix GmbH in Rechnung stellen.

4 Die TSM AG plant eine Hausmesse durchzuführen. Deshalb hat Herr Tiller am 03.07.20(0) bei der Messebau Schlüter GmbH den Messestand „StandArt 600“ bestellt. Der Bestellung ging ein unverbindliches Angebot der Messebau Schlüter GmbH voraus. In der Auftragsbestätigung heißt es: „Die Lieferung erfolgt ab August 20(0).“
Als Herr Tiller am 6.09.20(0) feststellt, dass der Messestand noch nicht geliefert wurde, wird er langsam nervös, zumal die Hausmesse mittlerweile auf den 03.10.20(0) terminiert wurde.
a) Erläutern Sie, ob sich die Messebau Schlüter GmbH in Lieferungsverzug befindet.
b) Nachdem auch die von Herrn Tiller gesetzte angemessene Nachfrist am 01.10.20(0) verstrichen ist, muss der Termin für die Hausmesse verlegt werden. Für Einladungen, Werbeutensilien und Prospekte sind der TSM AG bisher Auslagen in Höhe von 1 500,00 € entstanden. Erläutern Sie, welche Rechte die TSM AG geltend machen sollte.

5 Die TSM AG hat mit der Farbenpracht – Heinz Pracht GmbH einen JIT-Rahmenvertrag über die Lieferung von Lacken getroffen. Es wurde vertraglich festgehalten, dass die Lacke spätestens 8 Stunden nach Abruf angeliefert werden sollen. Als Herr Tiller morgens die offenen Lieferungen sichtet, stellt er fest, dass die gestern um 9.00 Uhr bestellten Lacke immer noch nicht eingetroffen sind. Kurzerhand deckt sich Herr Tiller bei einem anderen Lieferanten ein und stellt der Farbenpracht – Heinz Pracht GmbH die Mehrkosten in Höhe von 300,00 EUR in Rechnung. Erläutern Sie die Rechtslage.

ZUSAMMENFASSUNG

Nicht-Rechtzeitig-Lieferung

Teil I: Voraussetzung für den Lieferungsverzug	
Voraussetzung	**Erklärung**
Fälligkeit	Die Lieferung muss ________________ werden können.
Mahnung	**Nicht** notwendig, falls: • ________________ • ________________ • ________________ • besondere Umstände vorliegen, z. B.: – ________________ – ________________
Verschulden	Der Lieferer hat ________________ zu vertreten. Fahrlässig handelt, wer die ________________ ________________ (§ 276 (2) BGB).
Befindet sich der Schuldner jedoch im Lieferungsverzug, haftet er auch für Schäden, die auf ________________ z. B. durch ________________ zurückzuführen sind (§ 287 BGB).	

Teil II: Rechte bei Nicht-Rechtzeitig-Lieferung	
Ohne Nachfrist (vorrangig)	________________
	________________ ________________
Mit Nachfrist (nachrangig) Nachfrist nicht notwendig, falls • der Schuldner ________________ ________________, • ________________ oder • ________________ Umstände vorliegen, z. B.: – Interessewegfall bei Zweckgeschäft – eilbedürftige Pflichten	________________ (auch verschuldensunabhängig)
	________________ ________________ ________________ oder Ersatz vergeblicher Aufwendungen

Teil III: Schadensberechnung		
Konkreter Schaden	Abstrakter Schaden	Konventionalstrafe

SELBSTEINSCHÄTZUNG	JA ☺	MIT HILFE 😐	NEIN ☹
Ich kann die Voraussetzungen des Lieferungsverzuges ...			
• nennen,			
• erklären und			
• fallbezogen überprüfen.			
Ich kann die Rechte des Käufers bei der Nicht-Rechtzeitig-Lieferung ...			
• nennen und			
• erklären.			
Ich kann mich situationsbezogen für ein Recht entscheiden.			

Außerdem habe ich gelernt:

____

____

____

____

____

HINWEIS Zur Wiederholung und Vertiefung der Inhalte der Lernsituation: Seite 173, Aufgabe 12.

LERNSITUATION 13: Probleme mit der gelieferten Ware – Schlechtleistungen erkennen, reklamieren und abwickeln

Ausgangssituation I: Check it!

Bei der TSM AG kommt es zwischen Ömer Demiray, dem Abteilungsleiter Lager, und Frank Tiller, dem Abteilungsleiter Einkauf, zu folgendem Gespräch:

Ömer Demiray: „Guten Morgen, Herr Tiller. Entschuldigung, dass ich hier so hereinplatze, aber sind Sie schon über die gestrige Spanplattenlieferung der Klein-Holz GmbH informiert worden?"

Frank Tiller: „Nein, Herr Demiray, darüber habe ich noch keine Kenntnis erhalten. Was ist denn los?"

Ömer Demiray: „Heute Morgen ist uns aufgefallen, dass 20 % der Spanplatten unbrauchbar sind, weil sie Feuchtigkeitsschäden aufweisen. Diese Platten können nicht weiterverarbeitet werden. Leider haben wir auf dem Lager nur noch einen kleinen Bestand."

Frank Tiller: „Warum haben Sie mich dann nicht gestern schon informiert? Schließlich sind die Spanplatten ja auch gestern angeliefert worden."

Ömer Demiray: „Gestern war bei uns die Hölle los. Wir hatten eine Großlieferung der Bongart Metallerzeugnisse OHG zu bearbeiten. Deshalb hat Herr Tiltmann vom Wareneingangslager die Ware nur kurz begutachtet. Jedenfalls hat er bei dieser ersten Prüfung keine Schäden festgestellt. Heute Morgen haben wir dann den Inhalt genauer geprüft und uns sind die Schäden sogleich aufgefallen. Hier, sehen Sie mal. Wir haben das im Wareneingangskontrollbogen genau festgehalten. Anschließend bin ich dann direkt zu Ihnen gegangen."

Frank Tiller: „Gut, Herr Demiray, dass die Platten fehlerhaft sind, wird die Klein-Holz GmbH wohl nicht bestreiten. Aber warum ist der Schaden denn nicht schon gestern aufgefallen?"

Ömer Demiray: „Die Spanplatten sind auf Paletten gestapelt und in Folie eingeschweißt. Da kann man nicht allzu viel sehen. Lediglich die oberste Platte können Sie besser erkennen und die war einwandfrei."

Frank Tiller: „Danke Herr Demiray, lassen Sie mal den Wareneingangskontrollbogen da. Ich werde den Fall mal checken und mich kümmern."

Wareneingangskontrollbogen Trend-Systemmöbel AG (TSM AG):		Nr. 340
Lieferant	Klein-Holz GmbH, Hamm	
Äußere Prüfung		
Datum/Uhrzeit:	27.03.20(1), 15:00 Uhr	**Verpackungsmängel/fehlende Packstücke** Bemerkungen: Keine Mängel feststellbar, Anzahl der Packstücke korrekt M. Tiltmann (Unterschrift des Lagermitarbeiters)
Verpackung:	einwandfrei	
Anzahl:	10 Paletten	
Bestellnummer:	186	
Lieferscheinnummer:	34456	
Innere Prüfung (Prüfung des Inhalts)		
Datum/Uhrzeit:	28.03.20(1), 10:05 Uhr	Bemerkungen: Wegen einer Großlieferung der Bongart Metallerzeugnisse OHG konnte die innere Prüfung erst heute stattfinden.

Festgestellte Mängel			
Menge	**Art**	**Güte/Qualität**	**Mängel**
80 Platten	Spanplatte 2 m x 1 m, 30 mm	Güteklasse E 1	Spanplatten weisen Wasserflecken auf und sind teilweise aufgequollen.
M. Tiltmann (Unterschrift des Lagermitarbeiters)			

Arbeitsaufträge

1 Entwickeln Sie mithilfe der „Info 1: Schlechtleistung – Telefongespräch zwischen Frank Tiller und dem Fachanwalt Klaus Fröhlich (1. Teil)“ für die TSM AG die „Checkliste: Schlechtleistung eines Lieferanten (Teil 1: Voraussetzungen)“.

2 Prüfen Sie durch Ankreuzen, ob die Voraussetzungen für eine Schlechtleistung in der Ausgangssituation I gegeben sind. Sollten Sie aufgrund fehlender Informationen keine eindeutige Entscheidung treffen können, lassen Sie bitte das entsprechende Feld frei und begründen Sie, was Herr Tiller zu tun hat.

Checkliste Schlechtleistung eines Lieferanten (Teil 1: Voraussetzungen)		
Sind alle Voraussetzungen für eine Schlechtleistung des Lieferanten erfüllt?	**Ja**	**Nein**
A) Prüfpflichten		
1. Äußere Prüfung der Ware, d.h. ...		
1.1 Wurde ...		
1.2 Weist ...		
1.3 Stimmt ...		
Sollten bereits bei den Punkten 1.1 bis 1.3 Probleme aufgetreten sein:		
1.4 Wurde ...		
2. Innere Prüfung der Ware, d.h. ...		
2.1 Wurde ...		
2.2 Wurde ...		
2.3 Wurde ...		
Schlussfolgerung: Ein Mangel liegt vor, wenn mindestens ein Punkt von 2.1 bis 2.3 mit „__________“ beantwortet werden kann!		
B) Rügepflichten		
3.1 Wurde ein offener Mangel ...		
3.2 Wurde ...		

INFOBOX

Info 1: Schlechtleistung – Telefongespräch zwischen Frank Tiller und dem Fachanwalt Klaus Fröhlich (1. Teil)

Herr Tiller: „Hallo Herr Fröhlich, es ist schön, wieder mit Ihnen zu telefonieren. Ich möchte mich heute mit Ihnen über die Schlechtleistung unterhalten, denn wir sind gerade dabei, eine Checkliste zu erstellen. Da benötigen wir Ihren Rat.“

Herr Fröhlich: „Hallo Herr Tiller, ich freue mich ebenfalls – dann fangen Sie mal an.“

Herr Tiller: „Also wir beginnen immer mit der äußeren Prüfung der Ware, die sofort in Anwesenheit des Frachtführers, also des Lkw-Fahrers, stattfindet. Wir prüfen zunächst, ob die Ware überhaupt bestellt wurde und ob die Verpackung Beschädigungen aufweist. Danach prüfen wir, ob die Anzahl der Packstücke, also die Kartons und Paletten, mit der auf dem Lieferschein vermerkten Anzahl übereinstimmt. Wenn sich bei diesen drei Punkten Beanstandungen ergeben, wird in Gegenwart des Frachtführers ein Schadensprotokoll erstellt."

Herr Fröhlich: „Das machen Sie ganz richtig. So haben Sie einen Beweis in der Hand, falls es später zu Streitigkeiten kommt. Und wie verfahren Sie dann?"

Herr Tiller: „Nachdem der Lkw-Fahrer abgefahren ist, machen wir uns unverzüglich an die innere Prüfung der Ware. Wir prüfen den Inhalt der ausgepackten Warensendung auf etwaige Mängel. Können Sie noch einmal die Arten von Mängeln für mich beschreiben?"

Herr Fröhlich: „Nun, Herr Tiller, bei Ihnen dürften im Wesentlichen drei Arten von Mängeln eine Rolle spielen. Sie sollten zunächst prüfen, ob es sich um eine Falschlieferung handelt, ob also überhaupt die richtige Ware geliefert wurde. Dann sollten Sie prüfen, ob die richtige Menge geliefert wurde. Ansonsten liegt ein Quantitätsmangel also eine Zuweniglieferung vor. Die weitaus häufigsten Mängel dürften in Ihrem Fall allerdings Beschaffenheitsmängel sein. Wenn nicht die richtige Beschaffenheit geliefert wurde, ist die Ware nicht fehlerfrei oder erreicht eine bestimmte Güte nicht. Darüber hinaus kennt der Gesetzgeber noch Montagemängel oder Mängel, die auf eine fehlerhafte Montageanleitung (IKEA-Klausel) zurückzuführen sind. Diese spielen bei Ihnen an der Warenannahme allerdings keine Rolle und ich würde sie deshalb auch nicht in Ihre Checkliste aufnehmen."

Herr Tiller: „Herr Fröhlich, ich hatte ja gerade erwähnt, dass wir die innere Prüfung unverzüglich vornehmen, wie es der Gesetzgeber für Kaufleute vorschreibt. Es ist uns allerdings nicht immer klar, was ‚unverzüglich' genau bedeutet."

Herr Fröhlich: „Unverzüglich bedeutet ‚ohne schuldhaftes Zögern'. Sie müssen also die Prüfung der Ware zum nächstmöglichen Zeitpunkt vornehmen. Allerdings müssen Sie dafür nicht alle anderen Tätigkeiten unterbrechen, sondern eine zeitnahe Prüfung reicht aus. Übrigens, sollten die TSM AG als Kaufmann nicht unverzüglich prüfen, verliert Sie Ihre gesetzlichen Rechte bei einer Schlechtleistung und die Ware gilt als genehmigt. Wie geht es dann bei Ihnen weiter?"

Herr Tiller: „Wenn wir einen Mangel festgestellt haben, rügen wir ihn."

Herr Fröhlich: „Hier müssen Sie hinsichtlich der Erkennbarkeit zwischen einem offenen und einem versteckten Mangel unterscheiden. Ein offener Mangel liegt vor, wenn er sofort durch eine Prüfung erkennbar ist. Ein versteckter Mangel zeigt sich erst später im Zeitablauf, z.B. wenn der Mangel erst nach drei Monaten auftritt und die Ware vorher einwandfrei funktioniert hat. Ansonsten gilt für die TSM AG § 377 HGB. Ich zitiere:

‚§ 377 HGB Untersuchungs- und Rügefristen
(1) Ist der Kauf für beide Teile ein Handelsgeschäft, so hat der Käufer die Ware unverzüglich nach der Ablieferung durch den Verkäufer, soweit dies nach ordnungsmäßigem Geschäftsgang tunlich ist, zu untersuchen und, wenn sich ein Mangel zeigt, dem Verkäufer unverzüglich Anzeige zu machen.
(2) Unterlässt der Käufer die Anzeige, so gilt die Ware als genehmigt, es sei denn, dass es sich um einen Mangel handelt, der bei der Untersuchung nicht erkennbar war.
(3) Zeigt sich später ein solcher Mangel, so muss die Anzeige unverzüglich nach der Entdeckung gemacht werden; anderenfalls gilt die Ware auch in Ansehung dieses Mangels als genehmigt.
(4) Zur Erhaltung der Rechte des Käufers genügt die rechtzeitige Absendung der Anzeige."

Herr Tiller: „Es schon eine ganze Menge, was wir bei der TSM AG bei der Abwicklung einer Schlechtleistung zu beachten haben."

Herr Fröhlich: „Das stimmt. Übrigens, für Sie privat, als Verbraucher, gilt keine sofortige Prüf- und Rügepflicht wie für Kaufleute. Bei einem Verbrauchsgüterkauf können Sie sich theoretisch zwei Jahre Zeit lassen, so lange läuft die normale gesetzliche Gewährleistungsfrist. Allerdings tritt bei einem Verbrauchsgüterkauf nach sechs Monaten die Beweislastumkehr außer Kraft. Nach Ablauf von sechs Monaten muss der Verbraucher beweisen, dass die Ware von Anfang an mangelhaft war, was in der Praxis nicht immer einfach ist. Tritt der Mangel dagegen in den ersten sechs Monaten auf, wird vermutet, dass er bereits bei Gefahrübergang vorlag (Beweislastumkehr). In dieser Zeit muss somit der Verkäufer beweisen, dass die Ware bei Gefahrübergang mangelfrei war, was ihm häufig nicht gelingen wird."

Ausgangssituation II: Check it again!

Ömer Demiray möchte sich nach dem Stand der Dinge erkundigen. Als er zur Tür hereintritt, findet er Frank Tiller in seine Arbeit vertieft vor dem Rechner vor:

Ömer Demiray: „Guten Tag, Herr Tiller. Gibt es was Neues im Falle unserer Spanplattenlieferung?"

Frank Tiller: „Ja, Herr Demiray, es liegt zweifelsfrei eine Schlechtleistung vor. Ich bin gerade dabei, die Mängelrüge zu formulieren. Aber sagen Sie mal, Herr Demiray, schätzen Sie die Klein-Holz GmbH eigentlich als zuverlässigen Lieferanten ein?"

Ömer Demiray: „Ja, bisher hat die Klein-Holz GmbH immer zuverlässig geliefert. Es hat nie Probleme gegeben. Warum wollen Sie das denn wissen?"

Frank Tiller: „Nun, ich muss der Klein-Holz GmbH in der Mängelrüge natürlich mitteilen, was wir wollen. Da spielt es auch eine Rolle, wie unsere bisherigen Geschäftsbeziehungen gewesen sind."

Ömer Demiray: „Da haben Sie recht, Herr Tiller, schließlich hat man bei einer Schlechtleistung viele verschieden Rechte zur Auswahl, die man unter bestimmten Bedingungen geltend machen kann. Welches Recht möchten Sie denn einfordern?"

Frank Tiller: „Herr Demiray, ich bin mir noch nicht ganz sicher. Ich werde das wohl wieder checken müssen."

Arbeitsaufträge

1 Entwickeln Sie mithilfe der „Info 2: Schlechtleistung – Telefongespräch zwischen Frank Tiller und dem Fachanwalt Klaus Fröhlich (2. Teil)" für die TSM AG die „Checkliste: Schlechtleistung eines Lieferanten (Teil 2: Rechte)".

2 Prüfen Sie durch Ankreuzen, welche Rechte unter Berücksichtigung der Ausgangssituationen I und II wahrgenommen werden können.

3 Entscheiden Sie sich für ein Recht und formulieren Sie einen entsprechenden Text für eine Mängelrüge.

Checkliste: Schlechtleistung eines Lieferanten (Teil 2: Rechte)		
Welche gesetzlich geregelten Rechte können wir bei einer Schlechtleistung des Lieferanten in Anspruch nehmen?	Können die Rechte wahrgenommen werden?	
	Ja	Nein
a) Vorrangig: Es kann ______ verlangt werden. Eine ______ ist nicht erforderlich.		
4.1. Wir verlangen ...		
ODER		
4.2. Wir verlangen ...		
eventuell zusätzlich zur Nacherfüllung, sofern ein ______ vorliegt		
4.3 Wir verlangen ...		
b) Nachrangig: Der Ablauf einer ______ ist erforderlich.		
Auf den Ablauf kann verzichtet werden, wenn • ... • ... • ...		
5.1. Wir ...		
ODER (bei *erheblichen* Mängeln)		
5.2. Wir ...		
UND/ODER		
5.3. Wir verlangen ... sofern ein ______ vorliegt.		
UND/ODER		
5.4 Wir verlangen ... sofern ein ______ vorliegt.		
Entscheidung: Wir verlangen ...		

INFOBOX

Info 2: Schlechtleistung – Telefongespräch zwischen Frank Tiller und dem Fachanwalt Klaus Fröhlich (2. Teil)

Herr Tiller: „Herr Fröhlich, in der Mängelrüge formulieren wir normalerweise auch unsere Rechte, die wir bei einer Schlechtleistung in Anspruch nehmen wollen."

Herr Fröhlich: „Das ist natürlich sinnvoll, Herr Tiller. Man unterscheidet zwischen vorrangigen Rechten, die an keine Nachfristsetzung gebunden sind, und nachrangigen Rechte, die erst nach Ablauf einer Nachfrist geltend gemacht werden können. Vorrangig können Sie zunächst einmal Nacherfüllung verlangen. Hierunter versteht der Gesetzgeber, dass Sie nach Ihrer Wahl auf Kosten des Verkäufers Neulieferung oder Nachbesserung (Reparatur) verlangen können. Allerdings kann der Verkäufer die gewünschte Form der Nacherfüllung verweigern, wenn sie mit unverhältnismäßig hohen Kosten verbunden ist."

Herr Tiller: „Wie kann ich mir das vorstellen?"

Herr Fröhlich: „Stellen Sie sich vor, Sie haben ein Auto gekauft und ein Außenspiegel ist defekt. In diesem Fall wird der Verkäufer Ihrem Wunsch nach einem neuen Auto nicht nachkommen, sondern den Außenspiegel reparieren. Zusätzlich also neben einer Neulieferung oder Nachbesserung können Sie unter Umständen Schadensersatz neben der Leistung verlangen. Sie bestehen also weiterhin auf der Nacherfüllung und machen den Ersatz der Ihnen entstandenen Schäden – dies betrifft auch Mangelfolgeschäden – geltend. Schadensersatz neben der Leistung setzt allerdings ein Verschulden des Verkäufers voraus."

Herr Tiller: „Was genau versteht man unter einem Verschulden, Herr Fröhlich?"

Herr Fröhlich: „Unter einem Verschulden versteht man ein fahrlässiges oder vorsätzliches Handeln des Verkäufers. Ein solches Handeln hat er zu vertreten. Übrigens ist der Begriff Fahrlässigkeit im Gesetz näher definiert: Fahrlässig handelt, wer die im Verkehr erforderliche Sorgfalt außer Acht lässt."

Herr Tiller: „Herr Fröhlich, das sind ja schon mal drei Rechte, die man vorrangig geltend machen kann. Sie hatten eben von nachrangigen Rechten gesprochen, die man nach Ablauf einer Nachfrist geltend machen kann."

Herr Fröhlich: „Richtig, Herr Tiller, nachrangige Rechte können Sie übrigens ausnahmsweise auch dann geltend machen, wenn der Verkäufer beide Arten der Nacherfüllung verweigert, die Nacherfüllung dem Käufer unzumutbar ist oder die Nacherfüllung endgültig fehlschlägt. Eine Nachbesserung gilt im Regelfall nach dem zweiten erfolglosen Versuch als fehlgeschlagen. Sie müssen also nur eine begrenzte Anzahl von Reparaturversuchen hinnehmen."

Herr Tiller: „Also Herr Fröhlich, nun mal ‚Butter bei die Fische', was sind denn nun meine nachrangigen Rechte?"

Herr Fröhlich: „Sie können in jedem Fall den Kaufpreis mindern, auch wenn der Mangel unerheblich ist. Bei erheblichen Mängeln können Sie auch vom Kaufvertrag zurücktreten und/oder – bei Verschulden des Verkäufers – Schadensersatz statt der Leistung verlangen. Anstelle des Schadensersatzes statt der Leistung käme auch ein Ersatz vergeblicher Aufwendungen infrage."

Herr Tiller: „Können Sie mir ein Beispiel für vergebliche Aufwendungen nennen, Herr Fröhlich?"

Herr Fröhlich: „Nun, das sind Aufwendungen, die Sie im Vertrauen auf den Erhalt der Leistung gemacht haben. Stellen Sie sich vor, Sie haben für Ihr Unternehmen eine Maschine gekauft und die Elektroinstallationen vor Aufstellung der Maschine schon einmal vorbereitet. Sollte die Maschine nun auch nach einer Nachfristsetzung nicht mangelfrei funktionieren, können Sie die Kosten für die Elektroinstallationen geltend machen."

Herr Tiller: „Vielen Dank für das Gespräch, Herr Fröhlich. Ich denke, wir können mithilfe Ihrer Informationen unsere Checkliste zur Schlechtleistung vervollständigen."

Vertiefende Übungen

1 In Kooperation mit dem Betriebsrat hat sich der Vorstand der TSM AG dazu entschlossen, den Aufenthaltsraum mit einer kleinen angeschlossenen Betriebsküche zu renovieren. In diesem Zusammenhang wurden eine Küchenzeile, Elektrogeräte, Mobiliar sowie weitere Ausstattungsgegenstände beschafft. Im Außenbereich ist zudem eine kleine Terrasse für die Mitarbeiter angelegt worden. Leider sind bei der Renovierung verschiedene Mängel aufgetreten. Beschreiben Sie, ob ein Mangel bzw. welcher Mangel vorliegt.

a) Die Meister Küchen AG hat im Aufenthaltsraum der TSM AG eine neue Betriebsküche installiert. Allerdings laufen die Schubladen der neuen Küche nicht korrekt. Es stellt sich heraus, dass die Aufbauhelfer der Meister Küchen AG die Schubladen von verschiedenen Schränken beim Einbau vertauscht haben.

b) Im Aufenthaltsraum wurden die Tische und Stühle ausgetauscht. Sie wurden vom SB-Möbelhaus Kobi geliefert und von eigenen Mitarbeitern nach der beiliegenden Beschreibung aufgebaut. Allerdings ist die Befestigung der Verstrebungen in der Beschreibung falsch dokumentiert. Als Herr Peter einen neuen PC, den er nach der Mittagspause installieren will, auf dem Tisch abstellt, kracht dieser zusammen.

c) Auch mit dem neuen Elektroherd sind viele Mitarbeiter der TSM AG nicht zufrieden. Mit dem Modell, das bei einem namhaften Elektro-Markt separat dazugekauft wurde, könne man zwar einwandfrei kochen, aber es sei hinsichtlich seiner Leistungsdaten eben nicht mit den Topgeräten zu vergleichen.

d) Frau Dr. Mohl hat für die neue Betriebsküche Geschirr eingekauft. Die Verkäuferin hat Frau Dr. Mohl versichert, dass das Geschirr spülmaschinenfest sei. Später stellt sich heraus, dass das Geschirr für die Spülmaschine nicht geeignet ist.

e) Die ebenfalls separat für die Betriebsküche gekaufte Mikrowelle funktioniert schon nach wenigen Wochen nicht mehr. Da es ein Problem mit der Stromversorgung gibt, lässt sie sich nicht mehr einschalten.

f) Anstelle der bestellten 150 Essbestecke hat das Einrichtungshaus GeteHe e. K. nur 120 Essbestecke geliefert.

g) Der neu eingebaute Kühlschrank erweist sich ebenfalls als Fehleinkauf. Aufgrund der beworbenen „Nullgradzone“ war er von Herrn Liu ausgesucht worden. Allerdings weist der Kühlschrank in der „Nullgradzone“ eine Temperatur von 5 Grad auf. Auf eine geringere Gradzahl lässt er sich in dieser Zone nicht herunterkühlen.

h) Damit der neue Aufenthaltsraum auch für kleine Betriebsfeiern genutzt werden kann, hat Herr Frei das Soundsystem „Disco“ bei einem Hi-Fi-Studio bestellt. Geliefert wurde das Soundsystem „Bistro“.

2 a) Auf der Suche nach einem neuen Abendkleid ist Frau Dr. Mohl in der Boutique „Madame“ fündig geworden. Sie hat ein im Preis reduziertes Designerkleid erworben und hängt es zufrieden in ihren Kleiderschrank. Als sie es zwei Monate später zur Silberhochzeit ihrer besten Freundin anziehen möchte, entdeckt sie, dass der Stoff des Kleides Webfehler aufweist. Als sie die Verkäuferin daraufhin um ein mangelfreies Kleid bittet, meint diese: „Liebe Frau Dr. Mohl, zum einen ist reduzierte Ware generell vom Umtausch ausgeschlossen. Zum anderen müssen Sie etwaige Mängel unverzüglich und nicht erst zwei Monate später anzeigen.“ Nehmen Sie Stellung.

b) Bei der TSM AG geht es hektisch zu. Als der Auslieferungsfahrer der KAUTSCHTEC AG neue Rollen anliefert, werden diese eilig entladen und die ungeöffneten Kartons direkt in das Wareneingangslager einsortiert. Einen Monat später stellt sich beim Öffnen der Kartons heraus, dass die Rollen fehlerhaft sind. Sie weisen lediglich einen Durchmesser von 8 statt der bestellten 10 cm auf. Die Bitte um Neulieferung wird von der KAUTSCHTEC AG abgelehnt. Begründen Sie, ob die KAUTSCHTEC AG die Neulieferung verweigern kann.

3 a) Für kurze Fahrten in die nähere Umgebung und die Frankfurter Innenstadt hat Frau Dr. Mohl ein Dienstfahrrad gekauft. Das Fahrrad steht den Mitarbeitern auch in der Mittagspause für kleinere Besorgungen zur Verfügung. Als Frau Dr. Mohl das neue Fahrrad ausgeliefert bekommt, stellt sie sofort fest, dass das Licht nicht funktioniert. Als sie daraufhin den örtlichen Zweiradhändler Beiker e.K. um ein neues Fahrrad bittet, bietet dieser an, die Lichtanlage sofort durch einen Mitarbeiter reparieren zu lassen. Dies sei schnell und kostengünstig möglich. Erläutern Sie, ob Frau Dr. Mohl sich mit diesem Angebot zufrieden geben muss.

b) Herr Beiker hat die Lichtanlage mittlerweile zur Zufriedenheit von Frau Dr. Mohl repariert. Umgehend schickt er der TSM AG eine Rechnung, in der er Kosten in Höhe von 20,00 € geltend macht. Nehmen Sie Stellung.

c) Ding Liu ist ein begeisterter Motorradfahrer. Zu Beginn der Saison hat er sich deshalb ein neues sportliches Motorrad beim Motorradhändler FranzBIKE zugelegt. Allerdings währt die Freude nicht lange. Schon nach einigen Hundert Kilometern hat er einen Getriebeschaden. Bereitwillig tauscht der Motorradhändler FranzBIKE das Getriebe aus. Nach wenigen Hundert Kilometern ist allerdings auch das neue Getriebe defekt. Herr Liu ist über den neuerlichen Defekt sehr verärgert und meint zum Motorradhändler Franz: „Herr Franz, das ist ein Montagsmotorrad. Ich werde mir woanders ein Motorrad kaufen und trete hiermit vom Kaufvertrag zurück.“ Nehmen Sie Stellung.

d) Einige Mitarbeiter des Vertriebs sind vom Autohaus Mahler mit neuen Firmenwagen ausgestattet worden, so auch Sebastian Hagen. Als er einen Kunden in Hamburg besuchen will, bleibt er auf der Autobahn mit einem Getriebedefekt liegen (Tachostand: 1 200 km). Um noch rechtzeitig bei dem Kunden zu erscheinen, nimmt er sich kurzerhand einen Mietwagen. Die Mietwagenfirma stellt 100,00 € in Rechnung. Erläutern Sie, welche Rechte die TSM AG geltend machen kann.

e) Herr Braun hat bei der Design-Polster GmbH & Co. KG Polstermaterialien für die Sesselfertigung bestellt. Da die Polstermaterialien fehlerhaft sind, setzt Herr Braun der Design-Polster GmbH & Co. KG daraufhin eine angemessene Nachfrist zur Neulieferung. Als die Nachfrist verstrichen ist, wird es Herrn Braun zu bunt. Er tritt vom Kaufvertrag zurück und kauft die Materialien bei der Polsterei Jocken KG ein. Allerdings sind die Polstermaterialien dort 700,00 € teuerer. Herr Braun verlangt von der Design-Polster GmbH & Co. KG die Erstattung des Mehrbetrages. Klären Sie die Rechtslage.

f) Die TSM AG hat bei der Heinrich Schulte e.K. einen größeren Posten Glasplatten bestellt. Bei der Prüfung des Materials stellt sich heraus, dass die Platten schon bei geringer Belastung brechen und sich nicht, wie vertraglich vereinbart, als Tischplatte eignen. Als Herr Tiller den Mangel unverzüglich rügt und den Inhaber Heinrich Schulte um Nacherfüllung bittet, verweigert er diese. Schließlich seien die Tischplatten vollkommen in Ordnung und überhaupt könne und wolle er im Moment sowieso keine neuen Platten liefern, da die Produktion für das nächste Quartal voll ausgelastet sei. Erläutern Sie, welche Rechte Herr Tiller geltend machen kann.

g) Ding Liu hat sich einen neuen Laptop gekauft. Grundsätzlich ist Ding Liu mit den Funktionen und der Ausstattung des Laptops sehr zufrieden. Allerdings ist die Festplatte nun schon zum zweiten Mal defekt. Geduldig bittet Ding Liu erneut um die Reparatur des Rechners. Als nun die Festplatte wiederum ausfällt, verliert Ding Liu die Geduld. Er bittet den Händler, den Kaufpreis zu mindern, denn er möchte von der EDV-Abteilung eine neue Festplatte eines anderen Herstellers einbauen lassen. Nehmen Sie Stellung.

4 Bei einem Einkaufsbummel durch die Frankfurter Innenstadt hat sich Simon Pieper beim Kaufhaus Allsport Meier GmbH ein neues paar Badeschlappen gekauft. Schon nach drei Monaten lösen sich allerdings die Klebestellen an den Badelatschen vollständig, sodass die Badeschlappen nicht mehr zu verwenden sind.

a) Erläutern Sie, um welchen Mangel es sich handelt.

b) Als Simon Pieper die Schlappen reklamieren will, lehnt der Verkäufer sämtliche Ansprüche Simons ab. Er meint: „Herr Pieper, als ich Ihnen die Schlappen verkauft habe, waren Sie in einem tadellosen Zustand. Sie haben die Badeschlappen sicherlich durch unsachgemäßen Gebrauch zerstört.“ Nehmen Sie Stellung, wie Sie an Simons Stelle reagieren würden.

c) Erläutern Sie, welche Rechte Simon im vorliegenden Fall geltend machen kann.

ZUSAMMENFASSUNG

- Nach der **Art der Prüfung** unterscheidet man zwischen einer ______________ und einer ______________ Prüfung.
- **Sachmängelarten**

______________	______________	______________	Montagemängel / fehlerhafte Montageanleitung

- **Prüf- und Rügefristen**

Kaufleute	Verbraucher
Sie müssen ______________ Mängel unverzüglich und ______________ Mängel unverzüglich nach ______________ prüfen und rügen.	Sie haben keine unverzügliche ______________ ______________ ______________ und können jederzeit innerhalb der gesetzlichen Gewährleistungsfrist von ______________ prüfen und rügen. Allerdings tritt nach 6 Monaten die ______________ außer Kraft.

- **Rechte des Käufers bei einer Schlechtleistung**

Vorrangige Rechte: ______________ **Nachfristsetzung**	
Nacherfüllung	
______________	______________
Zusätzlich bei Verschulden ______________	

Nachrangige Rechte: ________ Nachfristsetzung			
________	________	________	Ersatz vergeblicher Aufwendungen,
		sofern ein ________ vorliegt.	
	Nicht bei ________ Mängeln		

Eine Nachfristsetzung für die Inanspruchnahme dieser Rechte entfällt, wenn
- der Käufer beide Arten der Nacherfüllung ________,
- die Nacherfüllung dem Käufer ________ ist oder
- die Nacherfüllung endgültig ________ ist.

SELBSTEINSCHÄTZUNG	JA ☺	MIT HILFE 😐	NEIN ☹
Ich kann den Ablauf einer äußeren und inneren Prüfung beschreiben.			
Ich kann verschiedene Arten von Sachmängeln unterscheiden.			
Ich kann die Prüf- und Rügefristen, die für Kaufleute und Verbraucher gelten, erklären.			
Ich kann die normale gesetzliche Gewährleistungsfrist nennen.			
Ich kann die vor- und nachrangigen Rechte des Käufers bei einer Schlechtleistung erläutern.			
Ich kann die evtl. notwendigen Voraussetzungen für die Inanspruchnahme des jeweiligen Rechtes erklären.			
Ich kann mich situationsbezogen für die Inanspruchnahme eines Rechtes entscheiden.			

Außerdem habe ich gelernt:

____

____

HINWEIS Zur Wiederholung und Vertiefung der Inhalte der Lernsituation: Seite 173 f., Aufgabe 13.

LERNSITUATION 14: Den Einkauf von Gegenständen des Anlagevermögens erfassen und buchen

Ausgangssituation I: Keine Buchung ohne Beleg

Als Marion Kaiser morgens das Büro betritt, stapeln sich auf ihrem Schreibtisch schon die zu buchenden Belege. Nachdem sie die Belege gesichtet hat, stöhnt sie vor sich hin: „Da hat die Geschäftsführung aber einiges an Geld locker gemacht. Und wer darf den ganzen Kram dann buchhalterisch korrekt erfassen? Mal schauen, was wir da haben. Der erste Beleg scheint ja noch klar zu sein, aber die anderen beiden muss ich mir doch mal genauer anschauen."

Beleg 1

Jahnsen Bürobedarf GmbH

Trend-Systemmöbel AG
Hauptstraße 12–16
60322 Frankfurt

Anschrift: Wedauerring 71–73, 47059 Duisburg
Telefon: 0203-720 720 0
Telefax: 0203-720 720 99

RECHNUNG

Ihr Auftrag: 12.02.20(0)
Lieferdatum: 16.03.20(0)

Kunden-Nr.	Rechnungs-Nr.	Datum
4857	370	16.03.20(0)
Bei Zahlung bitte angeben!		

Pos.	Artikel-Nr.	Artikelbezeichnung	Menge	Einzelpreis €	Gesamtpreis €
1	2745	Kopier- und Druckstation	5	1 900,00	9 500,00
2	Umsatzsteuer (19 %)				1 805,00
3	**Rechnungsendbetrag**				**11 305,00**

Rechnungsbetrag zahlbar bis zum 30.03.20(0) unter Abzug von 2 % Skonto oder bis zum 15.04.20(0) ohne Abzug

Bankverbindung: Stadtsparkasse Duisburg, IBAN DE84 8809 2707 0000 0505 21

Steuer-Nr.: 110/238/2742 USt-IdNr.: DE9694771910

Beleg 2

JOST WULF AUTOMOBILE KG

Wulf Automobile, Sternstraße 96, 30195 Hannover

Trend-Systemmöbel AG
Hauptstraße 12–16
60322 Frankfurt

USt-IdNr.: DE334428825
Tel.: 04780 866350
Fax: 04780 866401

Bankverbindung
Sparkasse Hannover
IBAN DE23673525658697452

Ihre Bestellung vom	Unser Zeichen	Kunden-Nr.	Lieferdatum	Rechnungsdatum
25.01.20(0)	jw	1896	16.03.20(0)	16.03.20(0)

Rechnung Nr. 0092

Artikel-Nr.	Artikelbezeichnung	Preis in €
1344	Pkw „Touring"	45 000,00
0047	Sonderlackierung	1 800,00
0052	Überführung	500,00
		47 300,00
	Sonderrabatt (10 %)	4 730,00
		42 570,00
	Umsatzsteuer (19 %)	8 088,30
	Rechnungsendbetrag	**50 658,30**

Zahlungsziel innerhalb von 10 Tagen ohne Abzug

Beleg 3

Höfler Maschinenbau GmbH

individuelle Lösungen für Ihren Maschinenpark

Kaufmannstr. 42, 94130 Obernzell
Tel. 08591-75 76 77, Fax 08591-75 76 70, E-Mail: hoefler@maschinenbau.de

Trend-Systemmöbel AG
Hauptstraße 12–16
60322 Frankfurt

RECHNUNG

Ihr Auftrag: 02.01.20(0)
Lieferdatum: 16.03.20(0)

Kunden-Nr.	Rechnungs-Nr.	Datum
1307-F	22	16.03.20(0)
Bei Zahlung bitte angeben!		

Pos.	Artikel-Nr.	Artikelbezeichnung	Menge	Gesamtpreis €
1	0013	Bandsäge XR 1900	1	95 000,00
2	0013-1	Transport		1 250,00
3	0013-2	Aufbau und Montage		2 900,00
4	Zwischensumme			**99 150,00**
5	Umsatzsteuer (19 %)			18 838,50
6	**Rechnungsendbetrag**			**117 988,50**

Zahlbar bis zum 30.03.20(0) unter Abzug von 3 % Skonto (Transport- und Montagekosten nicht skontierbaR) oder bis zum 15.04.20(0) ohne Abzug

USt-IdNr. DE985224654

Bankverbindung: Deutsche Bank Passau, IBAN DE30 7507 0013 0054 2236 58

Arbeitsaufträge

1 Erläutern Sie, welche Geschäftsfälle den Belegen zugrunde liegen und stellen Sie Gemeinsamkeiten und Unterschiede der drei Belege heraus.

2 Ermitteln Sie die vorläufigen Anschaffungskosten für eine Druck- und Kopiermaschine, den Pkw sowie die Bandsäge. Erklären Sie in diesem Zusammenhang, welche Bedeutung die Umsatzsteuer für Unternehmen hat.

3 Buchen Sie die drei Belege im Grundbuch und im Hauptbuch (Seite 117).

Beleg Nr.	Konto (SOLL)	Konto (HABEN)	Betrag (SOLL)	Betrag (HABEN)

Info: Anlagevermögen und Anschaffungskosten

Sachanlagen (z. B. Gebäude, Fertigungsanlagen, Lkw, Pkw, Computeranlagen) gehören zum Anlagevermögen eines Unternehmens. Dieses steht dem Unternehmen dauerhaft zur Verfügung.

Sämtliche Gegenstände des Anlagevermögens werden bei ihrer Beschaffung mit den Anschaffungskosten erfasst. Sowohl Anschaffungspreisminderungen als auch Anschaffungsnebenkosten sind bei der Ermittlung der Anschaffungskosten zu berücksichtigen. Bei der Anschaffung sind die Gegenstände des Anlagevermögens auf den jeweiligen aktiven Bestandskonten mit ihren Anschaffungskosten zu erfassen.

§ 255 HGB Bewertungsmaßstäbe
(1) Anschaffungskosten sind die Aufwendungen, die geleistet werden, um einen Vermögensgegenstand zu erwerben und ihn in einen betriebsbereiten Zustand zu versetzen, soweit sie dem Vermögensgegenstand einzeln zugeordnet werden können. Zu den Anschaffungskosten gehören auch die Nebenkosten sowie die nachträglichen Anschaffungskosten. Anschaffungspreisminderungen sind abzusetzen.
(...)

Demnach sind folgende Punkte zu beachten:

- Sofortrabatte, welche auf der Eingangsrechnung ausgewiesen sind, mindern die Anschaffungskosten unmittelbar und werden deshalb nicht gesondert gebucht.

  Beispiele: Mengen-, Wiederverkäufer-, Sonderrabatte

- Bezugskosten sind Anschaffungsnebenkosten und zählen zu den Anschaffungskosten. Sie erhöhen die Aufwendungen für Anschaffungen.

  Beispiele: Frachten, Rollgelder, Verpackung, Transportversicherung, Handelsvertreterprovision

- Die Vorsteuer ist kein Bestandteil der Anschaffungskosten, weil sie durch Verrechnung mit der Umsatzsteuerschuld vom Finanzamt erstattet wird.

Buchung der Bezugskosten
Die Anschaffungsnebenkosten werden ebenfalls auf den jeweiligen aktiven Bestandskonten erfasst. Unterkonten, wie bei den Materialien des Umlaufvermögens (vgl. LS 18), existieren nicht.

Ausgangssituation II: Mängel und Korrekturbelege

Im Rahmen der Wareneingangskontrolle wurden bei zwei Lieferungen (vgl. Ausgangssituation I) folgende Mängel festgestellt:

- Von den fünf gelieferten Druck- und Kopierstationen sind zwei stark mängelbehaftet und werden an den Lieferer zurückgesendet.
- Der Pkw „Touring“, der als Geschäftswagen für einen neuen Außendienstmitarbeiter eingeplant ist, weist kleinere, auf den ersten Blick kaum sichtbare Unebenheiten in der Lackierung auf.

Die Einkaufsabteilung der TSM AG hat die Lieferungen daher reklamiert. Wenige Tage, nachdem Frau Kaiser die Eingangsrechnungen (vgl. Ausgangssituation I) gebucht hat, hat sie somit nachfolgende Belege buchhalterisch korrekt zu erfassen:

Beleg 4

Jahnsen Bürobedarf GmbH

Trend-Systemmöbel AG
Hauptstraße 12–16
60322 Frankfurt

Anschrift: Wedauerring 71–73
47059 Duisburg

Telefon: 0203-720 720 0
Telefax: 0203-720 720 99

19.03.20(0)

Korrekturbeleg Nr. 370-1

Sehr geehrte Damen und Herren,

nach eingehender Überprüfung bestätigen wir, dass wir am 16.03.20(0) versehentlich zwei mangelhafte Druck- und Kopierstationen (Art.-Nr. 2745) geliefert haben und bescheinigen die Rücksendung der beiden mangelhaften Druck- und Kopierstationen.

Wir bedauern, dass es durch unseren Fehler in Ihrem Hause zu Mehrarbeit gekommen ist, und erteilen Ihnen folgende Gutschrift:

Rücknahme von 2 Druck- und Kopierstationen (Art.-Nr. 2745)		
	Einzelpreis	Gesamtpreis
	1 900,00 €	3 800,00 €
Umsatzsteuer (19 %)		722,00 €
Erstattungsbetrag		**4 522,00 €**

Beleg 5

JOST WULF AUTOMOBILE KG

Wulf Automobile, Sternstraße 96, 30195 Hannover

Trend-Systemmöbel AG
Hauptstraße 12–16
60322 Frankfurt

USt-IdNr.: DE 334428825

Tel.: 04780 866350
Fax: 04780 866401

Bankverbindung
Sparkasse Hannover
IBAN DE23673525658697452

Ihre Nachricht vom	Unser Zeichen	Re.-Nr.	Lieferdatum	Datum
17.03.20(0)	jw	0092	16.03.20(0)	19.03.20(0)

Korrekturbeleg 0092-1

Sehr geehrte Damen und Herren,

mit großem Bedauern nehmen wir zur Kenntnis, dass die von uns vorgenommene Sonderlackierung des PKW „Touring“ (Lieferdatum 16.03.20(0)) kleinere Unebenheiten im Bereich des Kotflügels vorne rechts aufweist. Wir freuen uns, dass Sie dennoch bereit sind, das Fahrzeug ohne Nachbesserung abzunehmen, und erteilen Ihnen daher wie vereinbart folgende Gutschrift:

Artikel-Nr.	Artikelbezeichnung	Preis in €
0047	Nachträglicher Rabatt auf Sonderlackierung	500,00
	Umsatzsteuer (19 %)	95,00
	Gesamtgutschrift	**595,00**

Arbeitsaufträge

1 Erläutern Sie, welche Geschäftsfälle den Belegen zugrunde liegen und stellen Sie Gemeinsamkeiten und Unterschiede der beiden Belege heraus.

2 Ermitteln Sie die vorläufigen Anschaffungskosten des Pkw unter Berücksichtigung des Korrekturbeleges.

3 Buchen Sie die Belege im Grundbuch und im Hauptbuch (Seite 117).

Info: Rücksendungen und nachträgliche Preisnachlässe

INFOBOX

Werden Anlagegüter an den Lieferer zurückgesendet, sinken die Verbindlichkeiten gegenüber diesem Lieferer. Auf Basis einer Gutschriftanzeige (Korrekturbeleg) des Lieferers werden die Korrekturbuchungen auf dem Konto Verbindlichkeiten sowie dem entsprechenden aktiven Bestandskonto vorgenommen. Analog verfährt man, wenn der Lieferer einen nachträglichen Preisnachlass gewährt. In beiden Fällen sinken die Anschaffungskosten für die Gegenstände des Anlagevermögens und somit auch die zu zahlende Vorsteuer. Vereinfacht kann man sagen, dass die ursprüngliche Buchung einfach „umgedreht wird".

Beispiel:

Einkauf von Lagerregalen:	0830 Lagereinrichtung 2600 Vorsteuer	an	4400 Verbindlichkeiten
Rücksendung/Preisnachlass:	4400 Verbindlichkeiten 2600 Vorsteuer	an	0830 Lagereinrichtung

Ausgangssituation III: Rechnungsausgleich

Nach Erfassung der Korrekturbelege (vgl. Ausgangsituation II) muss nun der Rechnungsausgleich unter Berücksichtigung der Zahlungsbedingungen gebucht werden.

Beleg 6

KONTOAUSZUG

DEUTSCHE BANK FRANKFURT IBAN DE52 6204 4002 1188 0707 04 Auszug Nr. 27

Buch.-Tag	Wert	Erläuterung/Verwendungszweck	Umsätze
24.03.	24.03.	JOST WULF AUTOMOBILE KG Re.-Nr./Korrekturbeleg 0092-1	50.063,30 –

Letzter Auszug	Auszugsdatum		Alter Kontostand		Neuer Kontostand
23.03.	24.03.	€	200.000,00 +	€	149.936,70 +

Trend-Systemmöbel AG, Hauptstr. 12–16, 60322 Frankfurt am Main

Beleg 7

KONTOAUSZUG

DEUTSCHE BANK FRANKFURT IBAN DE52 6204 4002 1188 0707 04 Auszug Nr. 28

Buch.-Tag	Wert	Erläuterung/Verwendungszweck	Umsätze
25.03.	25.03.	JAHNSEN BÜROBEDARF GMBH Re.-Nr./Korrekturbeleg Nr. 370-1 (2 % Skonto)	6.647,34 –

Letzter Auszug	Auszugsdatum		Alter Kontostand		Neuer Kontostand
24.03.	25.03.	€	149.936,70 +	€	143.289,36 +

Trend-Systemmöbel AG, Hauptstr. 12–16, 60322 Frankfurt am Main

Beleg 8

KONTOAUSZUG

DEUTSCHE BANK FRANKFURT IBAN DE52 6204 4002 1188 0707 04 Auszug Nr. 29

Buch.-Tag	Wert	Erläuterung/Verwendungszweck	Umsätze
26.03.	26.03.	HÖFLER MASCHINENBAU GMBH Re.-Nr. 22 (3 % Skonto auf den Listenpreis)	114.597,00 –

Letzter Auszug	Auszugsdatum		Alter Kontostand		Neuer Kontostand
25.03.	26.03.	€	143.289,36 +	€	28.692,36 +

Trend-Systemmöbel AG, Hauptstr. 12–16, 60322 Frankfurt am Main

Arbeitsaufträge

1 Erläutern Sie, welche Geschäftsfälle den Belegen zugrunde liegen, und stellen Sie Gemeinsamkeiten und Unterschiede der drei Belege heraus.

2 Erläutern Sie, welche Auswirkungen die Überweisungen bei den Belegen 7 und 8 auf die Anschaffungskosten und die Umsatzsteuer haben.

3 Buchen Sie die drei Belege im Grundbuch und im Hauptbuch (Seite 117).

Beleg Nr.	Konto (SOLL)	Konto (HABEN)	Betrag (SOLL)	Betrag (HABEN)

4 Ermitteln Sie die endgültigen Anschaffungskosten für die Druck- und Kopierstationen, den Pkw sowie die Bandsäge.

INFOBOX

Info: Zahlung unter Abzug von Skonto

Die Industrieunternehmen schließen mit ihren Lieferern beim Einkauf von Anlagengütern Kaufverträge ab. Mit der Erfüllung des Vertrages wird das Industrieunternehmen dann Schuldner des Kaufpreises. Es entsteht eine Verbindlichkeit. Der Lieferer kann sofortige Zahlung verlangen, wenn über den Zahlungszeitpunkt keine vertraglichen Vereinbarungen vorliegen. Wird für eine Zahlung ein bestimmtes Ziel (z. B. zahlbar innerhalb von 60 Tagen ab Rechnungsdatum) vereinbart, dann gewährt der Lieferer dem Kunden einen Kredit. Möchte der Lieferer eine vorzeitige Zahlung erreichen, dann räumt er einen Nachlass auf den Rechnungsbetrag ein, der als Skonto bezeichnet wird. Der Skontoabzug kann bei vorzeitiger Zahlung erfolgen. Mit der Überweisung des Bareinkaufspreises wird somit die gesamte Schuld auf dem Verbindlichkeitskonto getilgt. Die Anschaffungskosten der Anlagegüter werden durch den Skontoabzug gemindert. Die nachträglichen Minderungen der Anschaffungskosten durch Liefererskonti werden auf den jeweiligen aktiven Bestandskonten im Haben gebucht. Umsatzsteuerrechtlich bewirkt der Skontoabzug eine Änderung der ursprünglich gebuchten Vorsteuer, denn das Finanzamt erstattet letztlich nur die tatsächlich bezahlte Vorsteuer.

Beispiel:

1. Kauf einer Verpackungsanlage im Wert von 50 000,00 € netto auf Ziel
2. Zahlung unter Abzug von 2 % Skonto per Banküberweisung

Berechnungen:

Eingangsrechnung			Skontoermittlung		
Anschaffungskosten	100 %	50 000,00 €	2 %	1 000,00 €	Korrektur der Anschaffungskosten
Umsatzsteuer	19 %	9 500,00 €	2 %	190,00 €	Korrektur der Umsatzsteuer
Rechnungsbetrag	119 %	59 500,00 €	2 %	1 190,00 €	Korrektur des zu überweisenden Betrages
→ Ermittlung des Überweisungsbetrages: 59 500,00 € – 1 190,00 € = 58 310,00 €					

Buchungen:

1. 0760 Verpackungsanlagen			50 000,00	
2600 Vorsteuer	an	4400 Verbindlichkeiten	9 500,00	59 500,00
2. 4400 Verbindlichkeiten	an	2800 Bank	59 500,00	58 310,00
		0760 Verpackungsanlagen		1 000,00
		2600 Vorsteuer		190,00

Hauptbuch zu den Ausgangssituationen I, II und III

SOLL	0863 EDV-Hardware		HABEN
AB	25 000,00		

SOLL	0840 Fuhrpark		HABEN
AB	50 000,00		

SOLL	0720 Technische Anlage		HABEN
AB	175 000,00		

SOLL	2600 Vorsteuer		HABEN

SOLL	2800 Bank		HABEN
AB	200 000,00		

SOLL	4400 Verbindlichkeiten		HABEN
		AB	150 000,00

SOLL	3000 Eigenkapital		HABEN
			300 000,00

Vertiefende Übungen

1 Buchen Sie folgende Geschäftsfälle:
   a) Eingangsrechnung über den Kauf von 20 „Heavy Weight"-Stahlregalen (H: 4 m, B: 8 m, T: 1 m) zum Einzelpreis von 490,00 € netto zzgl. 19 % Umsatzsteuer
   b) Eingangsrechnung der mit dem Transport der Stahlregale beauftragten Spedition über 240,00 € netto zzgl. 19 % Umsatzsteuer
   c) Korrekturbeleg des Lieferers: nachträglicher Preisnachlass in Höhe von 5 % auf die gelieferten Stahlregale, da diese kleine Kratzer an den Seitenwänden aufweisen
   d) Bankauszug:
      - fristgerechte Überweisung der Eingangsrechnung des Spediteurs ohne Skontoabzug
      - fristgerechte Überweisung des fälligen Rechnungsbetrages unter Abzug von 2 % Skonto auf den Warenwert

2 Ermitteln Sie die endgültigen Anschaffungskosten je Stahlregal.

Ergänzende Übung

Am 23. Oktober 20(0) kauft die TSM AG ein unbebautes Grundstück zum Preis von 525 000,00 €. In diesem Zusammenhang fallen 6,5 % Grunderwerbsteuer, Maklergebühren in Höhe von 8 750,00 € (zzgl. 19 % Umsatzsteuer) sowie Auflassungsgebühren in Höhe von 0,75 % des Kaufpreises für die Grundbucheintragung an. Zur Finanzierung des Kaufpreises hat die TSM AG bei der Deutschen Bank ein Darlehen (Effektivzinssatz 3,35 % p. a.) aufgenommen, wodurch auch eine einmalige Bearbeitungsgebühr in Höhe von 2 000,00 € anfiel. Ermitteln Sie die Anschaffungskosten.

ZUSAMMENFASSUNG

Bei Einkauf sind die Gegenstände des Anlagevermögens auf den jeweiligen ____________________ ____________________ mit ihren Anschaffungskosten zu erfassen. Die Anschaffungsnebenkosten werden ebenfalls auf den jeweiligen aktiven Bestandskonten erfasst.

Werden Anlagegüter an den Lieferer zurückgesendet, sinken die ____________________ gegenüber diesem Lieferer. Auf Basis einer Gutschriftanzeige (Korrekturbeleg) des Lieferers werden die Korrekturbuchungen auf dem Konto Verbindlichkeiten sowie dem entsprechenden aktiven Bestandskonto vorgenommen. Analog verfährt man, wenn der Lieferer einen nachträglichen Preisnachlass gewährt. In beiden Fällen sinken die ____________________ für die Gegenstände des Anlagevermögens und somit auch die ______ ____________________ ____________________.

Möchte der Lieferer eine vorzeitige Zahlung erreichen, dann räumt er einen Nachlass auf den Rechnungsbetrag ein, der als ____________ bezeichnet wird. Der Skontoabzug kann bei vorzeitiger Zahlung erfolgen. Mit der Überweisung des Bareinkaufspreises wird somit die gesamte Schuld auf dem Verbindlichkeitskonto getilgt. Die Anschaffungskosten der Anlagegüter werden durch den Skontoabzug ____________________. Die nachträglichen Minderungen der Anschaffungskosten durch

Liefererskonti werden auf den jeweiligen aktiven Bestandskonten ______ ______________ gebucht. Umsatzsteuerrechtlich bewirkt der Skontoabzug eine Änderung der ursprünglich gebuchten Vorsteuer, denn das Finanzamt erstattet letztlich nur die tatsächlich bezahlte Vorsteuer.

Schema zu Entwicklung der Anschaffungskosten:

	Listenpreis	
–	Sofortrabatte	(z. B. ______________________________)
–	nachträgliche Rabatte	(z. B. ______________________________)
+	Anschaffungsnebenkosten	(z. B. ______________________________ ______________________________ ______________________________ ______________________________)
=	endgültige Anschaffungskosten	

Buchungssatz: Eingangsrechnung über Kauf von Werkbänken auf Ziel

Konto (SOLL)	Konto (HABEN)

Buchungssatz: nachträglicher Preisnachlass

Konto (SOLL)	Konto (HABEN)

Buchungssatz: Zahlung unter Abzug von Skonto

Konto (SOLL)	Konto (HABEN)

SELBSTEINSCHÄTZUNG	JA ☺	MIT HILFE 😐	NEIN ☹
Ich kann den Einkauf von Gegenständen des Anlagevermögens buchhalterisch erfassen.			
Ich kann Anschaffungsnebenkosten beim Einkauf von Gegenständen des Anlagevermögens buchhalterisch erfassen.			
Ich kann nachträgliche Preisnachlässe beim Einkauf von Gegenständen des Anlagevermögens buchhalterisch erfassen.			
Ich kann die Zahlung unter Abzug von Skonto beim Einkauf von Gegenständen des Anlagevermögens buchhalterisch erfassen.			
Ich kann meinen Mitschülern sämtliche Buchungen erläutern.			
Ich kann erklären, wodurch Anschaffungskosten sich erhöhen und wodurch sie sich vermindern.			
Ich kann die endgültigen Anschaffungskosten von Gegenständen des Anlagevermögens berechnen.			

Außerdem habe ich gelernt:

____

____

____

____

____

HINWEIS Zur Wiederholung und Vertiefung der Inhalte der Lernsituation: Seite 174, Aufgabe 14.

LERNSITUATION 15: Den Einkauf von Materialien erfassen und buchen

Ausgangssituation I: Verbrauchsorientierte Buchung

Die TSM AG beschafft sämtliche Materialien nach dem Just-in-time-Prinzip, d. h., diese werden unmittelbar nach Anlieferung in der Produktion weiterverarbeitet. Daher wird der Einkauf dieser Materialien verbrauchsorientiert gebucht. Marion Kaiser aus dem Rechnungswesen der TSM AG liegen folgende drei Belege zur Bearbeitung vor. Bevor sie die Belege auf sachliche und rechnerische Richtigkeit prüft, bittet sie den Auszubildenden Simon Pieper, ihr die Hintergründe der verbrauchsorientierten Erfassung von Materialeinkäufen zu erläutern und die Belege anschließend zu analysieren (vgl. Arbeitsauftrag 1).

Beleg 1

Bongart Metallerzeugnisse OHG

Bongart OHG, Industriepark 125–129, 44265 Dortmund

Trend-Systemmöbel AG
Hauptstraße 12–16
60322 Frankfurt

Telefon: 0231-505 330 0
Telefax: 0231-505 33 777

Steuer-Nr.: 322/676/9012
USt-IdNr.: DE9113373731

Ihre Bestellung vom 16.04.20(0)

RECHNUNG

Lieferdatum:
30.04.20(0)

Kunden-Nr.	Rechnungs-Nr.	Datum
85	1225	30.04.20(0)

Bei Zahlung bitte angeben

Pos.	Artikel-Nr.	Artikelbezeichnung	Menge	Rabatt %	Einzelpreis €	Gesamtpreis €
1	4456	Stahlrohrgestelle	50		119,00	5 950,00

Warenwert, netto	Verpackung	Fracht	Entgelt, netto	19 % USt	Gesamtbetrag
5 950,00	-	-	5 950,00	1 130,50	7 080,50

Zahlbar innerhalb von 20 Tagen unter Abzug von 3 % Skonto oder innerhalb von 90 Tagen netto Kasse.

Bankverbindung: Postbank Dortmund IBAN DE44 6110 2323 0023 7449 11

Beleg 2

Farbenpracht
Hamburg

Farbenpracht GmbH, Taubenweg 5–7, 22525 Hamburg

Trend-Systemmöbel AG
Hauptstraße 12–16
60322 Frankfurt

Telefon: 040-221 234-42
Telefax: 040-221 234-99

Steuer-Nr.: 206/771/4578
USt-IdNr.: DE123465432

RECHNUNG

Ihre Bestellung vom 16.04.20(0)

Lieferdatum:	Kunden-Nr.	Rechnungs-Nr.	Datum
30.04.20(0)	7798	289	30.04.20(0)

Bei Zahlung bitte angeben

Pos.	Artikel-Nr.	Artikelbezeichnung	Menge	Rabatt %	Einzelpreis €	Gesamtpreis €
1	45-G	Grundierung (Standard), Dose zu 5 Liter	20		29,00	580,00
2	87-LM	Lack (marineblau), Eimer zu 10 Liter	50		79,00	3 950,00

Warenwert, netto	Verpackung	Fracht	Entgelt, netto	19 % USt	Gesamtbetrag
4 530,00	-	-	4 530,00	860,70	5 390,70

Zahlbar innerhalb von 14 Tagen unter Abzug von 2 % Skonto oder innerhalb von 30 Tagen netto Kasse.

Bankverbindung: Hamburger Kontorsbank IBAN DE67 6003 4662 0001 8756 04

Beleg 3

KLEIN-HOLZ GMBH
Holzbearbeitung Dieter Klein

Klein-Holz GmbH, Waldstadion 4 – 8, 59073 Hamm

Trend-Systemmöbel AG
Hauptstraße 12–16
60322 Frankfurt

Telefon: 02381-73 73 73 0
Telefax: 02381-73 73 93 93

Steuer-Nr.: 325/300/7718
USt-IdNr.: DE1717100493

RECHNUNG

Ihre Bestellung vom 15.04.20(0)

Lieferdatum:	Kunden-Nr.	Rechnungs-Nr.	Datum
30.04.20(0)	9284	2734	30.04.20(0)

Bei Zahlung bitte angeben

Pos.	Artikel-Nr.	Artikelbezeichnung	Menge	Rabatt %	Einzelpreis €	Gesamtpreis €
1	1741	Tischlerplatten R 34	100	5	26,00 1,30 24,70	2 600,00 130,00 2 470,00

Warenwert, netto	Verpackung	Fracht	Entgelt, netto	19 % USt	Gesamtbetrag
2 470,00	-	90,00	2 560,00	486,40	3 046,40

Zahlbar innerhalb von 10 Tagen unter Abzug von 2 % Skonto oder innerhalb von 30 Tagen netto Kasse.
Die Transportkosten sind nicht skontierbar.

Bankverbindung: Volksbank Hamm, IBAN DE45990220020004, SWIFT VBHLXDEFF

Arbeitsaufträge

1 Erläutern Sie, welche Geschäftsfälle den Belegen zugrunde liegen, und stellen Sie Gemeinsamkeiten und Unterschiede der drei Belege heraus.

2 Ermitteln Sie die vorläufigen Anschaffungskosten der gelieferten Materialien. Erklären Sie in diesem Zusammenhang, welche Bedeutung die Umsatzsteuer für Unternehmen hat.

3 Buchen Sie die drei Belege im Grundbuch und im Hauptbuch (Seiten 130, 131).

Beleg Nr.	Konto (SOLL)	Konto (HABEN)	Betrag (SOLL)	Betrag (HABEN)

Info: Anschaffungskosten

INFOBOX

Sämtliche Materialien werden bei ihrer Beschaffung mit den Anschaffungskosten erfasst. Sowohl Anschaffungspreisminderungen als auch Anschaffungsnebenkosten sind bei der Ermittlung der Anschaffungskosten zu berücksichtigen.

§ 255 HGB Bewertungsmaßstäbe
Anschaffungskosten sind die Aufwendungen, die geleistet werden, um einen Vermögensgegenstand zu erwerben und ihn in einen betriebsbereiten Zustand zu versetzen, soweit sie dem Vermögensgegenstand einzeln zugeordnet werden können. Zu den Anschaffungskosten gehören auch die Nebenkosten sowie die nachträglichen Anschaffungskosten. Anschaffungspreisminderungen sind abzusetzen.

Demnach sind folgende Punkte zu beachten:

- Sofortrabatte, welche auf der Eingangsrechnung ausgewiesen sind, mindern die Anschaffungskosten unmittelbar und werden deshalb nicht gesondert gebucht.

  Beispiele: Mengen-, Wiederverkäufer-, Sonderrabatte

- Bezugskosten sind Anschaffungsnebenkosten und zählen zu den Anschaffungskosten. Sie erhöhen die Aufwendungen für Anschaffungen.

  Beispiele: Frachten, Rollgelder, Verpackung, Transportversicherung, Handelsvertreterprovision

INFOBOX

- Die Vorsteuer ist kein Bestandteil der Anschaffungskosten, weil sie durch Verrechnung mit der Umsatzsteuerschuld vom Finanzamt erstattet wird.

Buchung der Bezugskosten
Damit der Unternehmer genaue Informationen über die Zusammensetzung der Bezugspreise erhält, empfiehlt sich eine getrennte Erfassung der Anschaffungsnebenkosten auf besonderen Bezugskostenkonten. So kann gezielt Einfluss auf die Höhe der Anschaffungsnebenkosten genommen und ein genauerer Überblick über die Zusammensetzung der Anschaffungskosten gewonnen werden.

bestandsorientierte Buchung		aufwandsorientierte Buchung	
Die Anschaffungsnebenkosten werden auf den Unterkonten der **Bestandskonten** in der **Kontenklasse 2** erfasst.		Die Anschaffungsnebenkosten werden auf den Unterkonten der **Verbrauchskonten** in der **Kontenklasse 6** erfasst.	
2000	2001 Bezugskosten Rohstoffe	6000	6001 Bezugskosten Rohstoffaufwand
2010	2011 Bezugskosten Fremdbauteile	6010	6011 Bezugskosten Fremdbauteileaufwand
2020	2021 Bezugskosten Hilfsstoffe	6020	6021 Bezugskosten Hilfsstoffaufwand
2030	2031 Bezugskosten Betriebsstoffe	6030	6031 Bezugskosten Betriebsstoffaufwand
2070	2071 Bezugskosten Sonstiges Material	6070	6071 Bezugskosten Aufwand Sonstiges Material
2280	2281 Bezugskosten Handelswaren	6080	6081 Bezugskosten Handelswarenaufwand

Da die Bezugskosten Bestandteil der Anschaffungskosten der beschafften Materialien sind, müssen die Bezugskostenkonten beim Abschluss der Finanzbuchhaltung im Rahmen der vorbereitenden Abschlussbuchungen über die entsprechenden Materialbestandskonten bzw. Materialaufwandskonten abgeschlossen werden.

Ausgangssituation II: Mängel und Korrekturbelege

Im Rahmen der Wareneingangskontrolle wurden bei zwei Lieferungen (vgl. Ausgangssituation I) folgende Mängel festgestellt:

- Die Tischlerplatten (Beleg 1) weisen leichte Ausfransungen an den Seiten auf.
- Von den Lackeimern (Beleg 2) sind nur 40 in der gewünschten Farbe marineblau geliefert worden, die restlichen 10 Eimer beinhalten einen bordeauxroten Lack.

Die Einkaufsabteilung der TSM AG hat die Lieferungen daraufhin reklamiert. Wenige Tage, nachdem Frau Kaiser die Eingangsrechnungen (vgl. Ausgangssituation I) gebucht hat, soll Simon Pieper die nachfolgende Belege buchhalterisch korrekt zu erfassen:

Beleg 4

Farbenpracht
Hamburg

Farbenpracht GmbH, Taubenweg 5–7, 22525 Hamburg

Trend-Systemmöbel AG
Hauptstraße 12–16
60322 Frankfurt

Telefon: 040-221 234-42
Telefax: 040-221 234-99

Steuer-Nr.: 206/771/4578
USt-IdNr.: DE123465432

Korrekturbeleg 289-1

Lieferdatum:	Kunden-Nr.	Rechnungs-Nr.	Datum
30.04.20(0)	7798	289	04.05.20(0)

Bei Zahlung bitte angeben!

Ihre Rücksendung vom 02.05.20(0)

Sehr geehrte Damen und Herren,

hiermit bestätigen wir, dass Sie 10 Lackeimer mit der Artikel-Nr. 87-LB (Farbe: bordeauxrot) an uns zurückgesendet haben, da diese fälschlicherweise an Sie geliefert wurden.

Wir bedauern unseren Fehler und erteilen Ihnen **eine Gutschrift in Höhe des Warenwertes von 790,00 € zzgl. 19 % USt.**

Mit freundlichen Grüßen

Erol Bique

Verkaufsleiter Hessen

Bankverbindung: Hamburger Kontorsbank IBAN DE67 6003 4662 0001 8756 04

Beleg 5

KLEIN-HOLZ GMBH
Holzbearbeitung Dieter Klein

Klein-Holz GmbH, Waldstadion 4 – 8, 59073 Hamm

Trend Systemmöbel AG
Hauptstraße 12–16
60322 Frankfurt

Telefon: 02381-73 73 73 0
Telefax: 02381-73 73 93 93

Steuer-Nr.: 325/300/7718
USt-IdNr.: DE1717100493

Korrekturbeleg 2734-1

Lieferdatum:	Kunden-Nr.	Rechnungs-Nr.	Datum
30.04.20(0)	9284	2734	04.05.20(0)

Bei Zahlung bitte angeben!

Ihre Mängelrüge vom 30.04.20(0)

Sehr geehrte Damen und Herren,

mit großem Bedauern nehmen wir zur Kenntnis, dass die von uns gelieferten Tischplatten kleinere Beschädigungen aufweisen.

Wir freuen uns, dass Sie dennoch in der Lage sind, die Platten in der Produktion zu verwenden, und erteilen Ihnen daher wie vereinbart eine **Gutschrift in Höhe von 15 % auf den Warenwert.**

Mit freundlichen Grüßen

Carsten Meier

Verkaufsleiter Süd-West

Bankverbindung: Volksbank Hamm, IBAN DE45990220020004, SWIFT VBHLXDEFF

Arbeitsaufträge

1 Erläutern Sie, welche Geschäftsfälle den Belegen zugrunde liegen, und stellen Sie Gemeinsamkeiten und Unterschiede der drei Belege heraus.

2 Ermitteln Sie die vorläufigen Anschaffungskosten der Materialien unter Berücksichtigung der Korrekturbelege.

3 Buchen Sie die Belege im Grundbuch und im Hauptbuch (Seiten 130, 131).

Beleg Nr.	Konto (SOLL)	Konto (HABEN)	Betrag (SOLL)	Betrag (HABEN)

INFOBOX

Info: Buchung von Rücksendungen und nachträglichen Preisnachlässen

Buchung von Rücksendungen

Werden Materialien an den Lieferer zurückgesendet, weil sie nicht mangelfrei oder in zu großer Menge geliefert worden sind, sinken die Verbindlichkeiten a. LL gegenüber diesem Lieferer. Auf Basis einer Gutschriftanzeige (eines Korrekturbeleges) des Lieferers werden Korrekturbuchungen auf dem Konto Verbindlichkeiten a. LL sowie den entsprechenden Materialaufwands- bzw. Materialbestandskonten vorgenommen, da die im Unternehmen verbleibende Materialmenge geringer ist als auf der ursprünglichen Eingangsrechnung ausgewiesen. Dadurch sinkt auch die zu zahlende Vorsteuer, was zu einer entsprechenden Minderung des Vorsteueranspruchs gegenüber dem Finanzamt führt. Vereinfacht ausgedrückt kann man sagen, dass die ursprüngliche Buchung einfach „umgedreht wird".

Buchung von nachträglichen Preisnachlässen

Kaufpreisminderung

Wegen eines **Mangels der Materialien** kann das Unternehmen, wenn die Nacherfüllung nicht gelungen ist, das Recht der Minderung des Kaufpreises beanspruchen.

Boni

Dies ist ein **nachträglich gewährter Preisnachlass** bzw. eine **Umsatzrückvergütung**. Der Bonus soll den Kunden stärker an den Lieferer binden und ihn zu höheren Einkäufen innerhalb eines Zeitraums veranlassen.

Beide Vorgänge führen zu **Liefergutschriften**, welche

- die **Verbindlichkeiten a. LL. gegenüber** dem Lieferer **mindern**.
- die **Anschaffungskosten** der eingekauften Materialien nachträglich **mindern**.
- eine **Korrektur der Vorsteuer** notwendig werden lassen.

Diese nachträglichen Anschaffungspreisminderungen werden, ähnlich wie die Bezugskosten, auf Unterkonten der entsprechenden Materialbestandskonten bzw. Materialaufwandskonten gebucht.

bestandsorientierte Buchung			aufwandsorientierte Buchung		
Die nachträglichen Anschaffungspreisminderungen werden auf den Unterkonten der **Bestandskonten** in der **Kontenklasse 2** erfasst.			Die nachträglichen Anschaffungspreisminderungen werden auf den Unterkonten der **Verbrauchskonten** in der **Kontenklasse 6** erfasst.		
2000	2001	2002 Nachlässe Rohstoffe	6000	6001	6002 Nachlässe Rohstoffaufwand
2010	2011	2012 Nachlässe Fremdbauteile	6010	6011	6012 Nachlässe Fremdbauteileaufwand
2020	2021	2022 Nachlässe Hilfsstoffe	6020	6021	6022 Nachlässe Hilfsstoffaufwand
2030	2031	2032 Nachlässe Betriebsstoffe	6030	6031	6032 Nachlässe Betriebsstoffaufwand
2070	2071	2072 Nachlässe Sonstiges Material	6070	6071	6072 Nachlässe Sonstiger Materialaufwand
2280	2281	2282 Nachlässe Handelswaren	6080	6081	6082 Nachlässe Handelswarenaufwand

Ausgangssituation III: Rechnungsausgleich

Nach Erfassung der Korrekturbelege (vgl. Ausgangsituation II) muss nun der Rechnungsausgleich unter Berücksichtigung der Zahlungsbedingungen (Skontoabzug, wenn möglich) gebucht werden.

Beleg 6

KONTOAUSZUG
DEUTSCHE BANK FRANKFURT IBAN DE52 6204 4002 1188 0707 04 Auszug Nr. 56

Buch.-Tag	Wert	Erläuterung/Verwendungszweck	Umsätze
06.05.	06.05.	BONGART OHG Re.-Nr. 1225 (3 % Skonto-Abzug)	6.868,08 –

Letzter Auszug	Auszugsdatum		Alter Kontostand		Neuer Kontostand
05.05.	06.05.	€	48.910,99 +	€	42.042,91 +

Trend-Systemmöbel AG, Hauptstr. 12–16, 60322 Frankfurt am Main

Beleg 7

KONTOAUSZUG
DEUTSCHE BANK FRANKFURT IBAN DE52 6204 4002 1188 0707 04 Auszug Nr. 57

Buch.-Tag	Wert	Erläuterung/Verwendungszweck	Umsätze
07.05.	07.05.	FARBENPRACHT HAMBURG	4.361,59 –

Letzter Auszug	Auszugsdatum		Alter Kontostand		Neuer Kontostand
06.05.	07.05.	€	42.042,91 +	€	37.681,32 +

Trend-Systemmöbel AG, Hauptstr. 12–16, 60322 Frankfurt am Main

Beleg 8

KONTOAUSZUG
DEUTSCHE BANK FRANKFURT IBAN DE52 6204 4002 1188 0707 04 Auszug Nr. 58

Buch.-Tag	Wert	Erläuterung/Verwendungszweck	Umsätze
08.05.	08.05.	KLEIN-HOLZ GMBH Re.-Nr. 2734-1 (2% Skonto-Abzug)	2.555,54 –

Letzter Auszug	Auszugsdatum		Alter Kontostand		Neuer Kontostand
07.05.	08.05.	€	37.681,32 +	€	35.125,78 +

Trend-Systemmöbel AG, Hauptstr. 12–16, 60322 Frankfurt am Main

Arbeitsaufträge

1 Erläutern Sie, welche Geschäftsfälle den Belegen zugrunde liegen, und stellen Sie Gemeinsamkeiten und Unterschiede der drei Belege heraus.

2 Erläutern Sie, welche Auswirkungen die Überweisungen bei den Belegen 7 und 8 auf die Anschaffungskosten und die Umsatzsteuer haben.

3 Buchen Sie die drei Belege im Grundbuch und im Hauptbuch (Seiten 130, 131).

4 Schließen Sie die Konten im Hauptbuch und im Grundbuch ab.

5 Ermitteln Sie die endgültigen Anschaffungskosten der Materialien.

Beleg Nr.	Konto (SOLL)	Konto (HABEN)	Betrag (SOLL)	Betrag (HABEN)

Info: Zahlung unter Abzug von Skonto

INFOBOX

Die Industrieunternehmen schließen mit ihren Lieferern beim Materialieneinkauf Kaufverträge ab. Mit der Erfüllung des Vertrages wird das Industrieunternehmen dann Schuldner des Kaufpreises. Es entsteht eine Verbindlichkeit a. LL. Der Lieferer kann sofortige Zahlung verlangen, wenn über den Zahlungszeitpunkt keine vertraglichen Vereinbarungen vorliegen. Wird für eine Zahlung ein bestimmtes Ziel – z. B. zahlbar innerhalb von 60 Tagen ab Rechnungsdatum – vereinbart, dann gewährt der Lieferer dem Kunden einen Kredit. Möchte der Lieferer eine vorzeitige Zahlung erreichen, dann räumt er einen Nachlass auf den Rechnungsbetrag ein, der als Skonto bezeichnet wird. Der Skontoabzug war bei vorzeitiger Zahlung vereinbart. Daher wird mit der Überweisung des Bareinkaufspreises die gesamte Schuld auf dem Verbindlichkeitskonto getilgt. Die Anschaffungskosten der Materialien werden durch den Skontoabzug gemindert. Die nachträglichen Minderungen der Anschaffungskosten durch Liefererskonti werden wie Boni ebenfalls auf den Unterkonten „Nachlässe durch Lieferer" zu den entsprechenden Materialbestandskonten bzw. Materialaufwandskonten im Haben gebucht. Umsatzsteuerrechtlich bewirkt der Skontoabzug eine Änderung der ursprünglich gebuchten Vorsteuer, denn das Finanzamt erstattet letztlich nur die tatsächlich bezahlte Vorsteuer.

INFOBOX

Beispiel:
1. Kauf von Handelswaren im Wert von 10 000,00 € netto auf Ziel
2. Zahlung unter Abzug von 2 % Skonto per Banküberweisung

Berechnungen:

Eingangsrechnung			Skontoermittlung		
Anschaffungskosten	100 %	10 000,00 €	2 %	200,00 €	Korrektur der Anschaffungskosten
Umsatzsteuer	19 %	1 900,00 €	2 %	38,00 €	Korrektur der Umsatzsteuer
Rechnungsbetrag	119 %	11 900,00 €	2 %	238,00 €	Korrektur des zu überweisenden Betrages
→ Ermittlung des Überweisungsbetrages: 11 900,00 € – 238,00 € = 11 662,00 €					

Buchungen:

1. 6080 Aufwand Handelswaren			10 000,00	
2600 Vorsteuer	an	4400 Verbindlichkeiten	1 900,00	11 900,00
2. 4400 Verbindlichkeiten	an	2800 Bank	11 900,00	11 662,00
		6082 Nachlässe		200,00
		2600 Vorsteuer		38,00

Hauptbuch zu den Ausgangssituationen I, II und III

SOLL	6000 Rohstoff-Aufwand	HABEN

SOLL	6001 Bezugskosten Rohstoff-Aufwand	HABEN

SOLL	6002 Nachlässe Rohstoff-Aufwand	HABEN

SOLL	6020 Hilfsstoff-Aufwand	HABEN

SOLL	6022 Nachlässe Hilfsstoff-Aufwand		HABEN

SOLL	2600 Vorsteuer		HABEN

SOLL	2800 Bank		HABEN
AB	48911,99		

SOLL	4400 Verbindlichkeiten		HABEN
		AB	48911,99

Vertiefende Übungen

Bilden Sie die Buchungssätze zu den folgenden Geschäftsfällen:

a) Eingangsrechnung über den Kauf von Handelswaren im Wert von 28560,00 € brutto auf Ziel

b) Bankauszug: Überweisung des fälligen Rechnungsbetrages unter Abzug von 2% Skonto

c) Eingangsrechnung des Spediteurs für den Transport der Handelswaren (Fall a)) in Höhe von 490,00 € zzgl. 19% USt

d) Bankauszug: Überweisung des fälligen Rechnungsbetrages ohne Skontoabzug

e) Führen Sie die Konten 6080, 6081 und 6082 im Hauptbuch, schließen Sie diese ab und ermitteln Sie die endgültigen Gesamtaufwendungen für die Handelswaren.

Ergänzende Übungen

Die Westfälische Fahrradwerke AG bucht den Einkauf von Materialien bestandsorientiert. Bilden Sie die Buchungssätze zu den folgenden Geschäftsfällen:

a) Eingangsrechnung über den Kauf von Rohstoffen im Wert von 53526,20 € brutto auf Ziel

b) Bankauszug: Überweisung den fälligen Rechnungsbetrag unter Abzug von 2% Skonto

c) Materialentnahmeschein: Rohstoffe im Wert von 15000,00 € werden weiterverarbeitet.

d) Eingangsrechnung über den Kauf von Hilfsstoffen im Wert von 21000,00 € netto

e) Korrekturbeleg über einen nachträglichen Preisnachlass in Höhe von 5% auf die gelieferten Hilfsstoffe

f) Bankauszug: Überweisung des fälligen Rechnungsbetrages ohne Skontoabzug

ZUSAMMENFASSUNG

Sämtliche Materialien werden bei ihrer Beschaffung mit den Anschaffungskosten erfasst. Sowohl

____________________ als auch ____________________

sind bei der Ermittlung der Anschaffungskosten zu berücksichtigen.

Demnach ist zu beachten:

- ____________________, welche auf der Eingangsrechnung ausgewiesen sind, mindern die Anschaffungskosten unmittelbar und werden deshalb nicht gesondert gebucht.

Beispiele: ____________________

- Bezugskosten sind ____________________ und zählen zu den Anschaffungskosten. Sie erhöhen die Aufwendungen für Anschaffungen.

Beispiele: ____________________

- Die ____________________ ist kein Bestandteil der Anschaffungskosten, weil sie durch Verrechnung mit der ____________________ vom Finanzamt erstattet wird.

Übersicht notwendige Buchungen:

Nr.	Geschäftsfall	Buchungssatz
1	ER über den Einkauf von Rohstoffen auf Ziel	
2	ER über den Transport der Rohstoffe	
3	Rücksendung nicht verwendbarer Rohstoffe	
4	Nachträglicher Preisnachlass auf Rohstofflieferung	
5	Überweisung des fälligen Rechnungsbetrages (Fall 1) unter Abzug von Skonto	
6	Überweisung des fälligen Rechnungsbetrages (Fall 2) ohne Abzug von Skonto	
7	Abschluss des Unterkontos Bezugskosten über das Hauptkonto	
8	Abschluss des Unterkontos Nachlässe über das Hauptkonto	

SELBSTEINSCHÄTZUNG	JA ☺	MIT HILFE 😐	NEIN ☹
Ich kann den Einkauf von Materialien des Umlaufvermögens buchhalterisch erfassen.			
Ich kann Anschaffungsnebenkosten beim Einkauf von Materialien des Umlaufvermögens buchhalterisch erfassen.			
Ich kann nachträgliche Preisnachlässe beim Einkauf von Materialien des Umlaufvermögens buchhalterisch erfassen.			
Ich kann die Zahlung unter Abzug von Skonto beim Einkauf von Materialien des Umlaufvermögens buchhalterisch erfassen.			
Ich kann meinen Mitschülern sämtliche Buchungen erläutern.			
Ich kann erklären, wodurch sich Anschaffungskosten erhöhen und wodurch sie sich vermindern.			
Ich kann die endgültigen Anschaffungskosten von Materialien des Umlaufvermögens berechnen.			

Außerdem habe ich gelernt:

____

____

____

____

____

HINWEIS Zur Wiederholung und Vertiefung der Inhalte der Lernsituation: Seite 176, Aufgabe 15.

LERNSITUATION 16: Die Lagerhaltung bei der TSM AG – mehr als nur Vorratshaltung

Ausgangssituation: Simon Pieper lernt die Funktionen der Lagerhaltung kennen

Nach Linda Mertens ist nun auch der Auszubildende Simon Pieper für mehrere Monate im Einkauf. Als sich Simon seinen Ausbildungsplan genauer anschaut, ist er genervt: „Oh Mann, ich dachte, ich kann mich direkt um die Beschaffung der erforderlichen Werkstoffe kümmern. Was soll ich denn zwei Wochen im Lager? Außer Regalen, Paletten und Kartons gibt es hier nichts Interessantes für mich." Linda Mertens, die gerade ihr Beurteilungsgespräch mit Herrn Tiller, Einkaufsleiter bei der TSM AG, hatte, bemerkt Simons schlechte Laune.

Linda Mertens: „Hallo Simon. Was ist los? Freust du dich nicht über den Abteilungswechsel? Mir hat die Zeit im Einkauf sehr gut gefallen und die Kollegen sind auch alle sehr nett."

Simon Pieper: „Hallo Linda. Doch, eigentlich finde ich es auch gut, endlich in einer neuen Abteilung ausgebildet zu werden. Aber ich habe gerade gesehen, dass ich vorher erst mal zwei Wochen ins Lager muss. Was soll ich denn da? Kartons zählen und Regale putzen? Das habe ich mir echt anders vorgestellt."

Linda Mertens: „Die gleiche Einstellung hatte ich auch, aber dann waren es doch zwei sehr interessante Wochen für mich, die mir später im Einkauf geholfen haben."

Simon Pieper: „Echt? Ich dachte immer, Lagerhaltung verursacht nur Kosten und bringt sonst nichts. Aber was hast du denn Spannendes über unsere Lagerhaltung erfahren?"

Linda Mertens: „Also, zunächst hatte ich ein sehr aufschlussreiches Gespräch mit Herrn Demiray, unserem Lagerleiter, über die unterschiedlichen Funktionen der Lagerhaltung. Natürlich wusste ich schon, dass es darum geht, immer eine ausreichende Menge zur richtigen Zeit, am richtigen Ort und in der erforderlichen Güte zur Verfügung zu stellen. Das ist die sogenannte Bereitstellungsfunktion. Außerdem kommt es immer wieder vor, dass einzelne Lieferanten aufgrund von Lieferschwierigkeiten nicht rechtzeitig liefern können oder dass wir Zusatzaufträge kurzfristig produzieren müssen, sodass die eigentlich geplanten Materialbedarfe nicht ausreichen. Hier kommt die Sicherungsfunktion des Lagers zum Tragen, die für solche Situationen die erforderlichen Vorräte bereithält."

Simon Pieper: „Ja, aber das ist doch logisch und auch nichts Neues für mich."

Linda Mertens: „Klar, aber ich bin noch lange nicht fertig. Manchmal beschaffen wir im Einkauf deutlich mehr, als wir aktuell für die Fertigung benötigen. Das bedeutet natürlich, dass wir die Materialien für eine längere Zeit lagern müssen. Diese zeitliche Überbrückung zwischen Materialbeschaffung und -verarbeitung nennt man Ausgleichsfunktion. Sie wird insbesondere dann genutzt, wenn uns ein Lieferant besonders attraktive Rabattkonditionen anbietet. Ich habe vor drei Wochen den kompletten Jahresbedarf für ein Standard-Scharnier bestellt, welches wir in fast allen Schränken verbauen. Anstelle von bisher 15 % haben wir so 40 % Mengenrabatt erhalten. Für ein paar Luxushotels müssen sämtliche sichtbaren Metallteile – z. B. Griffe, Leisten, Beschläge – aus massivem Messing hergestellt werden. Hier kommt die Spekulationsfunktion zum Tragen, weil hochwertige Rohstoffe wie Gold oder eben auch Messing starken Kursschwankungen unterliegen. Da ergibt es Sinn, die Preisentwicklung genau zu beobachten und bei günstigen Bedingungen größere Mengen zu kaufen."

Simon Pieper: „Das ist natürlich richtig, geht aber nur, wenn auch Platz im Lager vorhanden ist."

Linda Mertens: „Genau! Deshalb ist es so wichtig, dass Einkauf und Lager eng zusammenarbeiten. Außerdem erfüllt das Lager noch weitere Funktionen. Wusstest du, dass wir im Lager eine Heißluft-Trocknungskammer haben? Hier werden unsere Echthölzer über mehrere Tage gelagert, um der Oberfläche eine edle Optik zu verpassen. Das lassen sich unsere zahlungskräftigen Kunden einiges kosten. Passenderweise heißt diese Lagerfunktion auch ‚Veredelungsfunktion'. Eine Sache habe ich noch vergessen: Wenn du im Lager bist, schau dich mal in Ruhe um. Ich bin mit der Einstellung ins Lager gegangen, dass hier tagtäglich jede Menge Müll anfällt, weil wir ja fast rund um die Uhr mit neuen Materialien beliefert werden. Ich war wirklich überrascht, wie wenig ‚echter' Müll hier anfällt. Sehr häufig kommen Mehrweg- und Recyclingverpackungen zum Einsatz. Das spart Geld und trägt zum Umweltschutz bei. Deshalb nennt man dies auch die Umweltschutzfunktion der Lagerhaltung. Du siehst also, es gibt doch mehr zu erfahren, als wir uns vorher gedacht haben. Außerdem habe ich nicht damit gerechnet, wie viel unterschiedliche Lagerarten wir an zahlreichen Orten im Unternehmen haben. Aber das wird dir sicherlich Herr Demiray erklären, wenn er mit dir einen Rundgang macht. Ich muss los – Herr Scheck, der Leiter des Personalwesens, erwartet mich."

Arbeitsaufträge

1 Linda hat Simon von den verschiedenen Funktionen der Lagerhaltung berichtet. Nutzen Sie die Informationen aus der Ausgangssituation und vervollständigen Sie die folgende Tabelle über die Funktionen der Lagerhaltung. Erklären Sie dazu zunächst die unterschiedlichen Funktionen und erläutern Sie anschließend deren Bedeutung für die Lagerhaltung bei der TSM AG.

Bereitstellungsfunktion:	Sicherungsfunktion:

Ausgleichsfunktion:	Veredelungsfunktion:
Spekulationsfunktion:	Umweltschutzfunktion:

2 Nachdem der Lagerleiter Herr Demiray Simon Pieper begrüßt hat, machen die beiden einen Rundgang durch die TSM AG. Dabei kann sich Simon einen Überblick über die verschiedenen Lagerarten verschaffen. Ergänzen Sie die folgende Abbildung zur Lagerhaltung bei der TSM AG, indem Sie die in der Info-Box fett gedruckten Lagerarten in die Abbildung eintragen.

Lagerhaltung bei der TSM AG

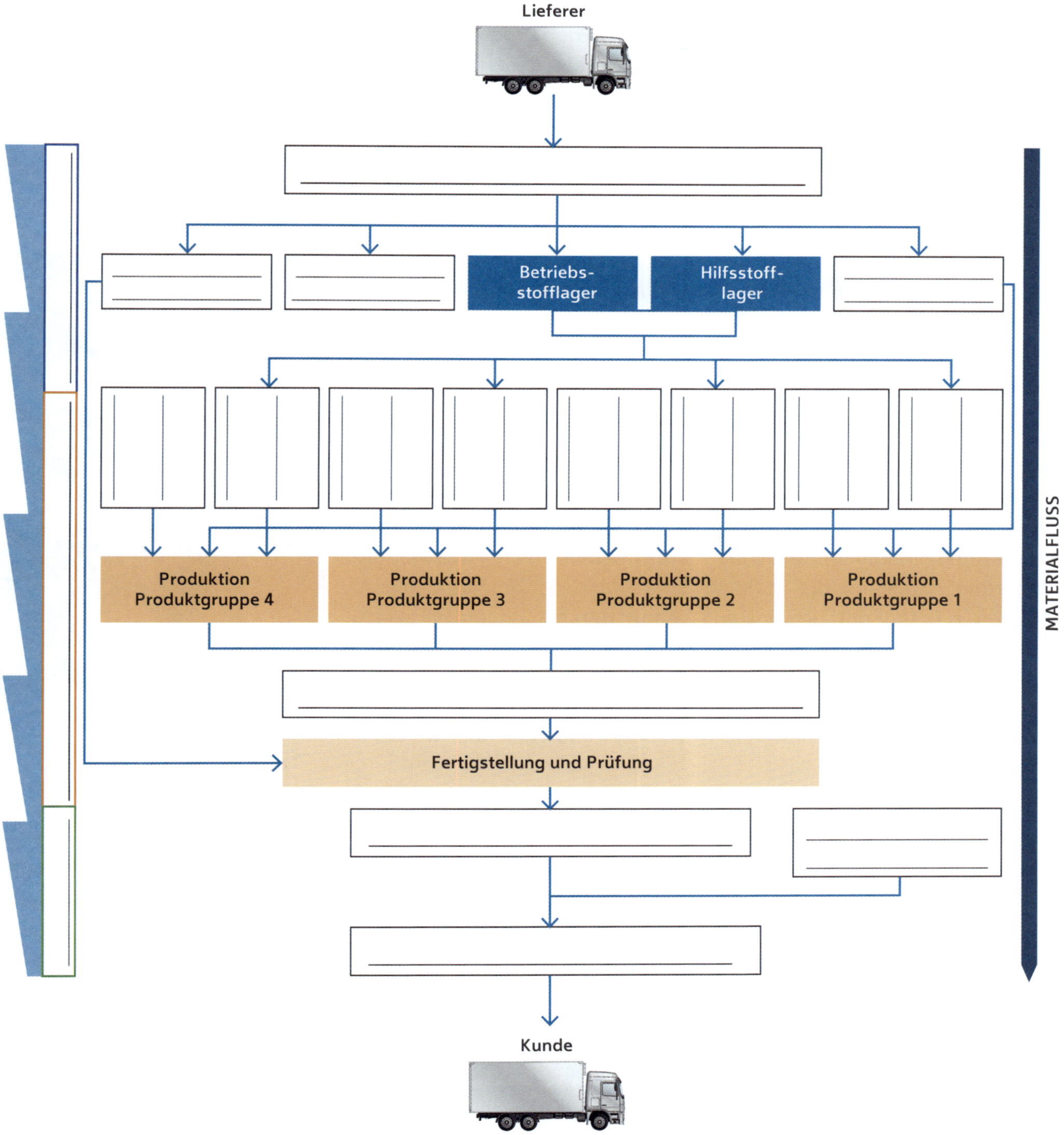

Info: Lagerarten

Bei der TSM AG beginnt die Lagerhaltung zunächst im **Beschaffungslager**. Alle von der TSM AG beschafften Materialien kommen in das **Materialeingangslager** und werden nach der Eingangsprüfung den verschiedenen Lagertypen zugeordnet, dem Rohstoff-, **Hilfsstoff-**, Betriebsstoff-, **Ersatzteil-** oder Vorproduktelager. Dabei dient das Vorproduktelager dazu, alle Fertigteile, die von Fremdfirmen bezogen worden sind, unterzubringen.

INFOBOX

INFOBOX

Zum **Fertigungslager** gehören sämtliche Lagerplätze, die im Fertigungsbereich der TSM AG eingerichtet werden. Hierzu zählen Hand-, Werkzeug- und Zwischenlager. In unmittelbarer Nähe zu den einzelnen Arbeitsplätzen, bei der TSM AG insbesondere in den Produktionsbereichen der Gruppenfertigung, werden **Handlager** eingerichtet, um ständig benötigte Kleinteile bereitzustellen. Werkzeuge und Vorrichtungen, die bei der Bearbeitung in den einzelnen Arbeitsgruppen benötigt werden, befinden sich in einem der Gruppe zugeordneten **Werkzeuglager**. Das **Zwischenlager** dient der zeitlichen Überbrückung zwischen zwei Bearbeitungsschritten. Hier werden unfertige Erzeugnisse vorübergehend gelagert, um die unterschiedliche Auslastung und Arbeitsgeschwindigkeit der verschiedenen Arbeitsgruppen ausgleichen zu können (Ausgleichsfunktion).

Nach Fertigstellung und Überprüfung der Erzeugnisse gelangen diese ins **Absatzlager**. Hier werden sie im **Fertigerzeugnislager** bis zum Verkauf aufbewahrt. Insbesondere bei den Erzeugnissen, die die TSM AG nicht auftragsbezogen, sondern für einen „anonymen" Markt herstellt (z. B. Standardprodukte für Möbelhäuser), dient das Fertigerzeugnislager als Puffer zwischen kontinuierlicher Serienfertigung und schwankendem Produktverkauf. Einige Produkte, die bei der TSM AG beschafft werden, sind nicht für die Fertigung bestimmt, sondern werden direkt als Handelswaren neben den eigenen Erzeugnissen vertrieben. Deshalb gelangen diese Produkte nicht etwa ins Beschaffungslager, sondern werden direkt dem Absatzlager und hier dem **Handelswarenlager** zugeordnet. So kann die TSM AG ihren Kunden Komplettlösungen anbieten (z. B. Bett und Schrank aus eigener Herstellung und eine dazu passende Lampe als Handelsware), auch wenn sie nicht über die fertigungstechnischen Voraussetzungen verfügt. Letztlich gelangen alle bestellten Produkte ins **Versandlager**, wo diese gemäß Kundenauftrag zusammengestellt (kommissioniert), verpackt und versendet werden.

Vertiefende Übungen

1 Simon Pieper hat sich ein umfassendes Bild von den Lagerarten bei der TSM AG verschafft. Rückblickend muss er einsehen, dass die beiden Wochen im Lager sehr interessant und lehrreich für ihn waren. Viele Erlebnisse sind ihm in Erinnerung geblieben. Ordnen Sie Simons Erinnerungen den entsprechenden Lagerarten sowie den Funktionsbereichen Beschaffung, Fertigung oder Absatz zu und benennen Sie außerdem die Lagerfunktion. Dabei kann es vorkommen, dass bei einigen Erinnerungen mehrere Lagerfunktionen angesprochen werden.

a) Nach der Eingangsprüfung wurden die Rohstoffe der Klein-Holz GmbH direkt eingelagert.

Lagerart	Funktionsbereich	Lagerfunktion(en)

b) Bei der Anlieferung am vergangenen Montag wurde eine Fehlmenge festgestellt und unverzüglich beim Fahrer reklamiert.

Lagerart	Funktionsbereich	Lagerfunktion(en)

c) Am Donnerstag konnte ich dabei helfen, die Bestände an Kleinteilen an den einzelnen Fertigungsinseln zu überprüfen und aufzufüllen.

Lagerart	Funktionsbereich	Lagerfunktion(en)

d) Kirschholzplatten der Klein-Holz GmbH werden für drei Tage in die Heißluft-Trockenkammer eingelagert.

Lagerart	Funktionsbereich	Lagerfunktion(en)

e) Ein Fertigungslos wird nach Abschluss der Fertigung eingelagert. Es liegt noch kein Kundenauftrag vor.

Lagerart	Funktionsbereich	Lagerfunktion(en)

f) Eine größere Menge Edelstahlprofile wurde angeliefert, obwohl noch ausreichend Profile im Lager vorhanden sind.

Lagerart	Funktionsbereich	Lagerfunktion(en)

g) Eine Lieferung Tischleuchten wurde eingelagert. Diese sind direkt für den Absatz vorgesehen.

Lagerart	Funktionsbereich	Lagerfunktion(en)

h) Die Lieferungen der Farbenpracht – Heinz Pracht GmbH erfolgen grundsätzlich in Mehrwegverpackungen. Bei jeder Anlieferung nimmt der Fahrer eine größere Menge Leergut wieder mit.

Lagerart	Funktionsbereich	Lagerfunktion(en)

i) Bei der Kommissionierung werden die einzelnen Kundenaufträge zusammengestellt, verpackt und anschließend versendet.

Lagerart	Funktionsbereich	Lagerfunktion(en)

2 Herr Demiray hat Simon Pieper mehrmals davon erzählt, wie sehr er sich über unfreiwillige Lagerbestände ärgert. „Als ob wir nicht so schon genug zu tun hätten. Aber unfreiwillige Lagerbestände bringen unsere Pläne häufig durcheinander. Dann heißt es improvisieren", so Herr Demiray. Simon hat erfahren, dass es insbesondere in den Beschaffungslagern, aber auch bei den Zwischenlagern und Fertigerzeugnislagern häufiger zu diesen unfreiwilligen Lagerbeständen kommt.

Nennen Sie mögliche Gründe für unfreiwillige Lagerbestände in den drei genannten Lagern.

Ergänzende Übungen

Die in der Fertigung der Fahrradwerke Meier KG verwendeten Fahrradrahmen werden für ein Kinderfahrrad als Fremdbauteil (Vorprodukt) von einem Lieferanten bezogen. Das Unternehmen hat einen Teil der Lagerhalle für die Erweiterung der Fertigungshalle genutzt und führt deshalb nur noch ein kleines Vorproduktelager für die fremdbezogenen Rahmen mit einem Mindestbestand von drei Tagesbedarfen.

a) Ermitteln Sie den Mindestbestand an Fahrradrahmen, wenn an insgesamt 210 Arbeitstagen im Jahr 19950 Kinderfahrräder produziert werden.

b) Berechnen Sie für den in Aufgabenteil a) ermittelten Mindestbestand die benötigte Lagerfläche, wenn für jeweils 15 Fahrradrahmen eine Fläche von 6 m^2 benötigt wird.

c) Ermitteln Sie die jährlichen Kosten für die Lagerfläche: Für die Nutzung der ersten 50 m^2 an Lagerfläche fallen monatliche Kosten in Höhe von 17,50 € je m^2 an. Darüber hinaus steigen die Kosten je m^2 um jeweils 20 % für die Nutzung von zusätzlichen 50 m^2.

d) Die Fahrradrahmen werden zu einem Einstandspreis von 32,00 € je Stück bezogen. Berechnen Sie die daraus resultierenden Kapitalbindungskosten des Mindestbestandes bei einem Kapitalmarktzinssatz von 5,5 %.

ZUSAMMENFASSUNG

- Die Hauptaufgabe der Lagerhaltung besteht darin, Probleme, die bei ______________________, ______________________ und ____________________ auftreten können, auszugleichen.
- Die Funktionen der Lagerhaltung sind:
  - ______________________________
  - ______________________________
  - ______________________________
  - ______________________________
  - ______________________________
  - ______________________________
- Die Lagerarten können in drei Bereiche unterteilt werden. Diese sind das ______________________________, das ______________________________ und das ______________________________.
- Im ______________________________ erfolgt zunächst die Eingangsprüfung, bevor die Materialien den verschiedenen Lagertypen zugeordnet werden. Diese sind ____________________-, ____________________-, ____________________-, ____________________- und ____________________.
- Im Fertigungsbereich sind drei Lagertypen erforderlich. Während ______________________________ und ______________________________ in unmittelbarer Nähe zu den Fertigungsgruppen eingerichtet werden, dienen ______________________________ zur Überbrückung unterschiedlicher Bearbeitungsgeschwindigkeiten bei aufeinanderfolgenden Fertigungsgruppen.

- Für den Absatzbereich können ebenfalls drei Lagertypen unterschieden werden. Hier werden Kundenaufträge im ______________ bearbeitet. Dabei können diese Aufträge neben eigenen Erzeugnissen aus dem ______________ auch Produkte anderer Hersteller aus dem ______________ beinhalten.

SELBSTEINSCHÄTZUNG	JA ☺	MIT HILFE 😐	NEIN ☹
Ich kann die Hauptaufgabe der Lagerhaltung erklären.			
Ich kann die verschiedenen Funktionen der Lagerhaltung benennen, unterscheiden und erklären.			
Ich kann die Lagerarten der Unternehmensbereiche Beschaffung, Fertigung und Absatz unterscheiden.			
Ich kann die Bedeutung des Materialeingangslagers nachvollziehen.			
Ich kann die Lagerarten der Fertigung – Hand-, Werkzeug- und Zwischenlager – voneinander unterscheiden und deren Bedeutung im Fertigungsbereich erklären.			
Ich kann die Bedeutung des Fertigerzeugnislagers, des Handelswarenlagers und des Versandlagers erläutern und diese drei Lagerarten voneinander unterscheiden.			

Außerdem habe ich gelernt:

____

____

____

____

____

____

____

____

____

____

HINWEIS

Zur Wiederholung und Vertiefung der Inhalte der Lernsituation: Seite 177, Aufgabe 16.

LERNSITUATION 17: Eigen- oder Fremdlagerung – ein Vergleich

Ausgangssituation: Simon Pieper vergleicht die Vorteile der Eigen- und Fremdlagerung

Nachdem Simon Pieper und Ömer Demiray, Lagerleiter bei der TSM AG, ihren Rundgang beendet haben und Simon einen Einblick in die unterschiedlichen Lagerarten und -funktionen gewinnen konnte, möchte Herr Demiray, dass sich Simon mit einer neuen Aufgabe auseinandersetzt: „Herr Pieper, schauen Sie sich mal die E-Mail der Logistica Höchst GmbH an, einem benachbarten Logistikdienstleister hier in Frankfurt-Höchst. Die Nachricht ist bei unserem Einkaufsleiter Herrn Tiller eingegangen. Er möchte unsere Einschätzung bezüglich des Serviceangebots der Logistica Höchst GmbH erfahren."

An: frank.tiller@tsm.de
Gesendet: Mittwoch, 18. Juni 20(0), 09:05
Von: j.klein@logistica.de
Betreff: Unser Serviceangebot für Sie

Sehr geehrter Herr Tiller,

wir, die Logistica Höchst GmbH, sind IHR Spezialist für Lagerung, Warenpflege und Kommissionierung. Wir bieten Ihnen ein umfassendes Serviceangebot für Ihre Erzeugnisse.

Als einer der modernsten Lagerhalter im Großraum Frankfurt bieten wir unseren zahlreichen namenhaften Kunden ein auf ihre Bedürfnisse abgestimmtes Leistungsangebot.

Auch Ihnen möchten wir unsere Lagerräume, welche speziell auf die Lageranforderungen Ihrer Erzeugnisse ausgerichtet sind, zum Vorzugspreis von 75,00 € pro m² im Jahr anbieten.

Wir würden uns freuen, wenn Ihnen unser Angebot zusagt und Sie uns zukünftig mit der Lagerung Ihrer Erzeugnisse beauftragen.

Mit freundliche Grüßen

Jürgen Klein

Logistica Höchst GmbH (Vertrieb)

„Das Angebot hört sich nicht schlecht an und ich habe bereits in Erfahrung gebracht, welche Kosten die Lagerung bei uns verursacht. Insbesondere unser Fertigerzeugnislager in Lagerhalle C, welches wir vor einigen Jahren noch zur Konfektionierung unserer Erzeugnisse genutzt haben, ist häufig schlecht ausgelastet. Die Mietkosten für Lagerhalle C belaufen sich auf 20 000,00 € im Jahr, dazu kommen noch variable Kosten in Höhe von 40,00 € pro m² im Jahr. Außerdem habe ich von unserem Produktionsleiter Hartmut Müller erfahren, dass wir dringend zusätzliche Flächen zur Erweiterung unserer Produktionskapazitäten benötigen. Prüfen Sie doch bitte einmal das Angebot. Das ist doch genau die richtige Aufgabe für Sie, Herr Pieper."

Arbeitsaufträge

1 Erläutern Sie, welche Kosten bei der Eigen- und Fremdlagerung anfallen.

2 Führen Sie einen Kostenvergleich zur Eigen- und Fremdlagerung mithilfe der nachfolgenden Tabelle durch. Das Fertigerzeugnislager der TSM AG verfügt über eine maximale Lagerkapazität von 1 000 m².

Kostenvergleich zur Eigen-/Fremdlagerung:

Lagerfläche in m²	Eigenlagerung			Fremdlagerung
	Fixe Kosten in €	Variable Kosten in €	Gesamtkosten in €	Gesamtkosten in €
0				
100				
200				
300				
400				
500				
600				
700				
800				
900				
1 000				

3 Stellen Sie die Kostenverläufe in Abhängigkeit von der benötigten Lagerfläche dar.

Kostenvergleich zwischen Eigen- und Fremdlagerung

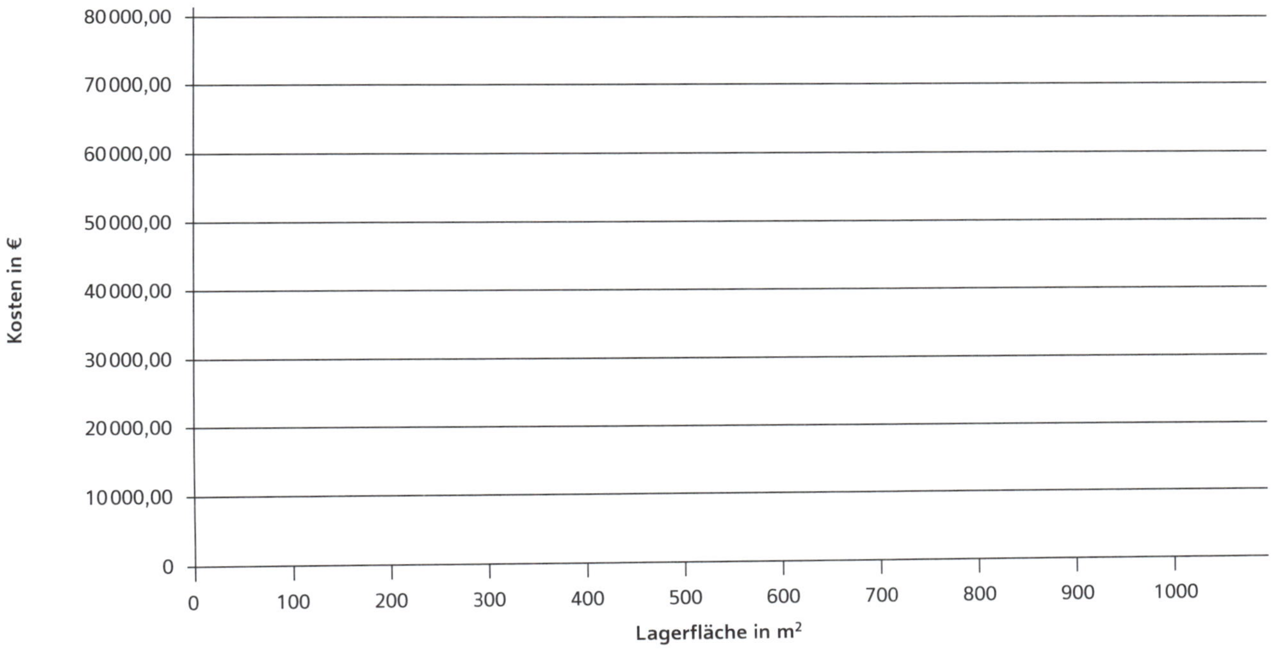

4 Berechnen Sie die kritische Lagerfläche, bei der die Kosten für Eigen- und Fremdlagerung gleich hoch sind.

5 Aufgrund der mittelfristigen Absatzprognosen des Vertriebs hat Herr Demiray die erforderliche Lagerfläche ermittelt, die in den kommenden Jahren voraussichtlich für die Lagerung der Erzeugnisse benötigt wird. Danach wird eine Lagerfläche von durchschnittlich ca. 600 m^2 benötigt. Simon Pieper möchte für Herrn Demiray eine Liste mit Argumenten vorbereiten, die für eine Eigen- bzw. Fremdlagerung sprechen. Unterstützen Sie Herrn Pieper und sammeln Sie mögliche Argumente in der nachfolgenden Übersicht.

Argumente für Eigenlagerung	Argumente für Fremdlagerung

INFOBOX

Info: Diskussion zwischen Simon Pieper und Herrn Demiray über die Vor- und Nachteile einer eigenen Lagerhaltung

Ömer Demiray: „Habe ich es mir doch gedacht, für unsere zahlreichen Erzeugnisse benötigen wir jedes Jahr eine große Lagerfläche, sodass unser eigenes Lager einfach günstiger ist. Außerdem ist unsere Auftragslage im Moment so gut, dass wir zukünftig noch größere Mengen lagern werden. Dadurch sparen wir noch mehr gegenüber einer Fremdlagerung."

Simon Pieper: „Verstehe, aber wenn die Auftragslage schlechter werden sollte, dann bleiben wir auf den Kosten für ein fast leeres Lager sitzen. Oder aber unsere Auftragslage verbessert sich so sehr, dass unsere Lagerkapazitäten nicht ausreichen. Bei einer Fremdlagerung hätten wir doch deutlich mehr Flexibilität und müssten nur die Lagerflächen bezahlen, die wir auch tatsächlich nutzen. Außerdem könnten wir die freien Flächen anderweitig nutzen, z. B. zur Produktionserweiterung."

Ömer Demiray: „Aber wenn wir uns voll auf ein Fremdlager verlassen, sind wir auch davon abhängig, dass unsere Ein- und Auslagerungen immer pünktlich ausgeführt werden. Außerdem können wir mit unserem eigenen Lager bei kurzfristigen Aufträgen viel flexibler und schneller reagieren, schließlich haben wir einen direkten Zugang zum Versand und keine langen Transportwege."

Simon Pieper: „Natürlich, aber die Logistica Höchst GmbH verfügt doch über reichlich Erfahrung und Know-how im Umgang mit unterschiedlichsten Erzeugnissen und könnte uns sicherlich ein umfangreiches Dienstleistungsangebot zur Materialpflege anbieten. Auf unsere Klimakammer zur Lagerung unserer Echtholz-Erzeugnisse könnten wir dann auch verzichten, diese ist schließlich ziemlich schlecht ausgelastet."

Ömer Demiray: „Da haben Sie sicherlich recht, Herr Pieper. Aber gerade bei den Erzeugnissen, die wir für unsere Premiumkunden veredeln und lagern, ist die einwandfreie Qualität von höchster Bedeutung. Da verlasse ich mich lieber auf meine Mitarbeiter als auf einen Dienstleister, schließlich fällt jeder Qualitätsmangel auf uns zurück."

Vertiefende Übungen

Die Bauermann Milcherzeugnisse KG betreibt ein eigenes Kühllager zur Lagerung ihrer Molkereierzeugnisse. Das Unternehmen überlegt, ob es aus kostenrechnerischen Gesichtspunkten sinnvoll wäre, zukünftig das Angebot der Cool-TEC Lagerhaltung GmbH in Anspruch zu nehmen. Ihnen liegt die nachfolgende unvollständige Tabelle zum Kostenvergleich zwischen Eigen- und Fremdlagerung von Molkereiprodukten vor.

1 Vervollständigen Sie die Tabelle.

Lagerfläche in m²	Eigenlagerung			Fremdlagerung
	Fixe Kosten in €	Variable Kosten in €	Gesamtkosten in €	Gesamtkosten in €
0				0,00
50				
100				7750,00
150				
200		5000,00		
250				
300	16000,00			
350				
400				

2 Ermitteln Sie ...
   a) die variablen Kosten je m².
   b) die Kosten der Fremdlagerung je m².
   c) die Fixkosten je m² bei einer genutzten eigenen Lagerfläche von 320 m².

3 Übertragen Sie die Ergebnisse der tabellarischen Lösung in eine grafische Darstellung.

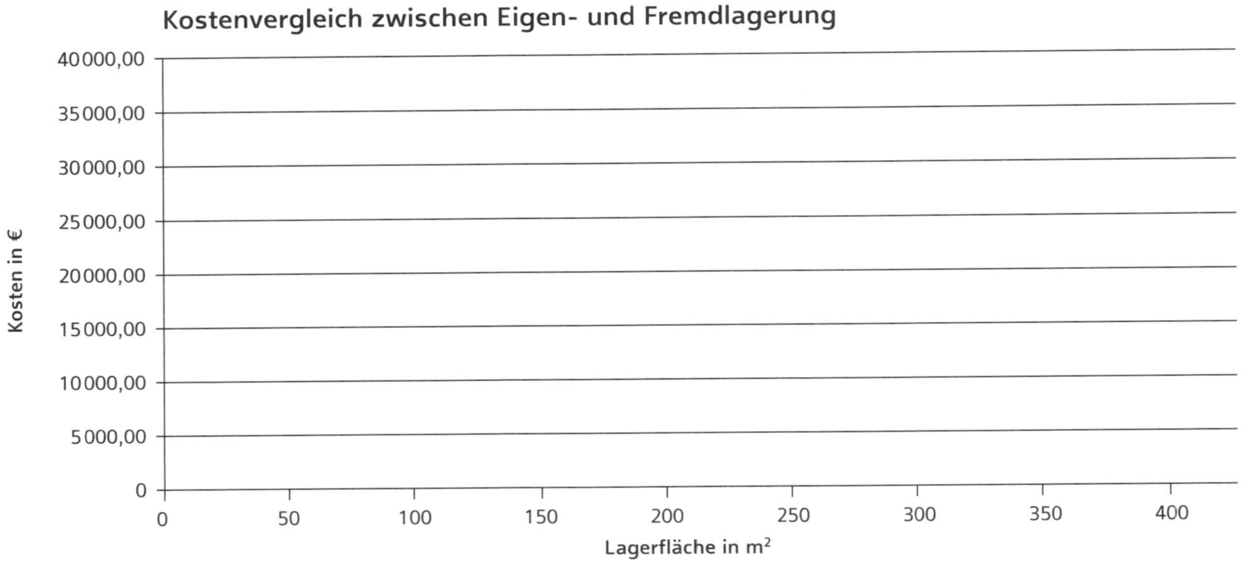

4 Ermitteln Sie die kritische Lagerfläche.

5 Momentan liegt die durchschnittliche Auslastung der Eigenlagerung bei der Bauermann Milcherzeugnisse KG bei 65 % der zur Verfügung stehenden 400 m² Lagerfläche.
   a) Nehmen Sie eine begründete kostenrechnerische Entscheidung zwischen Eigen- und Fremdlagerung vor.
   b) Beschreiben Sie mögliche Vorteile einer Eigen- bzw. Fremdlagerung der Molkereiprodukte.

6 Die Bauermann Milcherzeugnisse KG hat sich für eine Fremdlagerung der Erzeugnisse entschieden. Nach einem Jahr informiert die Cool-TEC Lagerhaltung GmbH über eine Veränderung ihrer Lagerkonditionen:
„(...) Bei ansonsten gleichbleibenden Konditionen müssen wir Ihnen leider mitteilen, dass wir aufgrund von ständig steigenden laufenden Kosten gezwungen sind, unsere Kunden an dieser Entwicklung zu beteiligen. Daher müssen wir Ihnen ab dem 01.01.20(0) neben den Kosten für die genutzte Lagerfläche, welche wir dadurch nicht erhöhen müssen, eine Pauschale in Höhe von 4000,00 € jährlich in Rechnung stellen. (...)“
Ermitteln Sie die neue kritische Lagerfläche und stellen Sie Ihre Ergebnisse grafisch dar.

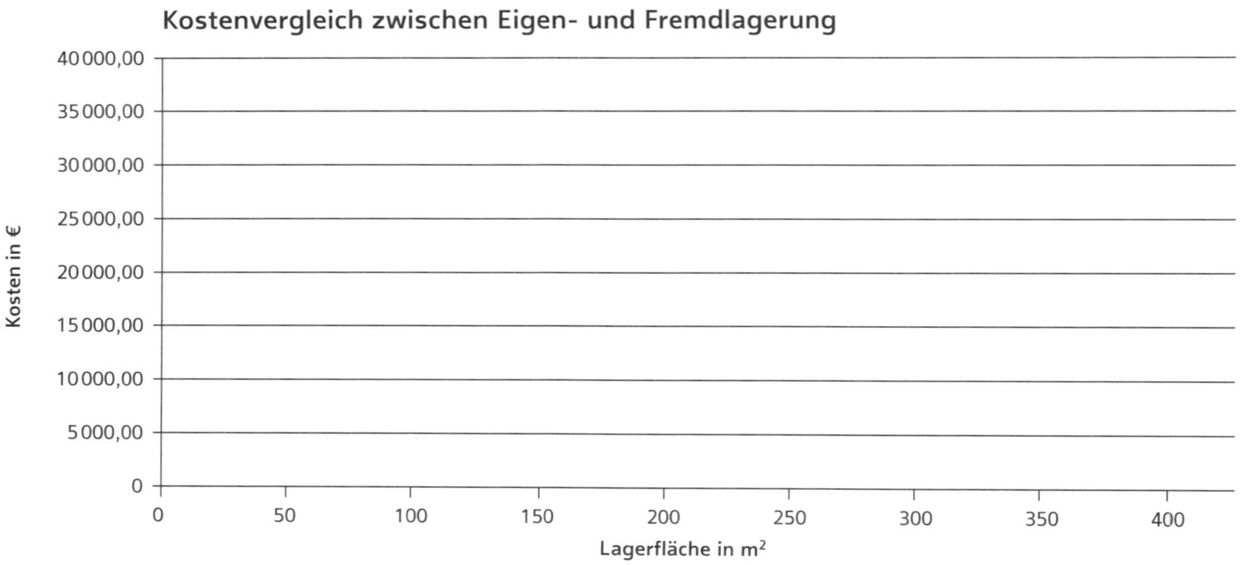

ZUSAMMENFASSUNG

- Während bei der Fremdlagerung i. d. R. lediglich ________ ________ für die tatsächlich in Anspruch genommene Lagerfläche anfallen, müssen für die Unterhaltung eines eigenen Lagers sowohl ________ als auch ________ ________ berücksichtigt werden.
- Neben den kostenrechnerischen Überlegungen müssen weitere Aspekte bei der Entscheidung berücksichtigt werden. Hierzu zählen u. a.:
  - ________
  - ________
  - ________
  - ________
  - ________
  - ________
- Die Ergebnisse des kostenrechnerischen Vergleichs können auch grafisch dargestellt werden:

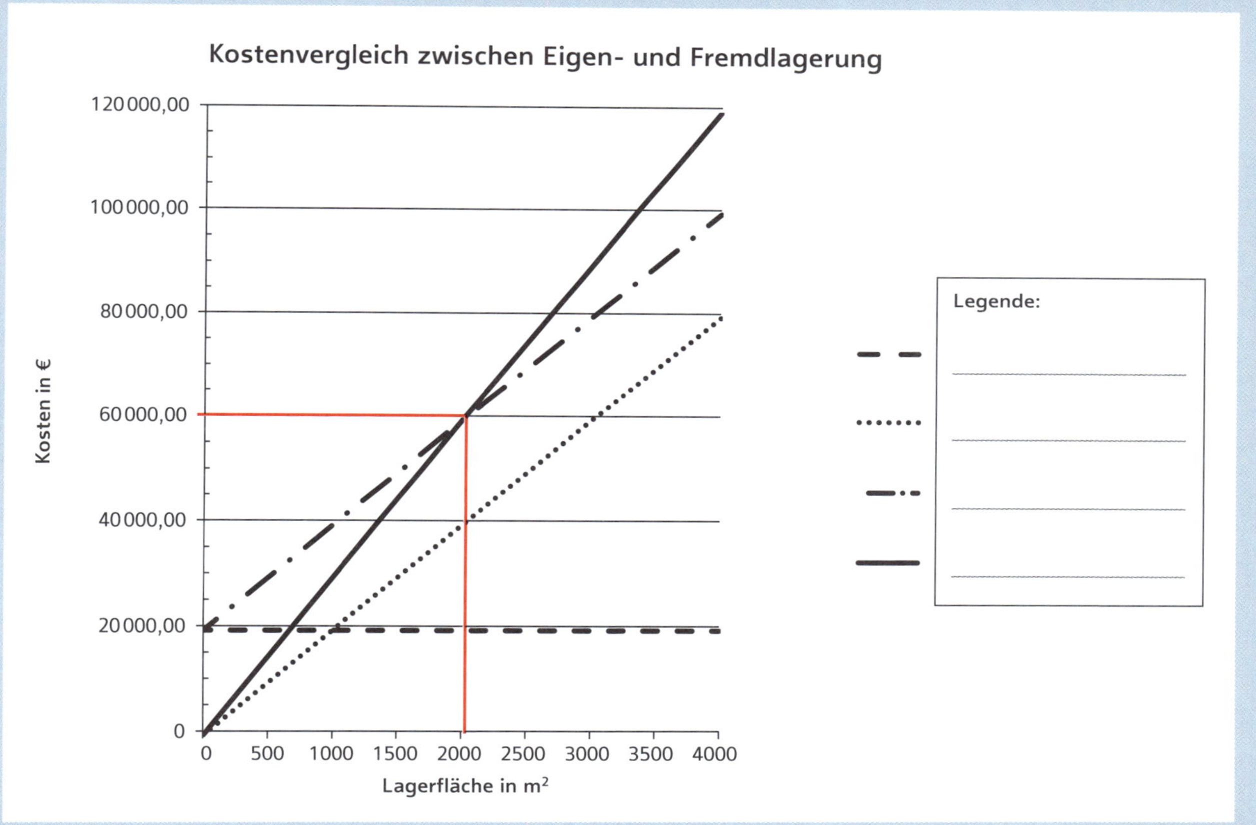

- Die ________ ________ liegt bei ________ m² und somit bei Kosten in Höhe von ________.

SELBSTEINSCHÄTZUNG	JA ☺	MIT HILFE 😐	NEIN ☹
Ich kann einen tabellarischen Vergleich zwischen Eigen- und Fremdlagerung vornehmen.			
Ich kann die kritische Lagerfläche bestimmen und das Ergebnis interpretieren.			
Ich kann eine grafische Darstellung des Kostenvergleichs zwischen Eigen- und Fremdlagerung erstellen.			
Ich kann weitere Gesichtspunkte bei der Entscheidung zwischen Eigen- und Fremdlagerung berücksichtigen.			

Außerdem habe ich gelernt:

HINWEIS

Zur Wiederholung und Vertiefung der Inhalte der Lernsituation: Seite 178, Aufgabe 17.

LERNSITUATION 18: Lagerkennzahlen zur Beurteilung der Lagerbestände und -kosten

Ausgangssituation: Simon Pieper ermittelt die Lagerkennzahlen

Nachdem Simon Pieper seine ersten Tage im Lager bei Herrn Demiray verbracht hat, wird er nun die verschiedenen Bereiche des Lagers (Materialeingang, Lagerhaltung und Lagerverwaltung) kennenlernen. Zunächst wird er in der Lagerverwaltung eingesetzt.
Herr Demiray möchte, dass sich Simon mit verschiedenen Lagerbestandskennzahlen beschäftigt und hat ihm deshalb die Lagerdaten zum Kleiderschrank „Premium plus" aus dem Produktionsprogramm der TSM AG zusammengestellt. „Schauen Sie sich das mal an, Herr Pieper. Von unserem hochwertigen Kleiderschrank ‚Premium plus' haben wir immer eine relativ große Stückzahl auf Lager. Das sorgt für eine schlechte Umschlagshäufigkeit und eine lange Lagerdauer. Das kostet! Aber vor einem Jahr sahen die Kennzahlen noch ganz anders aus. Ich denke, durch die im letzten Jahr umgesetzten Maßnahmen zur Optimierung des Bestandsmanagements konnten wir bereits erste Verbesserungen erreichen. Herr Pieper, berechnen Sie die Lagerkennzahlen für das abgelaufene Geschäftsjahr 20(1) und vergleichen Sie diese mit den Kennzahlen aus dem Vorjahr 20(0)."

Auszug aus der Lagerdatei für das Geschäftsjahr 20(1):

Kleiderschrank „Premium plus"	
Jahresanfangsbestand:	128 Stück
Monatsendbestände:	
Januar	135 Stück
Februar	90 Stück
März	80 Stück
April	42 Stück
Mai	65 Stück
Juni	100 Stück
Juli	85 Stück
August	95 Stück
September	112 Stück
Oktober	45 Stück
November	140 Stück
Dezember	160 Stück
Jahresverbrauch:	1 270 Stück

Lagerkennzahlen 20(0):

Kleiderschrank „Premium plus"	
durchschn. Lagerbestand: (Monatsinventur)	125 Stück
Umschlagshäufigkeit:	11
durchschn. Lagerdauer	32,73 Tage
Jahresverbrauch:	1 375 Stück

Arbeitsaufträge

1 Simon benötigt zunächst den durchschnittlichen Lagerbestand. Hierzu hat er drei Berechnungsalternativen zur Auswahl. Ermitteln Sie mithilfe der Informationen aus der Lagerdatei den durchschnittlichen Lagerstand bei Jahresinventur, Quartalsinventur und Monatsinventur.

Durchschnittlicher Lagerbestand bei Jahresinventur:

Durchschnittlicher Lagerbestand bei Quartalsinventur:

Durchschnittlicher Lagerbestand bei Monatsinventur:

2 Simon wundert sich über die z. T. stark unterschiedlichen Ergebnisse seiner Berechnungen. „Wie kann das sein, es ist doch derselbe Schrank?!“ Erläutern Sie, welche Aussagekraft die von Ihnen ermittelten durchschnittlichen Lagerbestände besitzen.

3 Ermitteln Sie die Umschlagshäufigkeit des Kleiderschranks „Premium plus“. Das Ergebnis der Monatsinventur soll zur Berechnung herangezogen werden. Erläutern Sie Ihr Ergebnis.

Umschlagshäufigkeit:

4 Als Nächstes möchte Herr Pieper wissen, wie lange die Kleiderschränke durchschnittlich im Lager liegen, bevor sie an die Kunden verschickt werden. Ermitteln Sie die durchschnittliche Lagerdauer.

Durchschnittliche Lagerdauer:

5 Beurteilen Sie Herrn Demirays Aussage, dass durch die Maßnahmen zur Optimierung des Bestandsmanagements bereits erste Verbesserungen erreicht wurden.

6 Aus einem aktuellen Angebot der Deutschen Bank in Frankfurt geht hervor, dass der marktübliche Zinssatz 1,5 % p. a. (= pro Jahr) beträgt. Berechnen Sie den Lagerzinssatz sowie die Lagerzinsen für einen durchschnittlichen Bestand des Kleiderschrankes „Premium plus“ (Herstellungskosten: 987,50 € je Stück).

Lagerzinssatz:

Lagerzinsen:

7 Simon hat erfahren, dass die Kunden der TSM AG durchschnittlich 12 Kleiderschränke pro Tag bestellen. Ermitteln Sie die daraus resultierende Lagerreichweite.

Lagerreichweite:

INFOBOX

Info: Berechnung und Beurteilung von Lagerkennzahlen

Vorräte wie Rohstoffe, Fertigteile, Baugruppen oder Fertigerzeugnisse verursachen durch ihre Lagerung hohe Kapitalbindungskosten (= Lagerzinsen), weil das gebundene Kapital durch Eigenkapital oder Fremdkapital finanziert werden muss. Daher ist es wichtig, Lagerbestände so gering wie möglich zu halten und Lagerbewegungen sowie Lagerkosten regelmäßig zu kontrollieren. Hierzu kommen verschiedene Lagerkennzahlen zur Anwendung:

Durchschnittlicher Lagerbestand

Aufgrund ständiger Lagerzugänge und -abgänge kommt es zu starken Schwankungen des Lagerbestandes. Der durchschnittliche Lagerbestand berücksichtigt diese Veränderungen und gibt Auskunft über den Durchschnitt eines Vorratsbestandes in einem Zeitraum (z. B. ein Jahr, Quartal, Monat). Während die Jahresinventur lediglich den Jahresanfangs- und Jahresendbestand berücksichtigt, werden bei der Quartalsinventur neben dem Jahresanfangsbestand die vier Quartalsendbestände berücksichtigt und bei der Monatsinventur sogar alle Monatsendbestände neben dem Anfangsbestand in die Berechnung einbezogen. Generell gilt, je mehr Bestandsdaten in die Berechnung einbezogen werden, umso aussagekräftiger ist das Ergebnis.

Durchschnittlicher Lagerbestand bei Jahresinventur:

$$= \frac{\text{Anfangsbestand + Endbestand}}{2}$$

Beispiel:

$$\frac{200 + 150}{2} = \textbf{175 Stück}$$

INFOBOX

Durchschnittlicher Lagerbestand bei Quartalsinventur:

$$= \frac{\text{Anfangsbestand} + 4 \text{ Quartalsendbestände}}{5}$$

Beispiel:

$$\frac{200 + 100 + 100 + 50 + 150}{5} = \mathbf{120\ Stück}$$

Durchschnittlicher Lagerbestand bei Monatsinventur:

$$= \frac{\text{Anfangsbestand} + 12 \text{ Monatsendbestände}}{13}$$

Beispiel:

$$\frac{200 + 60 + 75 + 100 + 75 + 50 + 100 + 100 + 50 + 50 + 75 + 85 + 150}{13} = \mathbf{90\ Stück}$$

Umschlagshäufigkeit

Mithilfe des durchschnittlichen Lagerbestandes und des Jahresverbrauches lässt sich die Umschlagshäufigkeit ermitteln. Diese gibt an, wie oft der durchschnittliche Lagerbestand in einem Jahr umgesetzt wurde. Hierbei kann eine rein mengenmäßige Betrachtung in Stück oder eine wertmäßige Betrachtung in Euro erfolgen.

Umschlagshäufigkeit:

$$= \frac{\text{Jahresverbrauch}}{\text{durchschnittlicher Lagerbestand}}$$

Beispiel:

$$\frac{1\,800}{90} = \mathbf{20\ Stück}$$

Durchschnittliche Lagerdauer

Mithilfe der zuvor ermittelten Umschlagshäufigkeit lässt sich die durchschnittliche Lagerdauer berechnen. Diese informiert über den durchschnittlichen Zeitraum, der zwischen Einlagerung und Lagerentnahme vergeht. Hierbei wird eine kaufmännische Betrachtung über 360 Tage im Jahr angestellt.

Durchschnittliche Lagerdauer:

$$= \frac{360 \text{ Tage}}{\text{Umschlagshäufigkeit}}$$

Beispiel:

$$\frac{360}{20} = \mathbf{18\ Tage}$$

Unterstellt man einen gleichbleibenden Jahresverbrauch, so führt ein steigender durchschnittlicher Lagerbestand zu einer geringeren Umschlagshäufigkeit und somit zu einer längeren durchschnittlichen Lagerdauer. Umgekehrt führt ein geringer durchschnittlicher Lagerbestand zu einer höheren Umschlagshäufigkeit und somit zu einer kürzeren durchschnittlichen Lagerdauer.

Es zeigt sich also, dass sich der durchschnittliche Lagerbestand und die Umlaufgeschwindigkeit sowie die Umlaufgeschwindigkeit und die durchschnittliche Lagerdauer gegenläufig verhalten!

Anhand der Umschlagshäufigkeit und der durchschnittlichen Lagerdauer kann ein Bezug zu den Lagerkosten hergestellt werden. Bei einer hohen Umschlagshäufigkeit und somit einer kurzen Lagerdauer führt dies zu einem niedrigen Kapitaleinsatz bzw. einer geringen Kapitalbindung im Lager. Zur exakten Auswertung der Kostensituation im Lager können der Lagerzinssatz und die Lagerzinsen ermittelt werden.

Lagerzinssatz

Der Lagerzinssatz gibt die Zinskosten in Prozent an, die während der durchschnittlichen Lagerdauer eines Bestandes entstehen. Hierbei werden die durchschnittliche Lagerdauer oder die Umschlagshäufigkeit und der Jahreszinssatz (Marktzinssatz) zur Ermittlung des Lagerzinssatzes in Betracht gezogen.

Lagerzinssatz:

$$= \frac{\text{Jahreszinssatz} \cdot \text{durchschnittliche Lagerdauer}}{360 \text{ Tage}}$$

Beispiel: Marktzinssatz: 5 %

$$\frac{5\ \% \cdot 18 \text{ Tage}}{360 \text{ Tage}} = \mathbf{0{,}25\ \%}$$

INFOBOX

oder

$$= \frac{\text{Jahreszinssatz}}{\text{Umschlagshäufigkeit}} \qquad \frac{5\,\%}{20} = \mathbf{0{,}25\,\%}$$

Lagerzinsen
Das in den durchschnittlichen Lagerbeständen gebundene Kapital verursacht Kosten, die sogenannten Kapitalbindungskosten. Diese können als Lagerzinsen berechnet werden. Für diese Berechnung wird der gerade ermittelte Lagerzinssatz benötigt.

Lagerzinsen:

$$= \frac{\text{Lagerzinssatz} \cdot \text{durchschnittlicher Lagerbestand in €}}{100}$$

Beispiel: Herstellungskosten je Stück: 500,00 €

$$\frac{0{,}25\,\% \cdot (90\text{ Stück} \cdot 500{,}00\text{ €})}{100} = \mathbf{112{,}50\text{ €}}$$

Für einen durchschnittlichen Lagerbestand von 90 Stück fallen während seiner Lagerdauer von 18 Tagen Lagerzinsen in Höhe von 112,50 € an. Auf ein Jahr bezogen fallen diese Lagerzinsen 20-mal an, denn der durchschnittliche Bestand wird 20-mal umgeschlagen (Umschlagshäufigkeit). Somit belaufen sich die jährlichen Zinskosten für die gesamten Bestände auf 20 • 112,50 € = 2250,00 €. Alternativ lassen sich die jährlichen Zinskosten berechnen, indem man den durchschnittlichen Lagerwert in Höhe von 45000 € (90 Stück • 500,00 €) mit dem Marktzins von 5 % p. a. (= pro Jahr) multipliziert (45000 € • 5 % = 2250,00 €).

Lagerreichweite
Diese Kennzahl zeigt an, wie lange der durchschnittliche Lagerbestand ausreicht, um die durchschnittlichen täglichen Entnahmen für die Produktion (Rohstoffe) oder den Absatz (Fertigerzeugnisse) sicherzustellen.

Lagerreichweite:

$$= \frac{\text{durchschnittlicher Lagerbestand}}{\text{durchschnittlicher täglicher Verbrauch/Absatz}}$$

Beispiel:

$$\frac{90\text{ Stück}}{10\text{ Stück/Tag}} = \mathbf{9\text{ Tage}}$$

Vertiefende Übungen

1 Bei der Jahresinventur der Eisen-Karl GmbH sind folgende Daten (in Tausend €) für zwei aufeinanderfolgende Geschäftsjahre ermittelt worden:

Erzeugnisse:	Anton	Berta	Cesar
Endbestand 31.12.20(0)	150	220	80
Endbestand 31.12.20(1)	200	180	40
Jahresumsatz in 20(1)	875	900	720

Ermitteln Sie jeweils folgende Kennzahlen:
a) den durchschnittlichen Lagerbestand in €
b) die Umschlagshäufigkeit
c) die durchschnittliche Lagerdauer
d) den Lagerzinssatz bei einem Marktzinssatz von 4 %
e) die Lagerzinsen

2 Die Merkert Haushaltswaren GmbH verarbeitet bei der Herstellung der verschiedenen Produkte vorwiegend eine genormte Schraube M8, welche in großen Stückzahlen benötigt wird. Der nachfolgende Auszug aus der Lagerdatei zeigt die Bestandsveränderungen des abgelaufenen Geschäftsjahres.

Lagerdatei der Merkert Haushaltswaren GmbH			
Werkstoff:	**Schraube M8**	**Mindestbestand:**	5 000 Stück
		Lieferzeit:	5 Tage
Datum	**Zugang** (in Stück)	**Abgang** (in Stück)	**Bestand** (in Stück)
01.01.			20 400
28.01.		5 500	14 900
20.02.		8 700	6 200
08.03.	25 800		32 000
22.03.		9 800	22 200
05.04.		3 500	18 700
01.05.		13 300	5 400
20.05.	26 600		32 000
03.06.		10 800	21 200
25.06.		11 700	9 500
19.07.		6 500	3 000
24.08.	29 000		32 000
12.09.		7 800	24 200
30.09.		5 600	18 600
18.10.		7 000	11 600
09.11.		6 500	5 100
17.12.	26 900		32 000
31.12.			32 000

a) Ermitteln Sie den durchschnittlichen Lagerbestand mithilfe der Jahres- und der Monatsinventur.

b) Berechnen Sie die Umschlagshäufigkeit und die durchschnittliche Lagerdauer. Nutzen Sie dabei den durchschnittlichen Lagerbestand der Monatsinventur.

c) Der Kapitalmarktzins beträgt zurzeit 2,5 %. Ermitteln Sie den Lagerzinssatz und die Lagerzinsen bei einem Einstandspreis von 78,50 € je 1 000 Schrauben.

3 Die Zweiradwerke Münsterland GmbH hat während eines Geschäftsjahres Rohstoffe im Wert von 1,3 Mio. € eingekauft. Zu Beginn des Geschäftsjahres verfügte das Unternehmen über einen Lagerbestand im Wert von 250 000,00 €, am Jahresende lag dieser bei 350 000,00 €. Die Unternehmensleitung möchte die Lagerhaltungskosten optimieren und benötigt dazu die durchschnittliche Lagerdauer der Rohstoffe des angegebenen Geschäftsjahres. Ermitteln Sie „Schritt für Schritt“ die durchschnittliche Lagerdauer.

4 Die Elektro Meier und Kuhn OHG hat für ein Bauteil eine Umschlagshäufigkeit von 12 ermittelt. Berechnen Sie die durchschnittliche Lagerdauer.

5 Bei der Elektro Zack AG, einem Wettbewerber der Elektro Meier und Kuhn OHG, wird für ein Bauteil bei einem Marktzinssatz von 5 % ein Lagerzinssatz von 0,5 % ermittelt.
   a) Berechnen Sie, wie hoch die durchschnittliche Lagerdauer der Elektro Zack AG ist.
   b) Die Elektro Zack AG möchte die gleiche Umschlagshäufigkeit erreichen wie die Elektro Meier und Kuhn OHG. Ermitteln Sie den Lagerzinssatz, den das Unternehmen dazu erreichen müsste.

6 Der Düngemittelhersteller Eilers e. K. verarbeitete im abgelaufenen Geschäftsjahr Rohstoffe im Wert von 1 920 000,00 €. Der durchschnittliche Lagerbestand belief sich auf 320 000,00 €.
   a) Berechnen Sie die Umschlagshäufigkeit und die durchschnittliche Lagerdauer des Düngemittelherstellers.
   b) Im laufenden Geschäftsjahr rechnet das Unternehmen mit einem gleichbleibenden Jahresverbrauch. Dabei soll der durchschnittliche Lagerbestand auf 75 % des Vorjahresniveaus reduziert werden. Ermitteln Sie, welche Auswirkung dies auf die durchschnittliche Lagerdauer hätte.

Ergänzende Übungen

Aufgrund einer positiven Marktprognose hat die Zweiradwerke Münsterland GmbH E-Bikes ins Fertigungsprogramm aufgenommen. Für das abgelaufene Geschäftsjahr liegen die nachfolgenden Daten zu den E-Bikes vor:

Jahresabsatz:	800 Stück			
Herstellungskosten:	980,00 € je Stück			
Marktzinssatz:	6 % p. a.			
Lagerbestände in Stück:	Anfangsbestand lt. Inventur 01. Januar 20(0):			25 Stück
Monatsendbestände:				
Januar	50 Stück	Juli	90 Stück	
Februar	60 Stück	August	70 Stück	
März	55 Stück	September	30 Stück	
April	45 Stück	Oktober	50 Stück	
Mai	20 Stück	November	40 Stück	
Juni	30 Stück	Dezember	20 Stück	
Weitere Lagerkosten pro Jahr:		**Lagermiete:**		8 000,00 €
		Kosten der Lagereinrichtung:		4 000,00 €
		Sonstige Fixkosten:		3 000,00 €

Ein Lagerhalter unterbreitet dem Fahrradhersteller ein Angebot zur Lagerung der E-Bikes.
Lagerkosten: 19,90 € pro Stück.

a) Ermitteln Sie („Schritt für Schritt“) die jährlichen Lagerzinsen bei Eigenlagerung der E-Bikes und den zur Berechnung erforderlichen Lagerzinssatz.
b) Berechnen Sie die kritische Lagermenge für die Lagerung der E-Bikes und erläutern Sie Ihr Ergebnis.

ZUSAMMENFASSUNG

- Lagerkennzahlen werden zur regelmäßigen und systematischen Lager__________ ermittelt und sollen zu möglichst geringen Lager__________ und Lager__________ beitragen.
- Dabei können u. a. die folgenden Kennzahlen ermittelt werden:
  - Durchschnittlicher Lagerbestand (Monatsinventur):

    = ______________________________

  - Umschlagshäufigkeit:

    = ______________________________

  - Durchschnittliche Lagerdauer:

    = ______________________________

  - Lagerzinssatz:

    = ______________________________

    360 Tage

    oder

    = ______________________________

  - Lagerzinsen:

    = ______________________________

    100

  - Lagerreichweite:

    = ______________________________

- Der durchschnittliche Lagerbestand informiert über den Durchschnitt eines __________ in einem __________.
- Die Umschlagshäufigkeit gibt an, __________ __________ der durchschnittliche Lagerbestand __________ __________ __________ umgesetzt wurde.
- Der durchschnittliche Zeitraum zwischen Einlagerung und Lagerentnahme wird mit der __________ __________ angegeben.
- Durchschnittlicher Lagerbestand und Umlaufgeschwindigkeit sowie Umlaufgeschwindigkeit und durchschnittliche Lagerdauer verhalten sich __________, d. h., bei einem gleichbleibenden Jahresverbrauch und geringerem durchschnittlichen Lagerbestand __________ die Umlaufgeschwindigkeit, die durchschnittliche Lagerdauer __________ sich und __________.
- Der Lagerzinssatz gibt die __________ in Prozent an, die während der durchschnittlichen __________ eines Bestandes entstehen.

- Das in den durchschnittlichen Lagerbeständen gebundene Kapital verursacht ______________, welche als ______________ berechnet werden können.
- Mithilfe der durchschnittlichen täglichen Entnahmen (z. B. für die Produktion) und dem durchschnittlichen Lagerbestand kann die ______________ ermittelt werden.

SELBSTEINSCHÄTZUNG	JA ☺	MIT HILFE 😐	NEIN ☹
Ich kann den durchschnittlichen Lagerbestand anhand der Jahres-, Quartals- und Monatsinventur berechnen und die Aussagefähigkeit der Ergebnisse beurteilen.			
Ich kann die Umschlagshäufigkeit und die durchschnittliche Lagerdauer ermitteln und deren gegenläufige Entwicklung erklären.			
Ich kann den Lagerzinssatz und die Lagerzinsen berechnen.			
Ich kann die Bedeutung der Kapitalbindungskosten erklären.			
Ich kann die Lagerreichweite bestimmen.			
Ich kann mithilfe der Lagerkennzahlen eine systematische Kontrolle der Lagerbestände und Lagerkosten durchführen.			

Außerdem habe ich gelernt:

____

____

____

____

____

____

____

____

____

____

HINWEIS

Zur Wiederholung und Vertiefung der Inhalte der Lernsituation: Seite 181, Aufgabe 18.

Aufgaben zur Vertiefung, Wiederholung und Klausur- bzw. Prüfungsvorbereitung

Aufgabe 1: Aufgaben und Ziele des Beschaffungswesens und die darauf basierende Materialauswahl erläutern

a) Die nachfolgenden Aussagen beschreiben einzelne Tätigkeiten, die sich auf die Beschaffungsplanung, -durchführung oder -kontrolle beziehen. Nehmen Sie eine begründete Zuordnung dieser Tätigkeiten zu einer der drei Teilaufgaben des Beschaffungswesens vor.

aa) Ein Anfrageschreiben über 50 000 Stahlprofile wird erstellt und an bekannte und potenzielle Lieferanten verschickt.

ab) Nach der Überprüfung der Eingangsrechnung wird diese an das Rechnungswesen weitergeleitet.

ac) Ein Mitarbeiter der Materialdisposition erhält von seinem Ansprechpartner im Absatz die Auftragsmengen des Folgemonats.

ad) Aufgrund einer Kundenanfrage hat ein Konstruktionsbüro ein neues Produkt entwickelt. Anhand der Konstruktionszeichnung sollen bis zum Jahresende zehn Prototypen hergestellt werden.

ae) Die Lieferungen der Meyer KG werden im EDV-System des Unternehmens statistisch erfasst. Dabei werden u. a. die Liefermengen, die Anzahl der fehlerhaften Teile, der geplante und der tatsächliche Liefertermin im System hinterlegt.

af) Nach Abschluss des Angebotsvergleichs werden 50 Eichenholzplatten bei der Meyer KG bestellt.

ag) Am 05.05.20(0) sind die für den 02.05.20(0) bestellten Schrauben noch nicht bei der Trend-Systemmöbel AG eingegangen. Nach einem Anruf beim Lieferanten wird eine sofortige Eillieferung veranlasst.

ah) Für die zehn Prototypen werden 80 Schaumstoffringe benötigt. Bislang wurde kein vergleichbarer Artikel bei anderen Erzeugnissen des Unternehmens eingesetzt.

b) Ein Geschäftspartner der TSM AG, die Media-Plan GmbH, arbeitet schon seit einigen Jahren mit der TSM AG zusammen, wenn es darum geht, Konferenz- und Tagungsräume bei Hotelprojekten mit entsprechenden Möbeln auszustatten.

Die Media-Plan GmbH hat sich auf die Herstellung von Kunststoffteilen, die Lackierung von Einzelteilen und Modulen sowie die abschließende Montage der fertigen Erzeugnisse spezialisiert. Dabei werden Holz- und Metallteile von verschiedenen Lieferanten bezogen, lackiert und montiert. Zum Produktionsprogramm des Unternehmens gehören u.a. Flipcharts, Beamer-Halterungen, Rednerpulte sowie Konferenztische und -stühle.

Entscheiden Sie, ob es sich bei den nachfolgenden Werkstoffen um Roh-, Hilfs-, Betriebsstoffe, Fertigbauteile oder Handelswaren handelt. Begründen Sie Ihre Entscheidungen!

ba) Metallgestell für die Beamer-Halterungen

bb) Strom für die Fertigungsanlagen

bc) Holzplatten für die Konferenztische

bd) Kunststoffgranulat

be) Wasser zur Kühlung der Fertigungsanlagen

bf) Pulverbeschichteter Metallrahmen der Flipcharts

bg) Kommunikationssystem für die Konferenztische

bh) Lacke für die Holz- und Metallelemente

Aufgabe 2: Die ABC-Analyse zur Klassifikation nutzen

a) Führen Sie für die nachfolgend aufgeführten Materialien eine ABC-Analyse durch.

Tabelle 1:

Art.-Nr.	Jahresverbrauch (Stück)	Preis (Stück/€)	Jahresverbrauchs-wert (€)	Wertanteil in %	Rangfolge	Mengenanteil in %
001	550	45,00				
002	1 350	9,00				
003	2 500	1,10				
004	3 100	0,90				
005	600	55,00				
006	850	59,00				
007	1 600	9,50				
008	1 750	0,80				
009	1 900	1,50				
010	2 100	1,80				
011	4 500	0,70				
Summe:						

Tabelle 2:

Rang	Art.-Nr.	Jahres-verbrauch (Stück)	Preis (Stück/€)	Jahres-verbrauchswert (€)	Wertanteil in %	kumulierter Wertanteil	kumulierter Mengen-anteil
1							
2							
3							
4							
5							
6							
7							
8							
9							
10							
11							

b) Beschreiben Sie die wesentlichen Merkmale von A-Gütern und C-Gütern.

Aufgabe 3: Bedarfsermittlung – vom Primär- zum Nettobedarf

a) Die TSM AG verarbeitet bei zahlreichen Erzeugnissen Holzdübel (60 x 8 mm). Für das Hotelbett „Premium-Line deluxe“ liegt ein Auftrag einer süddeutschen Hotelkette über 280 Betten vor. Aus der Stückliste geht hervor, dass 32 Dübel je Erzeugnis verarbeitet werden. Außerdem ist ein Zusatzbedarf von 15 % zu berücksichtigen. Für zahlreiche andere Aufträge sind insgesamt 3700 Holzdübel bereits reserviert. Für den folgenden Tag erwartet die TSM AG eine offene Lieferung über 5000 Dübel. Aus der Bestandsdatei der TSM AG geht hervor, dass aktuell 4130 Dübel auf Lager liegen.

Der Materialbedarf an Dübeln in den letzten sechs Monaten:

April	12000 Stück
Mai	10000 Stück
Juni	9000 Stück
Juli	8000 Stück
August	12000 Stück

September	15000 Stück
Oktober	
November	
Dezember	

Ermitteln Sie anhand der Ihnen vorliegenden Informationen

aa) den Primärbedarf,

ab) den Bruttotertiärbedarf sowie

ac) den Nettotertiärbedarf an Holzdübeln.

b) Zukünftig soll der Bedarf an Holzdübeln nicht mehr auftragsbezogen, sondern verbrauchsorientiert ermittelt werden. Berechnen Sie den voraussichtlichen Bedarf an Dübeln für die drei nachfolgenden Monate

ba) mithilfe der Methode der Durchschnittswerte (letzte sechs Monate).

bb) mithilfe der Trendberechnung (Gewichtung: 5 % / 5 % / 15 % / 15 % / 30 % / 30 %)
(**Annahme:** Die von Ihnen ermittelten Bedarfe der Monate Okt. und Nov. sind tatsächlich angefallen.).

Aufgabe 4: Bestellmengenplanung – Die optimale Bestellmenge

Die TSM AG bezieht von der Farbenpracht – Heinz Pracht GmbH u.a. einen Lack, der aufgrund seiner Beliebtheit bei zahlreichen Erzeugnissen verarbeitet wird. Eine geplante Optimierung der Bestellmenge soll zur Kostenreduzierung beitragen. Es wird ein kontinuierlicher Lagerabgang unterstellt. Ein eiserner Bestand ist aufgrund der begrenzten Haltbarkeit des Lackes nicht möglich. Zur Ermittlung der optimalen Bestellmenge liegen Ihnen folgende Daten vor:

Gesamtbedarf:	1 800 Gebinde pro Jahr
Listenpreis:	15,00 € je Gebinde
Rabattstaffel:	ab 200 Gebinde je Bestellung = 1 %
	ab 400 Gebinde = 2 %
	ab 600 Gebinde = 4 %
Bestellkosten:	120,00 € je Bestellung.
Lagerhaltungskostensatz:	25 % vom durchschnittlichen Lagerwert.

a) Ermitteln Sie die optimale Bestellmenge mithilfe der nachfolgenden Tabelle:

Anzahl der Bestel-lungen pro Jahr	Bestell-menge in Stück	Einstands-preis des Jahres-bedarfs in €	durch-schn. Lager-bestand in Stück	durch-schn. Lager-bestand in €	durch-schn. Lager-kosten in €	Bestell-kosten in €	Kosten-vorteil durch Mengen-rabatt in €	Gesamt-kosten in €
1								
2								
4								
6								
8								
10								
12								

b) Für das kommende Geschäftsjahr erwartet die TSM AG, dass die Bestellkosten um 25 % steigen werden und dass der Lagerhaltungskostensatz auf 31,25 % des durchschnittlichen Lagerwertes angehoben werden muss. Erläutern Sie jeweils in einem Satz (keine Berechnung), welche Auswirkungen die einzelnen Veränderungen auf die Berechnung der optimalen Bestellmenge haben werden. Wie wird sich die optimale Bestellmenge verändern?

Aufgabe 5: Planung des Bestellzeitpunktes – das Bestellpunkt- und Bestellrhythmusverfahren

Die Bestellungen für ein Metallprofil sollen nach dem Bestellpunktverfahren durchgeführt werden. Aus der Lagerstatistik der Meyer GmbH geht hervor, dass in 250 Tagen ein Verbrauch von 10000 Metallprofilen zu verzeichnen ist. Der Mindestbestand soll für drei Tage ausreichen. Der Höchstbestand beträgt 800 Metallprofile, die Bestellzeit sechs Tage.

a) Erläutern Sie die wesentlichen Unterschiede von Bestellpunkt- und Bestellrhythmusverfahren.

b) Berechnen Sie ...

ba) den durchschnittlichen täglichen Verbrauch,

bb) Mindestbestand,

bc) Meldebestand und

bd) die erforderliche Bestellmenge, damit der Höchstbestand nicht überschritten wird.

c) Stellen Sie Ihre Ergebnisse grafisch dar. Beginnen Sie Ihre Darstellung bei einem aktuellen Lagerbestand von 400 Stück.

Zeichnungsvorlage zum Bestellpunktverfahren für das Metallprofil

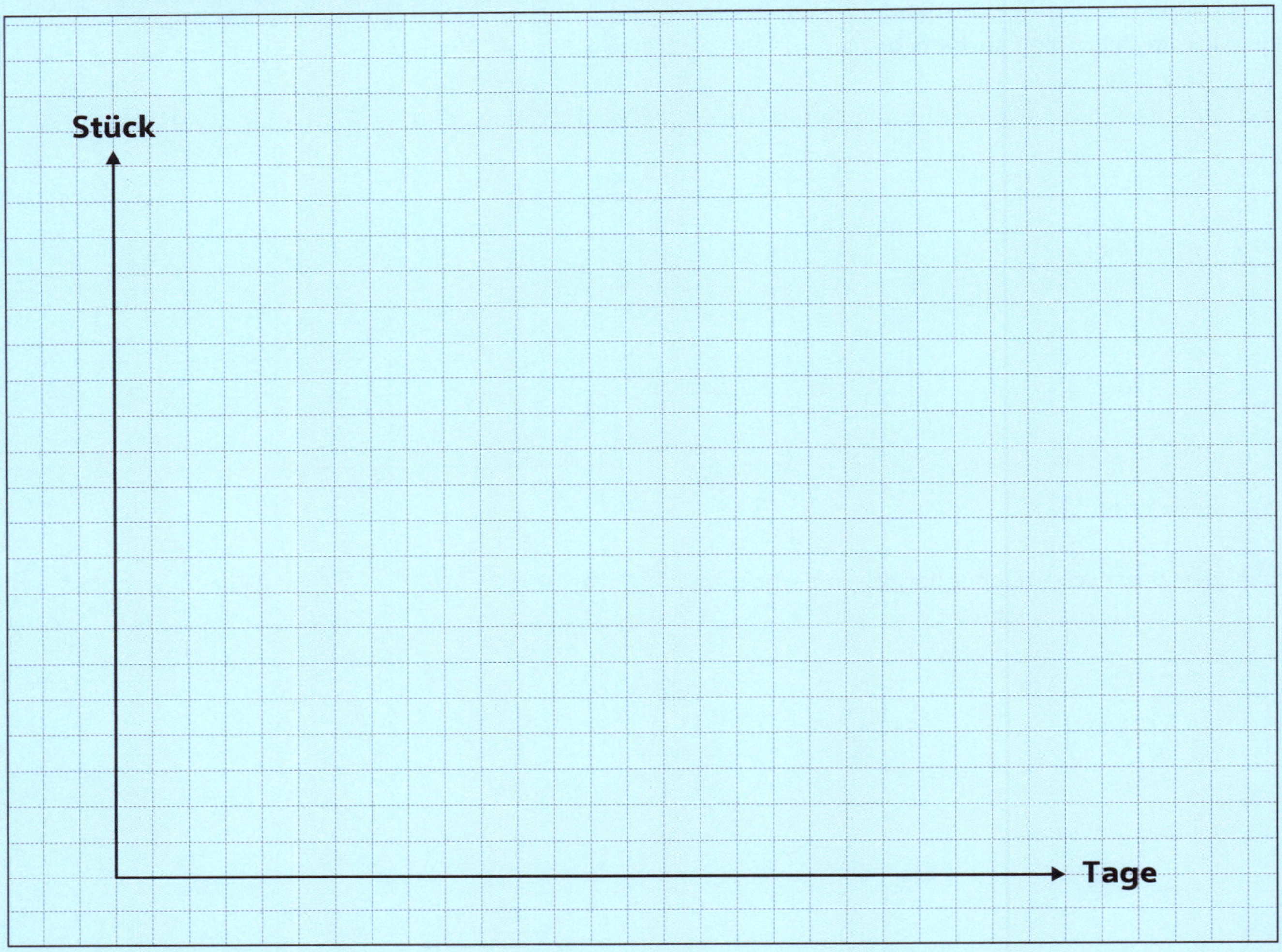

d) Ermitteln Sie, wie sich die berechneten Werte ändern, wenn der durchschnittliche tägliche Verbrauch um 10 Metallprofile ansteigt und der zukünftige Höchstbestand 1 200 Metallprofile betragen soll.

Aufgabe 6: Das Just-in-time-Prinzip

Die Westfälischen Fahrradwerke Münster beschaffen sämtliche A-Materialien nach dem Just-in-time-Prinzip und erwägen nunmehr auch B- und C-Materialien fertigungssynchron anliefern zu lassen.

a) Erläutern Sie drei Gründe, warum die Beschaffung von A-Materialen nach dem Just-in-time-Prinzip sinnvoll ist.

b) Erläutern Sie drei Gründe, die gegen die Beschaffung von B- und C-Materialien nach dem Just-in-time-Prinzip sprechen.

Aufgabe 7: Bezugsquellenermittlung – Anfrageschreiben

Die TSM AG erhält von einer Jugendherberge (potenzieller Neukunde) eine schriftliche Anfrage mit konkreten Angaben für die Neueinrichtung von 20 zusätzlichen Gästezimmern, die mit Kleiderschränken ausgestattet werden sollen. Die Jugendherberge benötigt insgesamt 32 Kleiderschränke. Diese müssen vor Saisonbeginn Anfang März 20(0) geliefert werden. Die Eigentümer der Jugendherberge wünschen darüber hinaus einen Vertreterbesuch, um Details besprechen zu können.

a) Erläutern Sie, um welche Art der Anfrage es sich handelt.

b) Geben Sie an, ob die Anfrage für die Jugendherberge eine rechtliche Bedeutung hat.

c) Nennen Sie Informationen, die die TSM AG ggf. noch benötigt.

d) Die TSM AG möchte sich ein umfassendes Bild von der Jugendherberge machen. Nennen Sie mögliche Informationsquellen.

Aufgabe 8: Angebotsvergleich mithilfe der Nutzwertanalyse

Die TSM AG bezieht die Matratze „Softline Basic 90 x 200" von der MaPo GmbH aus Österreich. Der aktuelle Einstandspreis beläuft sich auf 44,50 €. Aufgrund der langjährigen Geschäftsbeziehung wird ein Rabatt von 20 % gewährt, außerdem profitiert die TSM AG von der Skontoregelung „7 Tage 4 %, 30 Tage netto". Für Transport und Verpackung werden der TSM AG 25,00 € je Verpackungseinheit (10 Matratzen) in Rechnung gestellt.

a) Berechnen Sie ...
aa) den Bareinkaufspreis,
ab) den Zieleinkaufspreis,
ac) den Listeneinkaufspreis.

	€	%
Listeneinkaufspreis		
Rabatt		
Zieleinkaufspreis		
Skonto		
Bareinkaufspreis		
Bezugskosten		
Bezugspreis/Einstandspreis		

b) Die Einkäuferin, Frauke Richter, möchte das Angebot der MaPo GmbH mit einem aktuellen Angebot eines ehemaligen Lieferanten, der Schaumstoff AG, vergleichen, weil es in letzter Zeit häufig zu Problemen mit dem aktuellen Lieferanten gekommen ist. Frau Richter hat die nachfolgende Tabelle zur Nutzwertanalyse angelegt. Auf Grundlage der vorliegenden Informationen sollen Sie die Nutzwertanalyse vervollständigen und sich für einen Lieferer entscheiden.

Lieferer / Kriterium	Gewichtungsfaktor	MaPo GmbH		Schaumstoff AG	
		Punkte	gewichtete Punkte	Punkte	gewichtete Punkte
Preis des Materials	60 %	10		8	
Qualität des Materials		4		10	
Zuverlässigkeit des Lieferers	10 %	4		10	
Zahlungsbedingungen	10 %	6		6	
Gesamtergebnis					

Aufgabe 9: Eigenfertigung oder Fremdbezug (Make or buy)

Die Sommerfeld Bürosysteme GmbH hat Polsterauflagen für die Bürostühle bisher bei der Polsterstoffe GmbH fremdbezogen. Der Stückpreis bei Fremdbezug beträgt 7,90 €. Der Einkaufsleiter Herr Kampmann ist der Meinung, dass man in der Vergangenheit zwar gute Erfahrungen mit der Polsterstoffe GmbH gemacht habe, aber für diesen Preis die Polsterauflagen auch selbst herstellen könne. Schließlich stehe bei der TSM AG zurzeit eine Produktionshalle leer. Auch sei es kein Problem, die notwendigen Maschinen für die Herstellung der Polsterauflagen kurzfristig zu beschaffen, da es sich um Standardmaschinen handele. Dass die Liquiditätslage im Moment ziemlich angespannt ist, sei sicherlich nur vorübergehend. Auch sei es für das Personal möglich, innerhalb eines Jahres die notwendigen Fertigkeiten zur Produktion der Materialien zu erwerben. Der Bedarf an Polsterauflagen beträgt 5 000 Stück pro Monat.

Bei Eigenfertigung der Polsterauflagen würden folgende Kosten anfallen:

- Maschinenkosten 3 250,00 € pro Monat
- Raumkosten 2 600,00 € pro Monat
- sonstige fixe Kosten 5 000,00 € pro Monat
- variable Stückkosten 4,15 € pro Stück

a) Definieren Sie fixe und variable Kosten.

b) Berechnen Sie, ob die Eigenfertigung oder der Fremdbezug für den angegebenen Monatsbedarf günstiger ist.

c) Ermitteln Sie rechnerisch, ab welcher Menge sich die Eigenfertigung lohnen würde.

d) Geben Sie Herrn Kampmann eine begründete Empfehlung zugunsten der Eigen- oder Fremdfertigung.

Aufgabe 10: Einen Kaufvertrag schließen

a) Ein Kaufvertrag kommt grundsätzlich durch zwei übereinstimmende Willenserklärungen zustande. Erläutern Sie, ob die Bestellung die erste und/oder zweite Willenserklärung ist.

b) Beurteilen Sie die Rechtslage in folgenden Fällen.

ba) Linda Mertens entdeckt in einem Zeitungsinserat das Sonderangebot eines Elektrofachhändlers. Er bietet das von ihr gewünschte Handy zu einem Vorzugspreis an. Als sie abends das Handy erwerben möchte, stellt sie fest, dass es ausverkauft ist. Linda besteht auf Lieferung.

bb) Auf eine Anfrage der TSM AG hat die Farbenpracht GmbH folgenden Angebotstext verfasst: „Wir bieten Ihnen die gewünschten Lacke zum Preis von 8,70 € pro Liter an, ohne Gewähr." Daraufhin bestellt die TSM AG die Lacke per E-Mail. In der daraufhin folgenden E-Mail der Farbenpracht GmbH heißt es: „... bedauern wir, dass die gewünschten Lacke ausverkauft sind."

bc) Die TSM AG schreibt am 23.03.20(0) eine briefliche Anfrage an Heinrich Schulte e. K. über diverse Marmorplatten. Dieser schreibt am 10.04.20(0) per E-Mail ein Angebot. Daraufhin bestellt die TSM AG am 11.04.20(0) die Platten, ebenfalls per Mail. Am 13.04.20(0) schreibt Heinrich Schulte eine Auftragsbestätigung per Fax. „Jetzt haben wir endlich einen Kaufvertrag", denkt er.

bd) Herr Sippel von der Bongart Metallerzeugnisse OHG unterbreitet Herrn Braun von der TSM AG am Telefon das Angebot, Stahlrohre zu einem Vorzugspreis von 2,50 €/m^2 zu liefern. Herr Braun ist mit dem Angebot nicht zufrieden und legt auf. Nachdem er sich bei alternativen Lieferanten erkundigt hat, ruft Herr Braun eine Viertelstunde später bei Herrn Sippel an und möchte die Stahlrohre bestellen. Herr Sippel verweist darauf, dass er die Stahlrohre leider zwischenzeitlich verkauft hat.

be) Die TSM AG benötigt für ihre Laserdrucker neue Patronen. Von der Jahnsen Bürobedarf GmbH werden die Patronen ab einer Abnahmemenge von 50 Stück für 26,50 € pro Stück angeboten. Daraufhin bestellt Linda Mertens 45 Patronen zu 25,50 € und erhält zwei Tage später die gewünschten Patronen.

Aufgabe 11: Inhalte eines Angebotes erklären

Die TSM AG aus Frankfurt hat eine gebrauchte Bandsäge von der Möbel Häberle KG aus Stuttgart erworben. Im Kaufvertrag wurde vereinbart, dass der Versand der Säge per Bahn erfolgen soll. Dabei übernimmt die Möbel Häberle KG die Anfuhr zum Bahnhof mit werkseigenem Lkw. Des Weiteren gelten die gesetzlichen Regelungen.

a) Einige Tage nach Abschluss des Kaufvertrages ist der Versand der Säge noch nicht erfolgt. Die Möbel Häberle KG möchte die Bandsäge noch für die Fertigstellung eines Großauftrages nutzen. Die TSM AG besteht auf umgehender Lieferung. Klären Sie die Rechtslage.

b) Um die Bandsäge gegen Beschädigungen zu sichern, wird sie in einer Holzkiste verpackt. Die Kosten für die Kiste stellt die Möbel Häberle KG in Rechnung. Prüfen Sie, ob die Möbel Häberle KG dazu berechtigt ist.

c) Begründen Sie, ob es sich bei dem geschlossenen Kaufvertrag um eine Hol-, Schick- oder Bringschuld handelt.

d) Da die Maschine beim Abladen am Bahnhof in Frankfurt durch Verschulden des Bahnpersonals beschädigt wurde, reklamiert die TSM AG die Beseitigung des Schadens. Die Möbel Häberle KG verweigert die Behebung des Schadens, da die TSM AG das Risiko trage. Nehmen Sie Stellung.

e) Aufgrund weiterer Schäden, die nachweislich nicht beim Transport entstanden sind, prüft die TSM AG eine Klageerhebung. Klären Sie, wo die Klage erhoben werden muss.

f) Nachdem die Schäden beseitigt wurden, bittet die Möbel Häberle KG um sofortige Zahlung der Rechnung. Die TSM AG überweist umgehend und zieht 2 % Skonto sowie die Kosten der Überweisung ab. Prüfen Sie das Zahlungsverhalten der TSM AG.

g) Da die Rechnung nicht vollständig beglichen wurde, möchte die Möbel Häberle KG Klage erheben. Erläutern Sie, wo Klage erhoben werden muss.

Aufgabe 12: Wo bleibt unsere Lieferung? – Lieferungsverzug und die Folgen

Die TSM AG hat am 03.07.20(0) bei der Bongart Metallerzeugnisse OHG 600 m Stahlrohr 20 x 3 mm bestellt. Der Bestellung ging ein unverbindliches Angebot der Bongart Metallerzeugnisse OHG voraus. In der Auftragsbestätigung heißt es: „Die Lieferung erfolgt ab August 20(0).“ Als Roland Braun am 26.08.20(0) feststellt, dass die Lieferung noch nicht eingetroffen ist, wird er langsam nervös und mahnt die Lieferung an.

a) Erläutern Sie, ob sich die Bongart Metallerzeugnisse OHG auch ohne Mahnung in Lieferungsverzug befunden hätte.

b) Nachdem auch die von Herrn Braun gesetzte angemessene Nachfrist aufgrund von Planungsfehlern am 16.09.20(0) verstrichen ist, muss ein Kundenauftrag abgesagt werden. Frau Dr. Mohl ist sehr verärgert, denn durch die Absage des Auftrages entgeht der TSM AG ein Gewinn von 2500,00 €. Erläutern Sie, welche Rechte die TSM AG geltend machen kann.

Aufgabe 13: Probleme mit der gelieferten Ware – Schlechtleistungen erkennen, reklamieren und abwickeln

Die TSM AG hat von der Bongart Metallerzeugnisse OHG einen größeren Posten Stahlrohre bezogen. Bei der Sichtprüfung sind keine Mängel feststellbar gewesen. Allerdings stellt sich vier Wochen später heraus, dass sich die Stahlrohre nach längerem Gebrauch und größerer Belastung verformen, da sie nicht die vertraglich festgelegte Qualität aufweisen. Sie genügen damit nicht den Qualitätsansprüchen der TSM AG und können nicht verbaut werden.

a) Erläutern Sie, um welchen Mangel es sich handelt.

____

____

____

b) Als der Einkaufsleiter der TSM AG, Herr Tiller, einen Tag, nachdem die Mängel aufgefallen sind, um Neulieferung der Stahlrohre bittet, lehnt Herr Bongart dies mit folgender Begründung ab: „Herr Tiller, da die TSM AG Kaufmann ist, hätten Sie die Ware unverzüglich bei Lieferung prüfen und die Mängel unverzüglich nach der Lieferung rügen müssen. Vier Wochen später steht Ihnen keine Neulieferung mehr zu. Die Ware gilt als genehmigt." Begründen Sie, ob Herr Bongart mit seiner Behauptung recht hat.

____

____

____

c) Auch nach langen Diskussionen lehnt Herr Bongart eine Neulieferung der Stahlrohre ernsthaft und endgültig ab. Erläutern Sie, wie Herr Tiller vorgehen sollte, wenn er die Stahlrohre bei einem anderen Lieferanten, wenn auch zu einem etwas höheren Preis, besorgen kann.

____

____

____

____

Aufgabe 14: Einkauf von Gegenständen des Anlagevermögens erfassen und buchen

a) Buchen Sie folgende Geschäftsfälle:

aa) ER: Kauf einer Fertigungsanlage auf Ziel zum Listenpreis von 290 000,00 € netto

Konto (SOLL)	Konto (HABEN)	Betrag (SOLL)	Betrag (HABEN)

ab) ER: Transport der Fertigungsanlage zum vereinbarten Lieferort (1 130,50 € brutto)

Konto (SOLL)	Konto (HABEN)	Betrag (SOLL)	Betrag (HABEN)

ac) ER: Montage und Aufbau der Fertigungsanlage (2 975,00 € brutto)

Konto (SOLL)	Konto (HABEN)	Betrag (SOLL)	Betrag (HABEN)

ad) Korrekturbeleg: Nachträglicher Preisnachlass auf die Fertigungsanlage (5 % auf den Listenpreis)

Konto (SOLL)	Konto (HABEN)	Betrag (SOLL)	Betrag (HABEN)

ae) Bankauszug: Überweisung des fälligen Rechnungsbetrages (Fälle a) + d)) unter Abzug von 2 % Skonto

Konto (SOLL)	Konto (HABEN)	Betrag (SOLL)	Betrag (HABEN)

af) Bankauszug: Überweisung des fälligen Rechnungsbetrages (Fall b)) ohne Abzug von Skonto

Konto (SOLL)	Konto (HABEN)	Betrag (SOLL)	Betrag (HABEN)

ag) Bankauszug: Überweisung des fälligen Rechnungsbetrages (Fall c)) ohne Abzug von Skonto

Konto (SOLL)	Konto (HABEN)	Betrag (SOLL)	Betrag (HABEN)

b) Ermitteln Sie die endgültigen Anschaffungskosten der Fertigungsanlage.

Aufgabe 15: Einkauf von Gegenständen des Umlaufvermögens erfassen und buchen

Die TSM AG benötigt Klarsichtlack zur Oberflächenbehandlung ihrer Produkte und kauft diesen bei der Farbenwerke Wilhelm Weil AG.

a) Bilden Sie den Buchungssatz zu folgendem Beleg:

FARBENWERKE WILHELM WEIL AG

Farbenwerke Wilhelm Weil AG, Grünstraße 98, 51371 Leverkusen

Trend-Systemmöbel AG
Hauptstraße 12-16
60322 Frankfurt

Farbenwerke Wilhelm Weil AG
Grünstraße 98
51371 Leverkusen
Telefon 0214 655621
Telefax 0214 655629
info@farbenwerke.de
www.farbenwerke.de

RECHNUNG

Kunden-Nr.	Rechnungs-Nr.	Datum
1181	21501	18.06.20(0)
Bei Zahlung bitte angeben		

Pos.	Artikel-Nr.	Artikelbezeichnung	Menge	Preis pro Stück EUR	Gesamtpreis EUR
1	804	Klarsichtlack 10-kg-Eimer	40	142,50	5.700,00

Warenwert netto	Verpackung	Fracht	Entgelt netto	USt %	USt EUR	Gesamtbetrag
5.700,00	30,00	42,00	5.772,00	19	1.096,68	**6.868, 68**

Zahlung 20 Tage Zahlungsziel oder innerhalb 7 Tagen 2 % Skonto, Fracht- und Verpackungskosten sind nicht skontierbar.

Steuernummer: 230/888/2132 USt.-IDNr.: DE897342126

Bankverbindung: SEB Leverkusen, BLZ 370 100 11, Konto-Nr. 3 322 011
IBAN: DE60370100110023321011 BIC: ESSEDE5F372

Konto (SOLL)	Konto (HABEN)	Betrag (SOLL)	Betrag (HABEN)

b) Leider sind bei dem abgebildeten Beleg der Überweisungsbetrag und der neue Kontostand nicht zu erkennen. Ermitteln Sie die entsprechenden Beträge und bilden Sie den Buchungssatz, wenn die TSM AG die Rechnung aus Fall a) unter Abzug von Skonto beglichen hat.

KONTOAUSZUG

DEUTSCHE BANK FRANKFURT IBAN DE52 6204 4002 1188 0707 04 Auszug Nr. 58

Buch.-Tag	Wert	Erläuterung/Verwendungszweck	Umsätze
20.06.	20.06	FARBENWERKE WILHELM WEIL Re.-Nr. 21501	

19.06.	20.06.		53.681,55 +		
Letzter Auszug	Auszugsdatum	€	Alter Kontostand	€	Neuer Kontostand

Trend-Systemmöbel AG, Hauptstr. 12–16, 60322 Frankfurt am Main

c) Ermitteln Sie die endgültigen Anschaffungskosten je 10-kg-Eimer Klarsichtlack.

Aufgabe 16: Die Lagerhaltung bei der TSM AG – mehr als nur Vorratshaltung

Die TSM AG unterhält eine Vielzahl von Lagerarten, die jeweils bestimmte Funktionen übernehmen.

a) Ordnen Sie den folgenden Beschreibungen die Lagerart zu:

	Beschreibung	Lagerart
aa)	Lager, in dem die Materialeingangsprüfung stattfindet	
ab)	Lager für Kleinteile in der Fertigung	

	Beschreibung	Lagerart
ac)	Lager für Werkstoffe, die nicht unmittelbar in die Erzeugnisse eingehen, aber zur Herstellung erforderlich sind	
ad)	Lager für Produkte, die von Lieferanten bezogen werden und direkt für den Absatz bestimmt sind	
ae)	Lager für die Hauptbestandteile der Erzeugnisse der TSM AG	
af)	Lager für Fertigteile von Fremdfirmen	
ag)	Lagerplatz zur zeitlichen Überbrückung in der Fertigung	

b) Ordnen Sie den folgenden Beschreibungen die Lagerfunktion zu:

	Beschreibung	Lagerfunktion
ba)	Zur Ausnutzung von Mengenrabatten werden größere Mengen beschafft.	
bb)	Ein Lieferant kann aufgrund eines Motorschadens an seinem Lieferwagen erst mit zweitägiger Verspätung anliefern.	
bc)	Die erforderlichen Holzplatten werden vom Lager in der erforderlichen Menge, zur richtigen Zeit, am richtigen Ort und in der erforderlichen Qualität zur Verfügung gestellt.	
bd)	Der Börsenkurs für Messing hat ein Vierjahrestief erreicht. Die TSM AG bestellt daraufhin den gesamten Jahresbedarf an Messinggriffen.	
be)	Bei neuen Lieferanten werden nahezu ausschließlich Mehrwegverpackungen eingesetzt.	
bf)	Zum Aushärten kommen einige lackierte Erzeugnisse für drei Tage in die Heißluft-Trocknungskammer.	

c) Nachdem Simon Pieper sich mit der Lagerhaltung der TSM AG auseinandergesetzt hat, meint er: „Ich wusste früher gar nicht, wie viele sinnvolle Funktionen die Lagerhaltung haben kann. Meiner Meinung nach sollten wir deshalb unsere Lagerhaltung deutlich verstärken." Nehmen Sie kritisch Stellung.

____

____

____

Aufgabe 17: Eigen- oder Fremdlagerung – ein Vergleich

Die Peters Zweiradwerke GmbH, ein Hersteller von Fahrrädern und Elektrorollern, betreibt ein großes Fertigerzeugnislager. Neben einer auftragsorientierten Fertigung für verschiedene Großkunden (insbesondere Einzelhandelsketten) produziert das Unternehmen auch auf Lager, um in den absatzstärksten Monaten April bis Juni schnell auf kurzfristige Aufträge reagieren zu können.

Das Lager der Peters Zweiradwerke GmbH verfügt über eine Lagerfläche von 1 800 m^2, wobei die durchschnittliche Auslastung bei lediglich 60 % liegt. Daher überlegt die Unternehmensleitung, das Lager zu schließen und stattdessen das Angebot eines Lagerhalters zu nutzen.

Ihnen liegen die nachfolgenden Informationen über die Kostensituation bei Eigen- bzw. Fremdlagerung vor:

Eigenlagerung:	Fixkosten:	25 000,00 €
	Variable Kosten:	17,50 €/m^2
Fremdlagerung:	Kosten für die genutzte Lagerfläche:	36,50 €/m^2

a) Vervollständigen Sie die nachfolgende Tabelle:

Lagerfläche in m^2	**Eigenlagerung**			**Fremdlagerung**
	Fixe Kosten in €	**Variable Kosten in €**	**Gesamtkosten in €**	**Gesamtkosten in €**
0				
200				
400				
600				
800				
1 000				
1 200				
1 400				
1 600				
1 800				

b) Ermitteln Sie ...
- die Fixkosten pro m^2,
- die variablen Gesamtkosten und
- die Gesamtkosten pro m^2,

wenn im Geschäftsjahr 20(0) eine durchschnittliche Auslastung von 64 % zu verzeichnen war.

c) Übertragen Sie Ihre Ergebnisse aus Aufgabenteil a) in eine grafische Darstellung.

Kostenvergleich zwischen Eigen- und Fremdlagerung

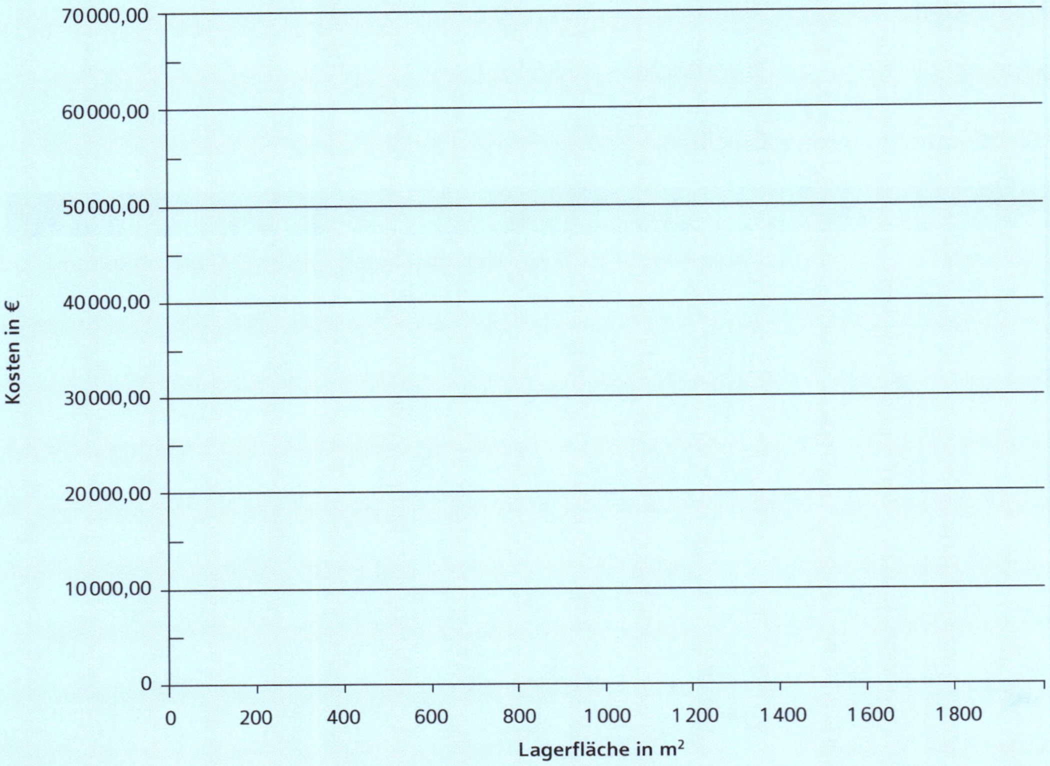

d) Ermitteln Sie die kritische Lagerfläche.

Aufgabe 18: Lagerkennzahlen zur Beurteilung der Lagerbestände und -kosten

Für einen Artikel der Merkert Haushaltswaren GmbH liegen die nachfolgenden Daten der Lagerbestandsstatistik aus dem abgelaufenen Geschäftsjahr vor.
Auszug aus der Lagerdatei:

Artikel-Nr.: 0045-D	
Jahresanfangsbestand:	120 Stück
Jahresverbrauch:	1 500 Stück
Monatsendbestände:	
Januar	90 Stück
Februar	80 Stück
März	50 Stück
April	110 Stück
Mai	90 Stück
Juni	70 Stück
Juli	130 Stück
August	120 Stück
September	80 Stück
Oktober	100 Stück
November	109 Stück
Dezember	60 Stück

Die Auswertung und Bewertung der Lagerbestände wurde bei der Merkert Haushaltswaren GmbH bislang anhand der Daten der Quartalsinventur durchgeführt. Das Unternehmen überlegt, zukünftig die Monatsinventur als Grundlage zu verwenden.

Nutzen Sie die Ihnen vorliegenden Daten aus dem vergangenen Geschäftsjahr und berechnen Sie die nachfolgenden Lagerkennzahlen auf Basis der Quartals- sowie der Monatsinventur.

a) durchschnittlicher Lagerbestand

b) Umschlagshäufigkeit

c) durchschnittliche Lagerdauer

d) Lagerzinssatz und Lagerzinsen bei einem Marktzins von 4 % und Herstellungskosten von 275,00 € je Stück

e) Beurteilen Sie die Aussagefähigkeit Ihrer Ergebnisse nach der Quartals- und Monatsinventur.

Bildquellenverzeichnis

Behrla/Nöhrbaß GbR, Foto Stephan/Bildungsverlag EINS: S. 8, 43

Fotolia.com: S. 17.1 (Syda Productions), 17.2 (arsdigital), 36.1 (xxxx_3D), 47 (Pixelot), 50 (Andreas Wechsel), 51 (subjob), 59 (contrastwerkstatt), 67 (bezidroglio), 68 (subjob), 73 (contrastwerkstatt), 74 (Miyazawa), 75 (contrastwerkstatt), 91.1 (subjob), 91.2 (Monkey Business), 98 (Mixage), 100 (Uschi Hering), 102 (WoGi), 105 (Robert Kneschke), 124 (contrastwerkstatt),134 (contrastwerkstatt), 149 (contrastwerkstatt), 152 (Robert Kneschke)

MEV Verlag GmbH, Augsburg: S. 76, 137.1 und 137.2, 138

Shutterstock, Inc., New York: S. 17.2 (Dean Drobot)

Umschlagfoto: Fabiola Quadflieg www.qpunkt.eu